《耕耘华中大》

编委会

主　　编：许晓东

副 主 编：陈　晋　李剑如　刘长海

参编人员：李军均　范雯宇　倪　芳　赵润哲　冷　娇
刘虹伶　刘彦池　李艺萌　李　悦　危庆跃
韦力尔　许宇航　尤雪珍

华中科技大学70周年校庆丛书

耕耘华中大

◎主编 许晓东

華中科技大學出版社
http://www.hustp.com
中国·武汉

图书在版编目（CIP）数据

耕耘华中大/许晓东主编. —武汉：华中科技大学出版社，2022.9
（华中科技大学70周年校庆丛书）
ISBN 978-7-5680-8737-7

Ⅰ.①耕… Ⅱ.①许… Ⅲ.①华中科技大学-优秀教师-先进事迹 Ⅳ.①K825.46

中国版本图书馆CIP数据核字（2022）第163674号

本书部分文字作品稿酬已向中国文字著作权协会提存，敬请相关著作权人联系领取。电话：010-65978917，传真：010-65978926，E-mail：wenzhuxie@126.com。

耕耘华中大 许晓东 主编
Gengyun Huazhongda

策划编辑：杨 静
责任编辑：林凤瑶 肖诗言
封面设计：刘 卉
版式设计：赵慧萍
责任校对：刘小雨
责任监印：朱 玢
出版发行：华中科技大学出版社（中国·武汉） 电话：（027）81321913
武汉市东湖新技术开发区华工科技园 邮编：430223
录 排：华中科技大学出版社美编室
印 刷：中华商务联合印刷（广东）有限公司
开 本：710mm×1000mm 1/16
印 张：17.75 插页：2
字 数：278千字
版 次：2022年9月第1版第1次印刷
定 价：88.00元

前言

PREFACE

“国将兴，必贵师而重傅。”百年大计，教育为本。教育大计，教师为本。回顾七十年的发展历程，华中科技大学与新中国高等教育的发展轨迹契合难分，“新中国高等教育发展的缩影”离不开教育工作者的辛勤耕耘。正是由于一代代兢兢业业的华中大教师披荆斩棘、踔厉奋发，为党育人、为国育才，华中大才能实现跨越式发展，成为备受国内外关注的高水平大学。

在绿树葱茏的华中大校园里，活跃着一大批胸襟磊落、笃定务实的教师。他们发扬严谨治学、甘为人梯的精神，做“经师”和“人师”的统一者；言为士则、行为世范，做学生为学、为事、为人的大先生。他们以拓荒牛的姿态砥砺于学术前沿，以孺子牛的气度贡献于教育阵地，以老黄牛的坚毅投身于社会发展，努力培养堪当民族复兴重任的时代新人。

华中大的教师们日复一日地耕耘在教学楼、实验室、图书馆，将自己的名字镌刻在学术殿堂、祖国大地和学生心中。他们坚守在自然科学研究的最前沿，以国家经济建设和科技发展的重大需求为己任，在关键核心技术尤其是“卡脖子”问题上攻坚克难；他们聚力于人文社会科学研究的最深处，为国家和社会发展献计献策，探本求真，在传播先进思想、弘扬优秀传统等方面铸就功勋；他们悬壶济世几十年，发明医理，创新医术，在医学领域作出突出贡献。尤其可贵的是，他们言传与身教相结合，严爱相济、润己泽人，以人格魅力呵护学生心灵，以学术造诣开启学生智慧。在教师的悉心教导下，众多怀揣梦想的学子在1037号森林里开拓创新，传承“学在华中大”的优良学风，将“明德 厚学 求是 创新”的校训精神带到祖国需要的地方建功立业。

华中科技大学党委教师工作部组织教育科学研究院、人文学院、档案馆等单位共同编写了《耕耘华中大》一书，以期展现优秀教师的风采，激励更多的教师在教书育人、科研创新、社会服务的伟大事业上砥砺前行。由于书稿篇幅有限、创编时间较短，本书所收录的，只是为学校发展作出贡献的众多教师中很小的一部分；书中所呈现的，也仅是这些教师优秀事迹的片断。好在本书只是华中科技大学70周年校庆丛书中的一本，和同系列其他书籍交相辉映，相辅相成。

初心如磐，奋楫笃行。或是培育人才，或是钻研学术，抑或是抗疫冲锋，华中大的耕耘者们在各自的领域闪闪发光，潜心立德树人。希望这种以聚焦华中大人物为主题的写作方式能够延续下去，让我校师生的典型事迹鲜活且饱满地精彩绽放，成为凝聚大学精神、激发大学活力、争取伟大成就的精神动力。值此七十周年校庆之际，特邀师生共闻佳绩，齐品德音，以期初心不改，使命不忘，共同为中华民族的伟大复兴做贡献。

目录

CONTENTS

赵学田

对中国科普事业作出卓越贡献的科普作家

赵学田

赵学田，生于 1900 年，卒于 1999 年，湖北省巴东县人，我国著名教育家、工程图学专家和科普作家，曾任中国科协第二届委员会委员、湖北省科协副主席、中国科普创作协会第一届理事会常务理事，中国工程图学会主要创始人、中国工程图学会第一届理事会理事长。1956 年他因撰写的《机械工人速成看图》受到毛主席的接见和勉励，1978 年被授予“全国先进科技工作者”称号，1984 年，在科普创作协会第二次全国代表大会上，他和华罗庚、茅以升、高士其等 17 位著名科学家被评为“对中国科普事业作出卓越贡献的科普作家”，1987 年，在全国第二届优秀科普作品评奖大会上，他编写的两部作品双双入选并获一等奖。

在湖北科技名人雕塑园里的塑像间，有一位身穿中山服的老人，银发被岁月梳得稀疏，面容被绘笔描得清瘦，目光被宏图照得明亮。他坐在沙发上，手指着远方，期待远方的机械，变成大国重器。这份深沉的期盼穿越百年，他的精神将被我们永远牢记。

·科创托起机械梦　书本之中画春秋·

1919 年，赵学田虽投身于五四爱国运动之中，但五四运动的结果并没有改变中国积贫积弱的现实，这使得赵学田陷入了沉重的反思。他想，国家屈辱，乃因中国国力羸弱；而国力羸弱，又源于工业落后。于是，怀着“工业救国”的理想，赵学田于 1920 年考入北京工业专门学校机械科。他以“勿以今日事委诸来日”为座右铭，以“工业救国”理想激励自己，开始了漫漫机械报国路。

从大学毕业到 1949 年前夕，赵学田换了 13 个工作单位，却始终未能找到实现“工业救国”的理想之门，甚至时常连一家大小的生计也无法保障，但他心中的理想之火始终没有熄灭，他的报国之志始终在胸怀萦绕。这 25 年的亲身经历，使赵学田逐渐认识到：共产党才是中国的希望所在。于是，他加入了党的外围组织——新民主主义教育协会，步入了护校迎解放的斗争行列。

1951 年赵学田光荣地加入了中国民主建国会，1952 年赵学田又来到华中工学院，担任制图教研室主任，他年过半百的生命，从此焕发出迟到的青春光彩！1953 年，为提高社会主义建设高潮中的工人们的科技知识水平，武汉市科普协会请赵学田教授到武昌造船厂教工人学看图知识，他欣然答应并立即开始编写《机械工人速成看图》。学看图须先学投影几何，这是大学生都发怵的“头痛几何”。如何让不足小学文化的工人在短期内掌握呢？赵学田根据工人实践经验丰富的特点，将一些投影原理概括为通俗易懂的歌诀。如，他将平面投影特征编成：“平行投影原形现，斜着投影面改变；平面垂直投影面，图上只见一条线。”他又将复杂的正、俯、侧三视图投影规律概括为“长对正、高平齐、宽相等”九字诀。面对较难表达的断裂剖视图，赵学田绝妙至极地采用了一幅妇孺皆懂的插图“一包撕开了的香烟”。曾担心自己文化水平低、学不好的工人，越学兴趣越大，并学以致用。《机械工人速成看图》经赵老在多单位试讲并几度修改后，于 1955 年 3 月由中国科普出版社出版，发行全国。该书一上市便接连脱销，不久各地不断传来工厂废次品率急剧下降的喜讯。用现在的话说就是：科学技术立即转化成了生产力！几十年来，该书连续再版 19 次，总发行量超过了 1600 万册。

在一片赞扬、感激声中，赵学田也听到了中国工人新的苦恼：想搞技改，却不会画图。于是，他又开始考虑编写《机械工人速成画图》。1956 年，毛主席在怀仁堂接见参加全国政协会议的湖北代表，当见到赵学田时，毛主席握着他的手亲切问道："你不是说今年还要给工人写书吗？"赵学田激动地握紧毛主席的手，一个劲地说："是啊！是啊！"打从这一刻起，赵学田暗自下了决心：做一辈子科普工作，为工人写一辈子书！当年 6 月，赵学田编写的《机械工人速成画图》也出版发行了，乘着全国技术革新的浪潮，用智慧与实践谱写着新时期的劳动者之歌。

·不忘初心行致远　心中始怀强国梦·

中国图学界与共和国一同经历了十载寒冬之后，终于迎来了科学的春天。1978 年赵学田作为特邀代表出席了首届全国科学大会，会上，他亲耳聆听了邓小平同志关于"科学技术是生产力"的重要讲话，又得到大会颁发的"全国先进科技工作者"奖状，这都给他 78 岁的生命注入了活力。

赵学田老师在工作

他决心再为中国工人和中国科普事业贡献自己所有的光和热。于是在会后，他一方面极力促进恢复湖北省制图学会的活动；另一方面，他又带头向全国图学界倡议——筹备成立中国工程图学学会。

1980年5月，中国工程图学学会终于成立，德高望重且已80高龄的赵学田教授被推选为首届理事长。1984年，在中国科普创作协会第二次代表大会上，赵学田与华罗庚、茅以升、高士其、钱学森等共17位著名科学家，被授予"对中国科普事业作出卓越贡献的科普作家"称号。赵学田在晚年依然默默奉献着自己，又和同事们日夜加班，完成了24讲《机械设计电视讲座》并由中央电视台向全国播放。

赵学田以星火给予世间温暖，对祖国的未来始终翘首以盼；他用毕生精力绘祖国机械蓝图，以自己的双手书写强国传奇。他的赤子之心，化为对青年的热切期待，1999年赵学田在华中理工大学"纪念'五四'运动80周年大会"上告诫青年学子："勿忘国耻，发奋学习，为振兴中华奉献自己一份光和热！"

（本文由李艺萌依据《湖北文史》杂志2000年第3期文章《百年足迹印沧桑——记中国工程图学学会创始人、百岁老教授赵学田》及其他资料改写）

张培刚

发展经济学奠基人

张培刚

张培刚，生于 1913 年，卒于 2011 年，湖北红安人，发展经济学奠基人，生前任华中科技大学经济学教授、经济学院名誉院长、经济发展研究中心主任。此外，他还担任过中华外国经济学说研究会名誉会长，中美经济合作学术委员会中方主席等职。

20 世纪 40 年代，张培刚凭借在哈佛读书时的博士论文《农业与工业化》，获得有“小诺贝尔奖”之称的哈佛大学经济学科最高奖“大卫·威尔士奖”，这也是迄今为止华人在经济学领域所获的最高级别奖项。

哈佛学成后，张培刚回国。受政治环境影响，他近三十年远离学术研究。改革开放后，他争分夺秒地著书施教，对当时我国普及和传播市场经济知识、转变人们对市场经济的认识发挥了先导作用，并培养了一批著名经济学家和中青年学者。

张培刚对我国乃至世界的经济学作出了杰出贡献：创立了系统的农业国工业化理论，为发展经济学的诞生奠定了理论基础；提出了建立新型发展经济学的理论构想，为发展经济学在当代的新发展指明了方向；率先倡导并推动现代市场经济学在我国的引进和普及，为社会主义市场经济理论的提出发挥了重要的先导作用。

2011 年 11 月 23 日 14 时，发展经济学奠基人张培刚因病医治无效，在武汉去世。他的离去，在国内外立即引起广泛哀恸。

·少年立志改变农民千年疾苦·

1913 年 7 月 10 日，张培刚出生在湖北省红安县八里湾一个普通农民家庭。从记事起，张培刚就开始放牛、砍柴、插秧、割稻谷，随家人从事各种农活。

张培刚自小体会农村生活的困苦和农业劳作的艰辛。他心中萌发了改善农民生活、改进农耕劳作技术、让广大农村彻底摆脱几千年贫穷与落后的志愿。

1925 年春，张培刚小学毕业。未满 12 岁的他只身告别家乡，于湖北省第一中（现昙华林武汉市第十四中学）读完初中。由于家境贫困，无力支助他继续读高中，张培刚只好放弃攻读物理专业的初衷，十五岁的他考入有助学金的武汉大学经济系，先读预科，继而攻读本科。1934 年，张培刚以全院第一的成绩从武汉大学毕业后，即被选送到当时的中央研究院社会科学研究所任助理研究员，从事农村经济的调查研究工作。6 年时间中，张培刚深入农村进行实地考察和调查，相继撰写了《清苑的农家经济》《广西食粮问题》《浙江省食粮之运销》等 4 部著作，发表了 40 多篇农村经济、货币金融等方面的论文。

1941 年 4 月，张培刚考取清华大学第五届庚子赔款留美公费生。是年 8 月，张培刚从香港乘船抵达波士顿，进入哈佛大学工商管理学院，开始了五年的旅美生涯。

·博士论文奠定发展经济学基石·

张培刚进入哈佛工商管理学院后，他想，工商管理太过微观，有利于个人致富，为了寻找强国富民的途径，让国家脱离贫穷落后。他几个月后从哈佛工商管理学院转入文理学院经济系学习。

当时哈佛经济学科处于全盛时期，知名教授云集。在此期间，张培刚师从熊彼特、张伯伦、布莱克、汉森、厄谢尔、哈伯勒等大师，深入学习和研究当时世界最前沿的经济学理论。

在哈佛的几年时光里，这位中国年轻人一直在思考一个问题：灾难深重的中国，在第二次世界大战结束后，将如何实现工业化，从而繁荣富强？

获得硕士学位并取得博士候选人资格后，张培刚将“农业与工业化”作为自己的博士论文题目。他打算从整个世界范围内来探讨和分析农业国或发展中国家在工业化过程中将要遇到的种种问题，特别是关于农业与工业相互依存的关系以及工农业结构的调整问题。

主意打定后，他在哈佛的图书馆里申请了不足 6 平方米的空间，如饥似渴地阅读了德文、法文、英文参考书多达 200 多本，包括当时与经济学

1985 年林少宫与张培刚在美国

（右一为张培刚）

有关的主要论著。他从大量的历史文献和统计资料中，探索英、法、德、美、日、苏诸国产业革命以来，各自实行工业化的经验和教训，并立足于工业国家的实际情况和特点，加以认真考察。

1945 年底，英文稿的博士论文——《农业与工业化》完成，答辩顺利通过，他获得了哈佛大学经济学博士学位。该论文被誉为“发展经济学”奠基之作，列为《哈佛经济丛书》第 85 卷，1949 年由哈佛大学出版社出版。

交完哈佛博士论文，尽管张伯伦努力劝其在哈佛任教，一心想把理论付诸实践的张培刚还是决定回国，应武汉大学邀请担任武大经济系主任。第二年，张培刚突然接到哈佛大学的来信，称其博士论文《农业与工业化》获得了哈佛大学 1946—1947 年度经济学科最佳论文奖和“大卫·威尔士奖”。“大卫·威尔士奖”是哈佛大学经济学最高奖，被经济学界尊称为“小诺贝尔奖”。张培刚因此成为全球华人经济学家中唯一获得“大卫·威尔士奖”者，也是迄今为止华人经济学家中获奖级别最高者。

张培刚的博士论文《农业与工业化》，对农业国家如何进行工业化提出了许多重要论断，最早建立了自己的、适合于发展中国家经济发展的模式。张培刚在该书中提出：农业国家要想实现经济起飞和经济发展，就必须全面实行工业化，不仅包括工业的机械化和现代化，而且也包括农业的现代化和农村的工业化；必须处理好农业与工业之间、工业发展与农业调整之间以及农业国与工业国之间的三重关系。

这是第一部从历史上和理论上比较系统地探讨和研究农业国家或经济落后国家如何走上工业化这一崭新问题的开创性著作，无论在方法论上，还是在具体理论结论上，都为当代发展经济学奠定了重要的基础，其理论以及以此为基础的政策推论，经受了实践的考验，被国际经济学界认为是“发展经济学”的奠基之作，而张培刚本人也被誉为“发展经济学之父”。

时至今日，这一理论对于包括中国在内的当代发展中国家仍然具有重要的理论和现实意义。

·命运多舛却从不埋怨·

1946年，受武汉大学校长周鲠生的邀请，张培刚第一次回国，任武汉大学教授兼经济系主任。与此同时，受周鲠生的邀请，韩德培和吴于廑也相继回国，到武汉大学分别主持法律系、历史系的工作。当年，他们三人被中国学术界誉为武汉大学的“哈佛三剑客”。

第二次世界大战结束，联合国成立。为收集资料，继续研究农业与工业化，1948年，张培刚接受了导师布莱克的推荐，出任联合国亚洲及远东经济委员会顾问及研究员，仍兼任武大经济系主任。

1949年春，张培刚考虑到战后的中国必将走向工业化，遂毅然辞去了联合国的职务，放弃个人的名利、荣华富贵，婉拒了导师布莱克和厄谢尔要他回哈佛大学教书的两次来函邀请，放弃了可获得更高学术成就的机遇和大好前程，怀着满腔爱国热忱，报效祖国的一片赤子之心再次归来，回到珞珈山，继续任教于武汉大学。中华人民共和国成立后，张培刚在武汉大学担任过校委会常委、总务长兼经济系主任、代理法学院院长。

1952年年底，一纸令下，在严格执行计划经济时期，张培刚被调任负责华中工学院建校筹备的基建工作。他与查谦等人力排众议、高瞻远瞩、视野宽阔、意志坚定，将校址选于防水淹、海拔高、圈地数千亩、深夜犬吠狼嚎的荒山野岭——喻家山下，为日后华中科技大学追求卓越，迈向世界一流大学提供了广阔的发展空间。如今具有规模的华中大校园，山上碧绿葱茏，山下高楼栉比，马路纵横、桂花飘香，无不凝聚了张培刚和他带领的首批基建职工，殚精竭力、忍辱负重、艰苦创业的滴滴汗水。

从写论文到搞基建，这位经济学大师的学术研究中止。就在不少经济学家为他唏嘘叹息时，张培刚却坦然豁达。谈起做基建主任的经历，他略带自豪地说，1957年修长江大桥投资6000万，华中工学院第一期工程就有1400多万，这么多钱都由他统筹，“在这方面他们是信任我的，觉得我不会贪污”。

"文化大革命"开始后，张培刚受到了冲击。随后的十余年中，他先是手持沉重的洋镐修补马路，后来下放到湖北咸宁向阳湖农场，在菱角刺和蚌壳碎片成堆的湖田里参加过围湖造田劳动，还曾在湖畔放过牛。

然而无论哪一样，他都干得格外认真，被当地农民称为"戴着眼镜的农民"。

·85 岁终成博导·

大地回春后，张培刚才得以初步在学术上重新施展才华。而此时的他，比谁都清楚，自己远离学术研究很多年了。

自此，每到逢年过节，前来拜年问候的人往往找不到他。别人热闹时，他却把自己关在招待所，找个僻静处奋笔疾书。他说："我现在深深感到时间不够用，只有拼命干，把一天当两天来使用。"

"自古人生谁不老，奋力求真总是春"，这是张培刚自勉诗中的两句。因为生于牛年，他还常以老牛自喻，"老牛奋蹄"也成为他的一句格言。"文化大革命"结束后，他便开始马不停蹄地著书施教。

1979 年秋，张培刚回到华中工学院，担任社会科学部主任。张培刚说，自己一直站了 30 年，总算有张凳子可以坐下歇歇脚了。两年后，学校为张培刚教授专门成立了经济研究所。他不顾年迈体弱，又投入到学校经济学科的开办和建设当中，先后担任经济研究所所长、经济学院院长、经济发展研究中心主任等职务。

1983 年 3 月，张培刚积劳成疾，几度病危，经多方抢救，始脱险境。疾病迫使他在医院治疗达一年半之久。当时全国工作重点已转到社会主义现代化建设上来，他又想到了被中断多年的"农业国如何实现工业化"的宏大题目。病情稍有好转时，他就在病榻上制订出一个新的写作计划：将《农业与工业化》的中文本翻译出版。

北京大学周其仁教授回忆说："当时我路过武汉去看张老师，只见一张单人病床上，堆了两排摞得高高的书，剩下不足一半的面积，很难容一个人安稳躺下。陪在边上的夫人谭老师说，你要是把书拿开，他睡不着觉！"

就这样，只要身体许可，张培刚就伏在床上、桌上审阅和修订中文稿。他前前后后花费了整整10个月的时间，作了三次审订，终将中文稿交付出版社出版。积压达40年之久的中文本，终于在1984年第一次与国内读者见面了。

1984年暑假期间，武汉酷热似火炉，湖北省和武汉市社科联请他外出休养，他没有去，而是待在书堆里写作。终于，一部与厉以宁合作的53万字专著《微观宏观经济学的产生和发展》脱稿了。该书紧密结合“四化”建设实践，第一次系统地探讨了微观经济学和宏观经济学在社会主义条件下应用的可能性。

1998年，经过张培刚等人十多年的艰苦拼搏，华中理工大学经济系申请的博士点终于获批。这年张培刚已经85岁了。“以85岁的高龄成为博士生导师在我国乃至世界也绝无仅有。”张培刚夫人谭慧说。

·“他是一部书，每一页都给人启发”·

2010年12月11日，第三届“张培刚发展经济学研究优秀成果奖”颁奖典礼在华中科技大学学术交流中心举行。时年97岁的张培刚老人亲临颁奖典礼，为哈佛大学经济学教授德怀特·帕金斯等四人颁奖。这是张培刚最后一次出席学术活动。

之前，何炼成、林毅夫、谭崇台、吴敬琏等学者先后获首届、第二届“张培刚发展经济学研究优秀成果奖”。

夫人谭慧说，设立“张培刚发展经济学研究优秀成果奖”，是为表彰为发展经济学作出突出贡献的学者，促进经济学研究的繁荣，推动中国经济发展，并让中国的经济学研究成功走向世界。

设立“张培刚发展经济学研究优秀成果奖”，也是张培刚晚年为推动中国经济学发展做的最后的努力。首届“张培刚发展经济学研究优秀成果奖”颁发于2006年，距1946年张培刚获得“大卫·威尔士奖”刚好一甲子。

厉以宁说，张培刚为中国经济学作出了三个贡献：“把西方经济学作为理论介绍到中国来，引进了西方经济学的发展理论、研究观点；很早就开始研究中国的发展问题，研究了中国从农业社会转到工业社会的问题，他的著作在中国产生了启发性影响；改革开放后，他将发展经济的理论和中国的改革开放理论、区域发展理论、可持续发展理论结合在一起研究，具有开创性。”

“先生的一生，是献身于经济学创新的一生，是献身于中国经济学教育的一生。”李培根说，“他淡泊名利的学人风骨，严谨求实的治学作风，高屋建瓴的学术造诣，追求理想的执着精神，提携后辈的高风亮节，永远是我们学习的榜样”。

“他是一部书，每一页都给人启发。”中南财经政法大学教授王时杰说，对于宏观高深的理论，老师总能用浅显的语言来表达，“他第一个以‘牛肚子理论’呼吁‘中部崛起’的想法。他告诉我们，在农场参加劳动时，他负责养几头牛，有一次牛陷在淤泥里上不来，大家拉牛鼻子、拉牛尾都不管用，最后还是两个农民用竹杠托着牛肚子，便轻松抬起了牛”。

为培养出中国的经济学者，张培刚先生为中国经济学教育事业呕心沥血，倾注了毕生精力，作出了突出贡献。

他一生教书育人，言传身教，为人师表，培养了一大批优秀的经济学人才。1946 年回国后，在武汉大学任教期间，他培养了董辅礽、李京文、何炼成、曾启贤、万典武等一批著名经济学家。20 世纪 80 年代以来，他在华中科技大学培养了徐滇庆、张燕生、张军扩、巴曙松、李佐军等一批知名学者，以及一大批政界和实业界的精英。

他的思想，他的声音，通过后人向高处、远处飞扬。

（本文由刘长海、杜贝雯依据《光明日报》2011 年 12 月 8 日报道《张培刚：经世济民赤子心》及其他资料改写）

裘法祖

全国劳动模范

裘法祖

裘法祖，生于1914年，卒于2008年，浙江杭州人，著名医学家，中国科学院院士，1981—1984年任武汉医学院院长，1985—2000年任同济医科大学名誉校长，2000—2008年任华中科技大学同济医学院名誉院长。裘院士是中国现代外科学和器官移植学的主要开拓者和奠基人之一，尤其擅长腹部及基本外科，同时又是晚期血吸虫病外科治疗的开创者，被誉为“中国外科之父”。其刀法精准，被医学界称为“裘氏刀法”。他于1978年被授予“全国先进科技工作者”、全国劳动模范荣誉称号，1979年获全国高校优秀教材优秀奖，1989年获卫生部全国高等医学院校优秀教材奖，2000年获中国医学科学院授予的“中国医学科学奖”，2019年获“最美奋斗者”荣誉称号。

良相者医国，良医者医民。裘老留下了数不胜数的荣誉、半世辉煌的传奇，还有让后人铭记终身的妙手仁心。他是践行“格物穷理，同舟共济”同济院训和“严谨求实，开拓创新，一心赴救，精益求精”同济精神的典范，影响着一代又一代人。

上海档案馆至今还珍藏着同济医院抗美援朝志愿军医疗队队员们请战的手书。当年，风华正茂的裘法祖、夏穗生、代植本、段生福、童尔昌、陈夏丰等一大批爱国知识分子毅然报名参加医疗队，义无反顾地在志愿书中的“工作地点”一栏选择了最危险的东北前线。在那场为保卫和平、反抗侵略的正义之战中，同济人点燃了中华儿女强烈的爱国激情。1983 年，他光荣地加入中国共产党，他说“参加抗美援朝医疗队，让我深深感受到了中国共产党有远见、有胆量、有魄力，中国像巨人一样站起来了”，他找到了“我这样一个老年知识分子的光荣归宿”，愿意将一切精力，更好地为党和人民的事业奋斗。

·少年之志　终生以致·

1914 年裘法祖出生在西湖水畔的“书香世家”，18 岁考入同济大学医学院预科班学习德语。1933 年春天的一个傍晚，裘法祖的母亲突然腹内剧痛呻吟不止，医生、郎中都束手无策。不久，他的母亲就痛苦地离开了人世。裘法祖含悲查阅西医书籍，发现他的母亲竟然死于在国外只需十几分钟做个手术就能解决问题的阑尾炎。他一拳狠狠地砸在桌上，立志要解除千千万万个母亲的病痛。

之后，他在两个姐姐的资助下只身远赴德国。在三年的时间里，裘法祖通过德国严格的国家考试和论文答辩，14 门功课全部优秀，获得医学博士学位，并被留在慕尼黑大学医学院所属施瓦本医院当外科医生。由于勤奋努力，不到五年时间他便晋升为副主任医师，于 1945 年获得德国“外科专科医师”头衔，受聘于土尔兹市立医院任外科主任。中国人当外科主任在当时的德国绝无仅有。

在外科工作一年后，他才被允许做第一个阑尾切除术。在做第三个阑尾切除术时，病人是一位中年妇女，术后第五天这位病人忽然死去。尽管尸体解剖没有发现手术方面的问题，但导师以严肃的眼光对他说：“裘，她是一位四个孩子的妈妈。”裘法祖在他的《旅德追忆》中写道，导师的这句话让他记忆深刻，影响了他日后60多年外科生涯的作风和态度。

·仁心仁术　誉满杏林·

在裘法祖近一个世纪的人生岁月里，他致力于祖国的医疗卫生、教育和科研事业，为中国现代外科学作出了杰出的贡献。裘法祖率先在国内提出把大外科分为普通外科、骨科、胸心外科等，为今天医学里的专科概念奠定了基础。他主持创建了我国最早的器官移植机构——原同济医科大学器官移植研究所，并组建了中华医学会器官移植分会，为我国器官移植事业的发展作出了杰出贡献；他同时又是我国晚期血吸虫病外科治疗的开创者。

从医60多年，裘法祖“稳、准、轻、细、快”的高超技术被公誉为“裘氏手术”，并改进新术式不下数十种，挽救了无数生命。“他要划破两张纸，下面的第三张纸一定完好无损”，这套“裘氏手术规范”也不断影响着我国许多外科医生。据说中国的外科医生在做手术时，只要互相看一眼，就知道对方是不是裘法祖的门下，因为“裘氏手术”讲究精准，最大限度地减少对病人的损伤。

裘法祖一生桃李满天下，他向学生强调医生要做到“三会”“三知”，即“手术要会做、经验要会写、上课要会讲”，“做人要知足，做事要知不足，做学问要不知足”。他主张对青年医师要“大胆放手、具体指导、严格要求”。他提携后辈、甘当人梯，培养了大批优秀的外科人才，不少学生已成为国内外知名学者。裘法祖以培育新秀为人生乐事。2004年，他拿出毕生奖金设立了“裘法祖普通外科医学青年基金”，将科学的奋斗精神和探索精神代代相传。

·高山仰止　景行行止·

虽然在德国已经稳定，但当祖国需要时，裘法祖坚定地选择回到祖国。他曾说：“我有三位母亲，一位是生养我的母亲，一位是教育我的同济，一位是我热爱的祖国。”中国抗日战争胜利的消息传到德国时，裘法祖婉拒了导师和友人的挽留，辞去市立医院外科主任职务，带着夫人和子

裘法祖院士为汶川地震伤员会诊
（右二为裘法祖）

女毅然回到了满目疮痍的祖国，受聘于同济大学医学院。1950 年，他为了响应中央人民政府教育部将大学集中的大城市的各大学的部分院系迁往内地的号召，在武汉和上海之间奔波四年，身兼两地三职，于 1958 年决定放弃上海的生活环境和较好的居住条件，举家迁往武汉。1951 年，抗美援朝战争前线战士急需治疗，他带头报名参加第一批抗美援朝医疗队。在他的带动下，一天内所有的外科医生和内科医生蜂拥报名。他怀着中华儿女强烈的爱国激情为战争的最终胜利贡献出积极力量。

在近一个世纪的岁月里，从赴德学成归来到参加抗美援朝，从响应中央号召内迁驰援武汉到参加农村巡回医疗，再到 69 岁高龄坚定信念加入中国共产党，裘法祖始终听从党和国家的召唤。“德不近佛者不可以为医，才不近仙者不可以为医。”裘法祖给后代留下了一座医界的高山，诚诚恳恳对待病人是他的最高成就。他常说“一个医生的医术有高低之分，但是医德必须是高标准的”，“做一个医生不难，做一个好医生很难，永远做一个好医生更难”。他也为后代留下了一条路，一条培养好医生、成为好医生的路。他刻苦钻研的经历、勤于实践的品格、体恤病人的风范，为后代指引了一条培养新秀医学生的道路，也给医学生和医务人员指引了一条成才的道路，他一生的践行令人景行行止。

（本文由危庆跃根据华中科技大学新闻网 2009 年 6 月 14 日《李培根为〈人民医学家裘法祖〉作序》及其他资料改写）

马毓义

全国五一劳动奖章获得者

马毓义

马毓义，生于1917年，卒于2007年，广西桂林人，我国首批博士生导师，先后任华中工学院动力系主任、副院长等职。他是华中工学院煤燃烧国家重点实验室的开创者、煤粉钝体稳燃器的发明者，曾任湖北省燃烧工程研究会理事长，获国家发明奖三等奖、全国五一劳动奖章。

·以身作则　甘当铺路人·

马毓义，1942年毕业于浙江大学机械系，1946年至1953年曾任广西大学讲师、副教授，1955年赴莫斯科动力学院进修，一直从事燃烧理论与技术研究，撰写了一篇篇高质量高水平的学术论文。他于1955年至1963年，翻译出版多部专业著作，如《工业热力学》《锅炉燃烧过程》等，特别是他最先引进翻译出版的《锅炉机组热力计算标准方法》，在中国锅炉技术的发展中发挥了重要的作用。

从20世纪60年代起，马毓义主持完成了有关部门下达的科研课题多项，1961年至1977年完成了内置式旋风分离器、燃油正压燃烧以及国产第一台600 MW燃煤锅炉燃烧系统等的研究。此后，他也一直从事燃烧学科的研究，而且一向非常重视科研为国民经济发展服务，致力于使科研成果尽快地转化为生产力。

马毓义不但在科研上有胆有识，贡献突出，他的科研道德也十分高尚。在研究室他从不以领导者自居，没有半点架子。“他要求别人做到的，自己总是带头做到。”他有时在实验室绘图，有时在车间当车工，工作起来严肃认真，和工人、学生说笑时又幽默有趣。他把研究室熔炼成了团结、先进的集体。他以身作则，努力做工作，甚至教职工的家属的积极性也被他调动起来了。艰难不易时，马毓义冲在前线，当成绩出来时，他却总是退到后台，把中青年教师推到前面。经他仔细修改的文章不知有多少，但是最终的出版物却很少有他的名字，因为他都把自己的名字划掉了。他总是把自己当作铺路者、架桥人，让中青年到台前去。为了培养一批燃烧理论专家，他鼓励并大力支持同事们去干，自己却甘当配角。这种高尚的科学道德教育，鼓舞了中青年教师团结一心向前冲，在实践中实现科研报国的理想。

·老当益壮　宁移白首之心·

20世纪六七十年代，我国一些电厂用的还是劣质煤，锅炉燃烧轻则声如放炮、锅炉灭火；重则声如雷鸣，锅炉崩坏，威胁工人生命安全。煤在当时是我国主要能源，但是发热量低、燃烧不完全、不稳定的劣质煤占了四分之一；尤其是江南九省区发现和开采的大部分是劣质煤，火电厂锅炉难以直接使用，须掺杂北方优质煤或者耗用大量燃油，因此，提高燃烧技术，使劣质煤派上大用场，以解决动力能源的不足，改变北煤南运的局面是一件具有重大意义的事，为此，不少专家绞尽脑汁。已近花甲之年的马毓义心忧家国，老当益壮，决心背水一战。

时任国务院副总理方毅参观煤燃烧实验室

（前排右三为马毓义）

马毓义下定决心后便开始拼搏奋战。白天，他在当时的华中工学院图书馆的特殊陈列室里戴着老花镜认真查阅英、美、苏、德等国在燃烧理论方面的期刊和书籍；夜晚，他在灯光下整理、摘录材料。马毓义夜以继日，不辞辛劳，最终整理、摘记了有关文献 900 多篇。通过大量的阅读，他掌握了深厚的理论知识。心怀国之大者之人并不止步于此，为了摸清我国电厂煤燃烧的实际情况，马毓义不顾六十多岁高龄和身体的不适，亲自带队赴鄂、湘、赣等省的几家典型的火电厂开展实地调查。马毓义亲自研究煤种，观察锅炉燃烧情况，掌握了大量一手资料。扎实的理论基础与从实践中获取的丰富信息在他的脑海里一经碰撞，便燃烧出智慧的火花。终于，他产生了借鉴航空发动机加力燃烧室中的钝体燃烧器来实现劣质煤稳燃的大胆科学设想，但是他的设想遭到了当时业内激烈的争论，不少同行都劝他放弃，就连曾跟他并肩作战的同事都出现了反对意见。面对我国能源紧缺的现实，被质疑后，他并没有放弃，而是反复审视自己的方案，最终决心以实践验证，用事实说话。

其后马毓义和同事反复试验，在 20 世纪 70 年代末首创了劣质煤稳燃器，利用尾迹回流区所产生的压力梯度卷吸高温烟气，加强边界层热质交换，促进煤粉着火和稳定燃烧。1982 年，劣质煤稳燃器走出实验室，进入了工业试验阶段。他又亲自带人深入电厂指导工人操作，仿佛一个熟练的老工人。锅炉内温度高达 1800 多摄氏度，他依然坚持亲自长时间在炉边观察记录。为了说服工人们按新的办法操作，他耐心说服并与工人一起等待结果。1983 年 1 月，信丰电厂的鉴定会正式承认了劣质煤稳燃器的功劳和效益，1985 年 12 月，稳燃器通过了国家级鉴定。

劣质煤稳燃器大大提高了锅炉的热效率，创造了巨大的经济效益：在 5 个电厂的 6 台机组试验，节约煤 6.5 万多吨、油 1.1 万余吨，直接经济效益达 565 万元。这一成果解决了劣质煤的燃烧问题，创造了巨大的社会效益，为改变北煤南运局面作出了贡献。专家们认为它“是我国的一项有重大贡献的发明”，“在劣质煤燃烧技术方面具有世界先进水平”。这项研究获得了“六五”国家科技攻关奖，马毓义教授本人也获得了国家“六五”科技攻关“先进个人”的光荣称号（全国仅 37 人，高校仅 2 人）。

在马毓义的带领下，煤燃烧研究室迅速发展，国家计委和教委批准在我校建立我国第一个煤燃烧国家实验室，马毓义教授为国家重点实验室第一任学术委员会主任。

（本文由冷娇根据《高教战线》所刊王革《莫道桑榆晚　红霞尚满天——记燃烧专家马毓义教授》一文及其他资料改写）

蔡宏道

全国优秀教师

蔡宏道

蔡宏道，生于1918年，卒于2003年，浙江人，原同济医科大学公共卫生学院环境微生物学教研室教授，临床检验学家、环境卫生学家、医学教育学家，曾任中共同济医科大学委员会第二、三、四届委员，国务院医学评议组学位委员会第一届学科评议组成员和中国环境科学学会第二届理事会副理事长等，1989年获“全国优秀教师”荣誉称号。

蔡宏道于1918年3月16日生于浙江杭州。他从小学习勤奋，成绩优异。在少年时代，他目睹帝国主义对我国的侵略，政府的腐败无能，大量难民流浪街头，寒夜中呻吟的病人因缺医少药成批死亡，百姓生活在水深火热之中苦不堪言。在父亲严格的教育下，蔡宏道从小就具有强烈的进取心和社会责任感，立下报效祖国的决心，并立志学医，救死扶伤。他的双亲多病早亡，家境清贫。1935 年从中学毕业后，他以第一名的成绩考入了免缴学费的南京陆军军医学校医学本科。1939 年毕业后，他从军抗日，曾参加了著名的昆仑关战役。1941 年，他从部队调回陆军军医学校，并担任细菌学系主任和血清疫苗制造研究所所长。在著名微生物学家李振翩教授的领导下，他曾任助教、讲师并兼血清疫苗制造研究所的技师。在此期间，蔡宏道在李振翩教授的言传身教下，参加了现场防病实践，接受了微生物检验的规范化训练。那时，我国正值伤寒、霍乱和天花等烈性传染病流行时期，前后方军民的健康受到严重危害。为此，蔡宏道受命承担了研制菌苗和痘苗的任务。由于日本侵略者严密的经济封锁，致使生产菌苗的主要原料奇缺，但他与同事们面对困境，勇于挑战，反复试验，终于成功地研制出生产菌苗和牛痘苗的主要原料代用品，即以黄豆芽浸液代替蛋白胨与牛肉浸膏，以海藻煎汁代替琼脂，从而及时完成了大批量的伤寒和霍乱菌苗以及牛痘苗等的生产任务，为预防传染病疫情在广大军民中暴发流行，保证抗战胜利作出了重要贡献。他在用植物浸出液培养和生产青霉素与桔霉素的研究中也取得了良好的成果，用此粗制的抗生素直接涂敷于染菌创伤疗效显著。

1946—1947 年，蔡宏道曾赴美国得克萨斯州布鲁克医学中心进修临床检验学。中华人民共和国成立后，他受命担任上海同济大学医学院副教授兼附属医院检验科主任。在此期间，他潜心著书立说，与孔祥云等合著了《实用临床检验学》共 4 册，计 270 万字。这是首部介绍我国临床检验方法最完善、最实用的专著，也是我国第一本大型临床检验专业参考书。此书的出版、发行对我国临床检验学的发展发挥了巨大的推动作用。

1950 年，中国人民解放军在江苏省太仓县驻地进行战备训练，因缺乏环境卫生知识，大批人员感染急性血吸虫病。蔡宏道任副中队长，积极参与血吸虫病的防治工作，他承担粪便的检验。由于那时医用器材十分匮乏，购不到优质的三角烧瓶，他将报废的电灯泡的接头部分和内芯去掉，底部垫一黏土座制成了代用烧瓶，以煤油灯作为热源制成能维持恒定温度的土温箱，解决了大便孵化法检查血吸虫毛蚴的器材问题，保证了数千份粪便标本的孵化检查，按时准确地报告了粪便的检测结果，使病人得到了及时合理的治疗。他全身心扑在工作上，吃住在实验室，出色地完成了任务，荣立了二等功。1952 年，蔡宏道受华东军政委员会卫生部指派到山东省沿海一带进行反细菌战的调研工作，参编了《微生物、昆虫、病理、兽医、植物病害检验手册》一书。该书对防止生物污染有重要的指导作用。

在我国实施国家建设第一个五年计划后，根据社会主义建设规划的需要，国家决定建立和发展预防医学教育体系，在全国几所重点医学院校开办卫生系，培养卫生专门人才。蔡宏道面向国家需要，开拓预防医学战线，毅然放弃了已使他成名的临床检验学技术岗位，服从组织的安排，愉快地走上了新兴的预防医学战线。从 1955 年起，他先后担任过武汉医学院卫生学总论教研室主任、教授，卫生系系主任兼环境卫生学教研室主任等职长达 30 年，在完善预防医学专业的教学、科研工作等方面作出了突出的成绩，赢得师生们的敬重。

蔡宏道教授学识渊博，一贯主张教学、科研要为国家建设服务。1957 年，他亲自带领教研室职工开展长江（武汉段）水质系统的监测工作。为摸清长江水的污染稀释规律，他不惧烈日和风浪，身先士卒，乘坐小木船在滚滚的长江上定点采集水样进行化学分析，为保护长江水质资源提供了可贵的历史性的水质本底资料，有关论文先后发表在《武汉医学院学报》和《中华卫生杂志》上。20 世纪 60 年代，他从事高效灭火剂的毒性研究，为其在坦克、潜艇等密闭环境中的安全使用措施提供了科学依据。蔡宏道教授时常冒着毒气熏染和烧灼的危险，出入实验装置，观察实验动物的动态变化和存活情况，并采集气体样品，记录数据。他的实干精神，深得师生的赞许，他所完成的论文也受到有关部门的表彰。20 世纪 70 年代，他承担了人民防空工事密闭条件下用氧发生器供氧及用石灰吸收二氧化碳的国防科研任务。他在身患冠心病的情况下进入完全密闭的防空洞中，仔细观察、测量、记录待避人员的机体反应和有关的环境因素变化情况，取得一系列可贵的数据。这项科研成果于 1975 年在衡阳召开的全国人民防空工事会议上报告，受到表扬。20 世纪 80 年代，他完成的水质污染指示菌和水体污染致突变性与致癌性的研究获国家环境保护局和卫生部的科学技术进步奖三等奖。他主持的长江三峡工程对生态环境与人群健康影响的研究是国家“七五”计划科技攻关的二级课题，为三峡工程的可行性论证及制定环境对策提供了明确可信的科学依据。

蔡宏道教授治学严谨，一向重视环境卫生学的发展方向。当我国环境污染日益严重，环境科学蓬勃兴起时，他急国家之所急，把主攻方向转移到环境保护方面。他积极地为我国新建的环境保护部门先后举办了数期“环境污染与卫生监测”进修班，并编写了实用的教材，培养了大批环境监测技术人员，推动了我国环境保护事业的发展。他认为短训班只能提高技术人员的业务素质，但无法培养出高水平专业技术人员。因此，根据国家“有关大专院校要设置环境保护的专业和课程，培养技术人才”的精神，蔡宏道主张建立适合我国环境科学发展的医学教育体系，并为此做了卓有成效的工作。1978 年，经湖北省教育局批准在武汉医学院环境卫生学教研室的基础上，我国第一个环境医学专业创办，蔡宏道任领导小组组长。该专业的毕业生被分配到各级环境保护和环境卫生监测等部门工作，促进了我国环境保护事业的发展。在此基础上，1986 年 5 月，国家环境保护局和原同济医科大学合办了“武汉环境医学研究所”，为环境医学的教学和科学研究建立了一个良好的基地，并取得了一批研究成果。1989 年 11 月，国家教育委员会公布同济医科大学环境卫生学系为国家重点学科点。

蔡宏道非常重视总结经验和著书写作。20 世纪 50 年代，他编写了《实用临床检验学》等多种临床检验学书籍。他在转攻预防医学后，更重视总结环境卫生学、环境医学的理论和实践经验，特别是环境微生物学的检验理论和技术方法，共撰写此方面的书籍 22 册，论文 45 篇，共计约 400 万字。他平易近人，乐于培养中青年教师，甘为人梯，经常为他们审校稿件，逐字逐句地耐心修改他们的文章，耗费了大量的心血。他自费购买了大量中外文书籍、杂志和工具书，供教师们随意借阅，被誉为“我们的第二图书馆”。

在古稀之年，蔡宏道仍亲临教学第一线，热心地指导研究生和中青年教师的工作，从他们的开题设计到实验过程、结果分析、论文撰写、图表绘制等都逐一审查，细心评阅。他的学生们都说：“蔡教授思路敏捷，诲人不倦，把握科研方向准确，鼓励学生创新，是我们的良师！”

（本文由刘长海、马天乐依据《中华预防医学杂志》1989 年第 4 期文章《记著名环境医学教育学家蔡宏道教授》及其他资料改写）

蔡桂茹

全国三八红旗手

蔡桂茹

蔡桂茹，生于 1921 年，卒于 2022 年，江苏南京人，我国杰出妇产科学专家，华中科技大学同济医学院附属同济医院妇产科创始人之一、主任医师，华中科技大学同济医学院教授、博士生导师，于 1979 年荣获全国三八红旗手称号。蔡桂茹在妇产科学，特别是妇科肿瘤学领域中有突出成就，发表论文 70 余篇，出版专著 13 余部。

从无到有，蔡桂茹用坚持与努力接续前人的重担，不断攻克妇科肿瘤学难题，她恪守“救死扶伤，不辞艰辛，执着追求”的目标，努力去实现人生的最大价值，让更多的人免受病痛之苦。

医者既渡人又自渡，他们是如何在生命中实现个人与社会价值的呢？

·疾风劲草，勇于突破妇科肿瘤难题·

在20世纪40年代，我国的宫颈癌、卵巢癌发病率非常高，女性同胞面临着病痛的折磨。1945年，蔡桂茹在同济大学医学院毕业。1950年，党中央决定将地处医药卫生发达地区上海的同济大学医学院及附属医院内迁武汉。怀揣着报效祖国的心愿，蔡桂茹放弃了在上海优越的工作和生活条件，和其先生、我国著名儿外科专家童尔昌教授一起前往武汉，支援中南的医疗卫生事业。

1955年同济医院完成整体搬迁后，中国第一代妇产科先驱和领军人、同济医院金问淇教授在国内率先开展宫颈癌根治手术，1957年同济医院开创性地进行宫颈癌的筛查防治。1978年至1985年期间，蔡桂茹教授担任同济医院妇产科主任，她也成为全国最早开展妇科肿瘤手术治疗的专家之一。

在医疗条件恶劣、治病经验缺少的年代，蔡桂茹与其他同事一起，继续在宫颈癌和卵巢癌的治疗领域开展研究。在蔡桂茹教授的带领和影响下，同济医院妇产科几代人以攻克妇科肿瘤为研究目标，实现了一个又一个的突破，在宫颈癌和卵巢癌的治疗领域取得了引领世界的突出成果。

五十多个春夏秋冬，蔡桂茹一步一个脚印地走过了人生的辉煌之路：中华医学会湖北分会常务理事，湖北和武汉妇产科学会执行委员、名誉主任委员，省医疗事故鉴定委员会副主任委员，全国妇科肿瘤学组常委，湖北省政协六届常委。这些职务，是她耕耘学术领域的见证。《妇产科临床手册》《妇产科床问题解答》《卵巢恶性肿瘤》《实用儿童与青年妇科学》等13部200多万字的主编教材、学术专著，以及《德汉医学词汇》《中国医学百科全书·小儿外科分卷》《生殖免疫学》等著作，是她渊博的学识和丰富的经验的承载。她担任了国内七种专业杂志的顾问、副主编、常务编委、编委，70岁高龄时虽患有青光眼，但仍经常工作到凌晨，每年要审稿100多篇，守护着自己对“生命事业”的敬畏。

·仁心仁术，真诚关怀患者的一切·

蔡桂茹经常在门诊、病房、手术室来回打转，一刻不停。那时，还是未谙世事的年轻学生的马丁院士，经常跟着导师蔡桂茹教授上门诊、做手术。当他回忆起这段刻骨铭心的经历时，深感同济前辈的重任，他说“常常看到的都是已经挨到了癌症晚期不得不来看病的农村妇女，记得那时转诊到我们医院的晚期宫颈癌病人特别特别多，候诊室的长椅下常常是一摊血、一摊水，老远都能闻到异味，再看看病人，个个被病痛折磨得没有了人形，我的老师们只能是尽力去手术，虽然明知道手术效果极其有限……”

蔡桂茹面对着一个个饱受疾病折磨的女同胞，只得埋头苦干，内心却在流泪。她知道，唯有早日攻克疾病难题，才能减少这种情况的发生。

对待病人就像亲人，甚至胜过亲人，谁来看病，她都热情接待，精心诊治。特别是对远道而来或家有困难的病人，她更加关心，能一次解决的，决不让病人跑第二次。

为了让外地病人看了病早日返回，减少在外的开销和不便，她往往陪着病人上楼下楼，做检查、做化验。“我累点不要紧的，病人来看一次病可不容易呀!”妇产科病人越来越多，专家门诊量也不断增加，常常是别人已吃过午饭了，她却还在诊室里忙着。她操心着别人，却没顾得上让自己吃上一口饭。

她为许多病人解除了病痛，有的病人出于感激想表达谢意，可蔡桂茹从来都婉言拒绝。不止一次真实地表现了老一辈知识分子为天下事的纯正崇高的品格。

·百年树人，培养大批优秀人才·

蔡桂茹是我国首批批准的硕士研究生导师。1987年，她又被批准为博士生导师。作为妇产科专家，蔡桂茹教授深感妇产科知识的重要性，更懂

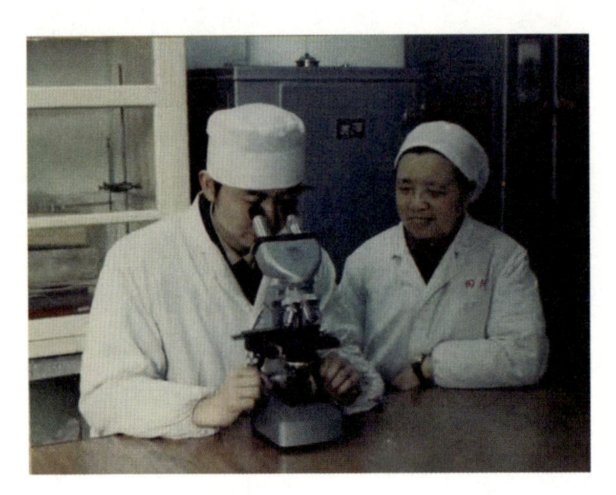

蔡桂茹和学生马丁院士
（右一为蔡桂茹）

人才的宝贵。为了给国家培养高级医学人才，她辛勤而严谨，严格又精心。

当年，得知马丁选择了妇产科作为主攻方向，蔡桂茹如获至宝："马丁的基本功太扎实了，我国妇产科太需要这样的人。"她深感知识的重要，更知人才的宝贵。为此，她倾心尽力地育人：科室里的同志写出了论文，请她给予指导，她从不推托，就是再忙，也要戴上老花镜逐字逐句地修改；反复研究、论证，精心为研究生确定课题，让研究生掌握最先进的知识和技术；细致地指导研究生的实验和研究，帮助他们攻克难关。

每月一次的总查房，她都事先找好病例，查阅大量资料，查房时详细讲授，为的是让医生们多学到知识；当听说本科生很少能听到老教授讲课，她主动请求，认真备课，第一个执教在三尺讲坛。

蔡桂茹教授精心培养了一批对国家医学，特别是妇产科学作出贡献的医者。国家妇产疾病临床医学研究中心副主任王世宣教授、华中科技大学同济医学院附属协和医院妇产科主任王泽华教授、深圳市妇幼保健院妇科主任刘植华教授都是蔡桂茹的优秀弟子。

1984年，蔡桂茹光荣地加入中国共产党，实现了追求多年的愿望。她常说："共产党员不仅仅是光荣的称号，共产党员的价值在于全心全意为人民服务，在于处处表现出来的先锋模范作用。"

2017年，武汉医学会授予蔡桂茹教授终身成就奖，表彰其对武汉地区医学事业发展所作出的杰出贡献。

蔡桂茹一生热爱祖国，热爱医学事业，她用一生践诺了一名共产党员医生的心愿。一个人的目标，只有与人民的需要相结合，与社会的进步相融合，才是高尚的心愿，这样的人，才是高尚的人。

（✎本文由刘虹伶根据华中科技大学新闻网2022年1月26日《我国杰出妇产科学专家蔡桂茹教授逝世》及其他资料改写）

黄炳灵

全国优秀教师

黄炳灵

黄炳灵，生于1923年，卒于2010年，湖南长沙人。1950年毕业于南京金陵大学后，黄炳灵先后在长沙雅礼中学、华中工学院附中担任英语教师。1950年，他被评为长沙市教育劳动模范，1952—1965年在长沙市第五中学多次被评为先进工作者，1978—1987年在华工附中多次被评为华中工学院先进工作者，1986年9月被评为湖北省教育系统劳动模范，1989年9月被评为全国优秀教师并获优秀教师奖章。

·政治表现十分优异·

黄炳灵忠诚于党的教育事业，几十年如一日从事中学教育工作。他个性坦率、真诚，有忘我无我精神，一贯认真踏实，恪尽职守，任劳任怨，努力进取，不断创新，为我国中学英语教学开拓了新的路子，作出了突出的成绩。黄炳灵曾被评为校、区、市、省先进个人，所领导的教研组多次被评为华中工学院及武汉市洪山区先进集体。他家距校较远，终年骑自行车上班，除一两次因病住院外，均为全勤，把毕生精力奉献给党和人民的教育事业。

·教育教学成效突出·

20世纪七八十年代，黄炳灵目睹了十年动乱给教育事业带来的深重灾难，广大青少年深受“外语无用论”的毒害。但黄炳灵并没有灰心丧气，动摇英语教学的信心。他带领一部分师生在武汉市进行了大量的社会调查，累积了三十余页的调查资料。在教学中他运用这些生动、具体的事例，向学生说明学外语不是无用的，而是大有用处；将来吸收外国有用的科学技术和文化，非有外语不可。师生都坚定了外语教学的信心。

粉碎“四人帮”以后，特别是十一届三中全会以后，教育事业恢复了生机，黄炳灵也焕发了青春。1978—1986年，他曾在任教的三个班进行了连续的教改试验，其中一个班是省试验班。他主要从两个方面进行了探索：一是在初中起始年级结合课文单词、句型集中教国际音标，着重解决初学英语时的音形矛盾，培养学生的拼读、记词和朗读能力，培养学生自学英语的能力、兴趣，保证教学进度，使教学处于主动地位，起了积极的促进作用。这一探索在省市范围推广，他也多次在武汉市介绍经验。

二是英语课文整体教学法的研究。此法被国家教委纳入全日制中学英语教学大纲。黄炳灵能充分掌握中学英语大纲、教材，并能自编教材，教学经验很丰富，教学能力很强。1984年，他与省市知名教师共同提出并逐步通过实践形成了英语课文整体教学思想体系，包括意义、作用、理论根据、教学原则、教学方法、步骤等诸方面。它不同于分段的“块块教学”，不仅是传授知识，更着重培养学生学习、运用英语进行听、说、读、写（译）的能力，它强调培养学生分析、判断、总结、概括、推理的能力，从整体观察和处理事物的能力。黄老师所教的学生，学英语负担不重，不补课，主要靠课堂训练和坚持口试，而学生自学能力强，听、说、读、写

（译）的能力较全面，成绩稳定，高考成绩优异，平时参加省市竞赛也都能取得好成绩。

·培养后辈毫无保留·

黄炳灵在指导和培养青年教师方面也取得了非常显著的成绩。他认为培养青年教师的工作指导思想要十分明确，不能含糊；方法宜多，要切合实际，能落到实处。经他多年努力，许多青年教师不仅很快过了教学关，而且教学效果好，有的获区、市优质课一等奖，在教学研究上也表现出色。

黄炳灵培养青年教师，不但主动积极，而且毫无保留，带出了一班优秀教师。其指导思想是：抓思想、抓观点、抓方法。具体做法是：① 个别精心辅导；② 共同备课，互相听课，理清教学思路，改进教学方法；③ 用系列课方式，自己讲，青年教师听课、讨论、提意见；④ 帮助青年教师备课，使其掌握备课要点、思路、方法；⑤ 利用对外公开课机会，让青年教师担任系列课的教学任务，帮助备课、小结；⑥ 利用优质课评比或外出讲课，帮助青年教师备课参赛或讲系列课；⑦ 利用组内计划中的实验课，帮助青年老师备课，有目的地解决课时目的、要求、教学方法的科学性等问题；⑧ 经常性听课，及时指导。

教师沈亮这样说："多次听说过关于黄老师的种种，他当年创造的那些辉煌在我看来就像一个个神话。在没有见到黄老师之前，我就在心里无数次想象过他的样子了，他一定是个慈祥高大敬业严谨的老人。等真正见到他时，除了没有想象的那么高大以外，慈祥敬业严谨都符合我的想象。除此以外，他给我的，还有直击心灵的感动。八十多岁的老人了，谈起英语，谈起教育，谈起附中，眼神熠熠，充满温柔，很难想象他是一个百病缠身的人。他的话语时而激昂，时而轻柔，那份对教育事业的执着，对附中的热爱令我这个初来乍到的晚辈惭愧不已，望尘莫及。已经不记得多少次看到他在附中各办公室穿梭的身影了——总是那个黑公文包，总是那副有点搞笑的翻盖墨镜——我总在好奇着，这么大年纪了，不在家安享晚年，他，究竟在忙什么呢？偶尔也会听到身边老师们的议论，说自己退休

2006 年 7 月 7 日黄炳灵老师英语教育思想研讨会

（左四为黄炳灵）

以后才不会像黄老师这样折腾呢！直到拿到黄老师的这份《在素质教育基础上改革华科大附中英语教改试点刍议》的材料，我才找到了问题的答案——黄老师真的是在燃尽自己最后的光和热来照亮教育事业和我们的附中。”

（本文由刘长海等根据华中科技大学附属中学供稿修订）

崔崑

全国优秀教育工作者

崔 崑

崔崑，生于1925年，山东济南人，华中科技大学教授、博士生导师、全国五一劳动奖章获得者，1997年当选中国工程院院士，曾荣获“全国道德模范”“全国优秀共产党员”“全国优秀教育工作者”等荣誉称号，2013年获得中国机械工程学会热处理分会“终身成就奖”，2020年获得“中国好人”称号。

“他做的每一件事，我们每个人努努力或许可以做到，但他这样做了六七十年，将平凡做到了极致，就成了一个伟大的人。”

他就是我国著名金属材料专家崔崑，中国工程院院士。在2017年3月一次座谈会上，时任华中科技大学党委书记路钢说：“崔崑院士用60多年党龄、70年教龄、90多岁高龄，展示了一个党员多年来身体力行，始终践行社会主义核心价值观，用实际行动诠释了我国知识分子的家国情怀。”

一生俭朴，将毕生积蓄捐给贫困学生。从2013年至今，崔崑院士夫妇捐资助学已达1000万元。老人说，国家培育了自己，这不是“捐”，而是“还”。他像千锤百炼的特殊钢，锻造了自己，报效着国家。

·烽火连天求学路　耄耋之年著书途·

崔崑1925年出生于山东济南。上初中时，家乡沦陷，崔崑只得辍学在家，自燕京大学毕业的父亲教他英语、数学，又请私塾先生教他语文。1940年，崔崑考上齐鲁中学高中部，这是一所难得的不受日本人控制的教会学校，任课老师大部分是原齐鲁大学的教授或副教授。尽管生活艰苦，但崔崑学习勤奋，第一学年各科成绩居全校高中部第一。

崔崑高中毕业后，父亲支持他离开沦陷区，去四川考大学。崔崑至今还记得从济南经菏泽、亳州、漯河、洛阳、西安辗转到成都的艰难：沿途封锁，又有日兵追击，洛阳火车站不售票，他爬上火车，几天下来，到达西安时已被黑烟熏成了“黑人”。到成都后，他一边准备考大学，一边做临时工，在机场周围喷洒敌敌畏灭蚊，挣钱维持生活。后来，他被三所名牌大学同时录取，最后选择了西迁至四川乐山的武汉大学机械系。1948年大学毕业后，崔崑留校任教。

1952年，在院系调整中，武汉大学机械系并入新建立的华中工学院，崔崑投入到华中工学院的创建中。1964年，崔崑带领同事逐步建成装备比较完整的金属材料与热处理实验室。1981年，他领导的华中工学院金属材料与热处理专业成为全国高校该学科首批六个博士点之一。

经历过战火纷飞，经历过新旧社会对比，崔崑经常对学生们说，要立志为中国的繁荣昌盛贡献自己的力量。当他年逾70岁时，学校希望他继续留在工作岗位，发光发热。于是，他自学计算机，很快学会上网查资料、自己制作多媒体教学课件、利用计算机指导学生等。迈入80岁，崔崑不再承担科研课题，但依然闲不住。

2006年，他开始搜集资料，撰写《钢的成分、组织与性能》。当时，我国还没有一部全面系统的特殊钢专著。81岁的崔崑用电脑将自己一生的心血敲成文字，绘成图表，灯光见证着这位老人的执着。历时6年，著作终于完成。2013年，该书上下册由科学出版社出版，共10章，1574页，约200万字，含图828个，表格646个，被誉为“钢的百科全书”。

崔崑的博士生、华中科技大学材料科学与工程学院教授柳林回忆，看着老师那么大年纪还自己编辑文字、制作图表，一点点输入、打印，我们都想帮帮他，可他总说“自己来”“你们都很忙”，硬是自己独立完成。

2019年，治学严谨的崔崑又将此书再版，补充更新了相关内容。

·千锤百炼终成钢　诸君品格应如是·

认识崔崑的人都说，他是一块千锤百炼的特殊钢。

1958年，华中工学院选送崔崑赴苏联著名的莫斯科钢铁学院进修，专攻金属学及热处理专业，并以我国十分需要的特殊钢作为研习方向。在那里，崔崑如饥似渴地学习，两年后学成归国。彼时的新中国，工业生产起步不久，新型高性能模具钢是急需品，但相关研究是一片空白，生产不了这种钢，只能花大价钱进口。“中国必须要有自己的模具钢种!”痛下决心，身为教研室主任的他组织课题组，带着大家刻苦攻关。没有设备，他们想办法买，买不到，他们就自己做。结合我国资源条件，课题组设计了一种含铌基体钢，做出样品后，分头赴全国各地实践。崔崑在哈尔滨轴承厂住了3个月，反复实验，经3年多艰苦努力其研究成果终于得到广泛推广。

30多年来，崔崑先后承担国家及省部级科研项目近20项，研制成10种新型模具钢，获省部级以上科技奖励15项，其中国家发明奖二、三、四等奖各1项，有4种模具钢列入了国家工模具钢标准GB/T1299—2014。凭借在金属材料研究领域的杰出成就，1997年，他当选为中国工程院院士。

华中科技大学材料科学与工程学学院原党总支书记郑恩焰说，崔崑的成果为国家创造直接经济效益2亿多元，但他一直保持着“工人教授”本色：曾经第一个跳进被暴雨淹没的实验室，排涝抢险；每研制成功一种新钢种，他会背着几十斤钢材，搭车到各地推广；工作中一马当先，生活中却完全不“麻烦”单位，连出差都很少用公车……

崔崑对自己要求严格，对学生同样严格。作为我国首批博士生导师，崔崑共培养了24名博士、23名硕士，并不算多，但其中已有10多人成为博士生导师，在不同领域取得了突出成就。

华中科技大学材料科学与工程学院教授熊惟皓是崔崑的博士生，1990年慕名拜在其门下。“31 年相处，受益匪浅。”老师严谨的治学、关注学科前沿和朴素的作风深深影响着他。“老师十分关心年轻人的发展。”材料科学与工程学院副院长杨君友教授是在崔崑的鼓励下回国的，为了让他安心科研，崔崑从项目调配等各方面提供帮助。

在崔崑的潜移默化下，学生们也学会了为师之道，一代代接力传承。

·为国为民仁者心　扶困助学“三不”情·

千锤百炼钢却有一颗柔软的心。

早在 20 世纪 80 年代初，崔崑主编的教材《钢铁材料与有色金属材料》获得稿费后，他将稿费用作互助基金，帮助有困难的老师暂渡难关。学院原党总支书记郑恩焰回忆，当年老师们生活条件都不太好，基金起了很大作用，许多老师困难解决后又反哺基金，一直持续了一二十年。

崔崑与夫人朱慧楠乐善好施。朱慧楠教授是华中科技大学原化学系化学教研室最早的教师之一，曾担任过理化系、化学系系主任。从 2005 年起，校工会的捐款单记录着崔崑夫妇俩每一次爱心。他们还会购置字典、图书、蚊帐等，捐给有需要的群众。

崔崑夫妇合照

（左一为崔崑）

2013年，崔崑和夫人朱慧楠、女儿崔明玲共同捐资420万元，在学校设立“勤奋励志助学金”，资助崔崑和朱慧楠所在学院家庭经济困难、品学兼优的本科生，额度每人8000元。捐款在2013年至2017年5年内完成。以崔老师家里的积蓄，一次性拿不出这么多钱，崔老和家人就做了一个5年计划。

作为教职员工，这样大额的捐赠，在学校历史上极为少见。有人建议以崔崑夫妇二人的名字为这个助学金命名，被二老谢绝了。

2017年，此事才被公众得知。记者曾赴老人家中采访，问及捐款动机，崔崑和夫人解释，他们不讲究吃，不讲究穿，工资有一些结余，就想捐出来，回馈社会。

2018年，崔崑夫妇又拿出180万元，注入“勤奋励志助学金”。每年资助的学生由45人增加至60人。

2020年7月3日，崔崑夫妇再捐资400万元，设立“新生助学金”。从2020年开始，5年内每年向133名家庭经济困难新生资助6000元，年捐助金额80万元。

此次捐资没有仪式，连留影照片都没有拍，两位老人认为，是国家培育了自己，设立基金资助家庭经济困难学生是他们的初心，不需要宣传。

两位老人在生活中十分勤俭。几年前，人们才从媒体报道中得知，两位老人多年来省吃俭用，崔崑院士一件衬衣曾穿了30年。

材料科学与工程学院党委副书记、副院长袁新华介绍，崔老了解到尽管现在助学渠道比较多，但学校里家庭经济困难的学生也比较多，他对学生最大的心愿就是希望他们没有后顾之忧，学有所成，报效祖国。“勤奋励志”就是崔老对学生最重要的要求。

目前，两项助学基金已资助697人次。

一封封写给崔崑的感谢信，饱含感激，更有自强不息、奋力前行的动力。

“感谢您为我们这些寒门学子带来温暖与希望。爱需要传递。”材料系2013级学生卓娟从大二下学期开始，为在贵州支教时认识的一个小男孩每月资助300元。“这些钱都是我平时勤工俭学得来的，我打算一直资助他，直到他大学毕业。用我自己的力量去帮助需要帮助的人。”

在这份关爱和帮助下，材控系2015级学生李海顺利毕业后回到老家宁夏，材料系2016级学生翟哲回到家乡贵阳，他们都为当地发展尽着自己的一份力。正在美国读博的2012级学生林惠向崔崑表示，铭记您的嘱托，学成后一定回来报效祖国……

对年轻人关爱，对同龄者呵护。华中科技大学校区大，离退休老同志多，为方便老同志看病，2016年，崔崑夫妇还拿出20万元积蓄，给学校车队捐了一辆车，用于接送退休教职工。2020年新冠肺炎疫情期间，崔崑夫妇又捐出100万"特殊党费"，支持武汉抗疫。

侠之大者，为国为民。这位身材瘦小的老人，以侠骨柔情，以平凡的坚持，在喻家山留下佳话。

近年来，因为捐资助学，一向低调的崔崑、朱慧楠老两口"红"了。但他们多次婉拒媒体采访。

时常接触二老的学生、同事等人介绍，崔老是一位"三不"院士——

不麻烦别人。年过九旬，身体也不太好，老两口常常去校医院，要么自己走，要么打车，从不开口要公车。老人总是一句话，可以自己解决的事，就不麻烦人。

不搞特殊。抗疫期间捐款，他坚持自己到银行办理。出书费用，坚持自费，连学院的书也是他赠送的。

不降低对自己的严格要求。对项目课题和学生培养一样不放松，甚至"苛刻"到标点符号。学生们说，当时不理解，等到自己工作或带学生，才知道严谨的必要。

从战火纷飞中走来，崔崑和夫人朱慧楠携手半个多世纪，乐善好施，却一生淡泊。

崔老常对学生们说，我不需要你们都和我一样，一代人有一代人的使命，每个人都要不忘初心，做一些对国家对人民有益的事。

（本文由刘长海、杜贝雯依据《湖北日报》2021年6月7日报道《记著名金属材料专家崔崑：钢铁院士心系家国　捐资千万一生淡泊》及其他资料改写）

陈德树

全国优秀教师

陈德树

陈德树，生于1930年，广东东莞人，曾任华中工学院电机系主任、研究生院副院长，国家教育委员会学位委员会电工学科组成员，自然科学基金委员会电工学科专家组成员，湖北电机工程学会副理事长，全国电机工程学会理事、常务理事，继电保护专业委员会副主任等职务。陈德树于1989年评为全国优秀教师，1985年起享受国务院政府特殊津贴，2001年退休；曾获国家科学技术进步奖二等奖1项，国家科学技术进步奖三等奖1项，国家重大装备成果三等奖1项，国家技术发明二等奖1项；著有《计算机继电保护原理与技术》。

2017年11月24日，在中国电机工程学会年会开幕式上，陈德树荣膺2017年“顾毓琇电机工程奖”。颁奖仪式上，中国电机工程学会理事长郑宝森为陈德树颁发了奖牌。中国电机工程学会副理事长兼秘书长谢明亮代表中国电机工程学会向陈德树教授表示热烈祝贺，并指出，陈德树教授提出了一系列电力系统及其自动化继电保护和安全控制的新原理，由他主持研制的系列保护装置都已形成了成熟的产品并大规模投入运行，为保证电网的安全运行作出了积极的贡献，他获此殊荣，实至名归。

·志存高远，路之伊始·

1930 年，陈德树出生于广东东莞的一个普通家庭，在他三岁的时候父亲就去世了，母亲和家族中的伯父伯母一起养大了年幼的他。好景不长，1937 年，卢沟桥事变爆发，日本发动全面侵华战争，于是陈家全家逃往香港避难，但三年后，日军在离新家不远的岸边登陆，于是他们整个家族又回到了已经被日军占领的东莞老家。在侵略者统治下生活的日子给陈德树带来了与众不同的梦想和动力。

1945 年日军投降，陈德树升入高中，抗日战争刚刚结束，紧接着爆发了解放战争，战争让国家与国民疲惫不堪，经受过战争毒害的陈德树不想再让国家受到侵略。和当时所有有志青年一样，陈德树选择学习科学技术，立志用电力让国家强大起来。“那时我考了 4 所学校，中山大学的成绩是最后出来的。4 所学校都考上了，但是中山大学报的是电机系，我就去中山大学了。”正是这个选择，决定了陈德树一生的道路。

那时的中山大学，还是在国民党统治下的学校，陈德树意识到当时国民党早已腐败不堪，难得民心，于是在学习生活中，暗中跟随地下党员同志们学习马列先进思想，这在当时是难能可贵的。1949 年后，陈德树被学校和组织安排到哈尔滨工业大学学习苏式教育，而那时中山大学正在重组，学籍档案在中山大学电机系的陈德树被分配到了新建的华中工学院。在返鄂之后，陈德树在新的环境中开始了属于自己的科学研究和学术教育之路。

·学习之路，永无止境·

1949年初期，大学老师用中文授课，但是教材大多用英文撰写。为了更好地阅读英文教材，陈德树时常查字典，“查点字典没什么了不起的。”陈德树轻描淡写地形容。工作以后，由于技术的需要，陈德树经常阅读英文资料。好在有大学时代打下的坚实基础，这对于陈德树来说不算难事。

1952年陈德树大学毕业，留校任教。同年，国家选派优秀青年教师到哈工大读研，课程由苏联专家任教，陈德树便是这一批人中的一员。用现在的话来说，陈德树这批青年教师相当于新中国成立以来最早选派深造的精英。为了尽快适应苏联专家的授课，他们还集中脱产学习了8个月的俄语。

在哈工大学习期间，陈德树学到的最多的就是严谨。苏式教育是典型的精英教育，要求培养出来的个个都是精英。3年下来，千里冰封万里雪飘的哈尔滨，不仅磨炼了他的意志，还赋予他扎实的学习基础、严谨的治学态度、强大的科研能力。而苏式教育的精髓——高标准、严要求早已融入陈德树的血液，这对他在今后的治学、教书，甚至做人等方面都产生了深刻的影响。

20世纪80年代初期，学校派陈德树出国访问。虽然在工作和学习中英语阅读早就轻车熟路，但陈德树却并不擅长口语。当时，陈德树刚刚被提拔为系主任，繁重的教学科研和行政工作使他根本就不可能集中时间学英语。“我那时候哪有时间脱产学英语呀!”于是，别的老师从美国带回来的两本英语教材就成了陈德树学习的全部依托。每天清晨，陈德树都要集中朗读半个小时到1个小时英语，不到滚瓜烂熟决不罢休。就这样，这位50多岁的高龄学生硬是用惊人的毅力自学了1个学期的口语。

到现在，虽然已经年逾九十，但遇到不懂的问题，他也会去查资料，去学习。他用自己的一生诠释着：终生学习是真谛，只有不断地学习，才能进步。

·教育之路，重视人才·

1952年从教，2001年退休，50余载的教育工作，陈德树始终将培养人才作为第一要务。

1981年，国家全面拨乱反正，教育事业百废待兴。教育部人事司派人来华中工学院调研并召开教师座谈会，陈德树以教研室主任的身份出席，反映了人才结构失调、教师队伍青黄不接的问题，提出“人才危机，不抓不行”“老教师有一批，年轻教师有一些，但是中间脱节得很厉害”。陈德树回忆起当时系里的师资情况不禁感慨，“老教师没几年就要退休，那我们的人才从哪来呢？教师需要培养过程，没有这个过程给他锻炼就接不上去”。经验丰富的陈德树敏锐地察觉到师资的危机，于是，他提出了一个大胆的建议——将当时发配电专业恢复招生后的第一批6名即将毕业的硕士研究生全部留下任教。

“我就是随便放炮，没想到把我这句话真听进去了！”陈德树戏称他当时的建议不过是随便放炮，但现在看来，那句“这6个人留下来任教，我全都要了”，却对我校电气专业的建设起到至关重要的作用。虽然因种种原因，后来稳定留在我校的只有3人，但这6人在各自的领域中都发展得极为出色。其中，程时杰和吴青华已成长为IEEE Fellow，程时杰已是我国科学院的院士。

陈德树在电气学院人才培养方面作出的贡献是不可磨灭的，但他却很谦虚地说：“重视人才不是我提的，是我们的老校长朱九思，他非常重视人才。他的这个重视人才对我们印象是很深的，他注重师资培养。”陈德树回忆，在华中工学院建校初期，老校长朱九思就提出了建校最重要的三件事——师资、实验室、图书馆。这三件事似乎成了当时华工人努力奋斗的目标。而朱九思校长在“文化大革命”期间大胆引进别的单位不太敢用的学者任教的决定不仅保障了学校的师资水平，也为所有教师打了一剂强心针——从此，人才培养成为华工宏伟蓝图最浓墨重彩的一笔。

2001年，71岁高龄的陈德树光荣退休。从1952年到2001年，他实现了“为国家健康工作50年”的愿望。这个时候，陈德树又决定在不拿报酬的情况下继续参与实验室和研究生的一些活动。的确，对于一个工作过50年的地方，想要留下有太多的理由，但对于陈德树来说，却只有一个——“我不是工作，我是玩！”

虽然早就不带学生了，但陈德树依旧关心学生的科研和发展。毕竟在这个行业工作几十年，陈德树时刻关注着行业发展的最前沿。“我有什么想法，我就跟他们说。久而久之，学生就会来找我。这不是很好吗？”遇到有潜力的学生，他会鼓励他们继续深造，坚持科研的道路。有时，看到一些好苗子因为家庭的原因放弃科研，陈德树也难免惋惜。遇到资质不太好的学生，只要愿意继续深造，陈德树也会尽自己最大的努力帮助他们。“有一个别的老师带的硕士，后来读的博士，基础差一些，很多人都认为很难培养。但是他遇到问题跑来找我时，我就尽最大力量帮他提高。”

· 科研之路，坚持为伴 ·

大多数人能看到的是科研人有所突破时的喜悦，但深究其科研过程，又会觉得科研工作是一件辛苦又枯燥的事，不过在像陈德树这样的科研人眼中，科研本身是一件十分有趣的事情，是一个探索、了解未知事物的过程，不会觉得枯燥，当然在探索的过程中也会遇到很多阻碍，有时经过十次八次，甚至几十次的失败，也不能将问题解决。如果问题没有彻底解决，那就要再次摸索，尝试新的方法，并付诸实践。有一个问题困扰了他几年，至今尚未解决，可每当有一点启发，有一点进步，对问题的理解深入一点、前进一点时，他就非常高兴。他说每一点付出都是有用的，只要你全身心投入，无论最终结果如何，至少你能在探索的过程中弄清楚很多以前不明白的问题。

科研之路上，总有些磕磕绊绊。但陈德树认为，科研无所谓成败，重要的是坚持钻研的过程。陈德树回忆自己做模拟输电线这一项目的经历。在实际中，同杆并架双回输电线嫁接于铁塔上，各个导线之间的参数不

2007 年陈德树在动模实验室工作

同，并且相互影响。由于在研究时，研究人员往往把这个问题忽略、理想化，因而简化一些实际问题。为了进一步研究并解决这一问题，陈德树教授与其他教师一起模拟再现这种现象，将六根导线独立出来，单个分析，获取每根导线的各项参数。由于六根导线呈空间分布，不能模拟整体情况，他提出通过分析磁场，将六根导线用六个线圈模拟，但经过实验测试发现，此方案行不通。后来另一个教授提出用六根铁芯构成磁耦合线圈的分析方法，最后各位研究人员经过多年的努力，成功地建立起空间上的同杆并架双回输电线模型，解决同杆并架双回输电线的嫁接问题，并且成为当时国内外唯一应用于该类问题的模型。

陈德树从不把天分当作影响科研成败的唯一因素。他认为天赋虽然能影响研究者解决问题的速度，但并不决定研究的成功与否，重要的是其是否有坚持精神。陈德树也用自己的行动诠释着这一精神，凭借自己日复一日的坚持和百折不挠的精神在科研方面取得巨大成就：陈德树教授参与研究的转子谐波电流式“发电机匝间短路保护”的研究成果，在葛洲坝等电站得到应用；在阻抗继电器运行分析理论中提出支接阻抗动作特性和振荡阻抗动作特性等新要领和方法；合编《电力系统继电保护原理与运行》。

在教学方面，陈德树始终工作在教学第一线，以实际行动激励学生们坚持到底，影响了一批又一批华中大学子。在科研方面，常人看来，陈德树已经功成名就了，但在他自己的眼中，科研还得继续，在华中大的动模楼里，时常能看到他工作的身影。

（本文由刘长海、李秋阳依据华中科技大学电气与电子工程学院网站人物报道内容及其他资料改写）

王迪浔

全国优秀教师

王迪浔

王迪浔，生于1930年，江西新建人，华中科技大学同济医学院基础医学院教授，曾任病理生理学教研室主任、基础医学部主任、卫生部呼吸系疾病重点实验室主任等职，1992年获“林宗杨医学教育奖”，1993年获“全国优秀教师”荣誉称号。

我于1955年毕业于中南同济医学院，1956年开始在同济病理生理学教研室从事教学和科研工作，对我校病理生理学系的发展有些了解。

·选择同济病理生理学教研室·

我来到同济病理生理学教研室的道路是比较曲折的。1949年我中学毕业，那时候我的兴趣爱好是数学和物理，所以上大学准备报考理科专业。但是我的父亲希望我学医，因为我的祖辈都是中医，我的曾祖父和祖父都是很有名的中医，但是到了我父亲这一辈没有一个是学医的，他希望我学西医，再继承祖辈的中医（那时我祖父还健在），搞中西医结合。但是由于我的兴趣是理科，不愿学医，父亲就说：如果你要学理科就考南昌大学理学院（我父母都是南昌大学的教授），假如你要学医，就到上海去考医科。因为那时候江西还没有一个医学院，只有一个医专。由于我从小到大没有离开过家，真想出去闯一闯，我就答应学医，去上海考上了同济大学医学院。

因为我对需要死记硬背的东西不感兴趣，所以第一年的解剖学、药用植物学等必然学不好。到了二年级学生理学，讲人体各器官的功能和调节机制，我觉得很有意思，特别是巴甫洛夫的条件反射学说，用实验证明高级神经活动的机制是条件反射，我非常感兴趣。到三年级学病理学，我了解到在疾病过程中身体器官、组织、细胞发生的病理变化及其发生的机理和在临床的表现，感到很有道理。后来知道苏联还有病理生理学，它是专门研究疾病的机制，研究疾病的发生发展过程，对全身的影响，引起全身代谢机能变化及其发生的机制，这是一门研究疾病机制的科学，我认为这就是医学中的理科。所以我当时就树立了一个志愿，将来从事病理生理学的工作。

但是 1955 年毕业分配时，我的志愿并未得到照顾，我被分配到沈阳一个军工厂做临床医生，我服从了分配。在之后的一年中，我一直都在努力地工作。那个医院之前没有化验室，所有的化验检查都要送到中国医大去做，要花不少钱，还费不少时间。我去了以后就申请建立了一个化验室，亲自培养了化验员，很多化验我们都能自己做了，节省了开支，诊断和治疗也更及时了。另外，我还开展了针灸治疗，虽然在学校没有系统学过，我通过看书学习和在自己身上扎针操练，有了感性和理性认识，再治疗病人，对有些病例还是很有效的。一年后我被推选为厂劳模的候选人，但没有通过，原因是因为我申请调动工作。我为什么申请调动工作呢？因为厂规模不大，病人比较少，而医务人员比较多，我一天看不了多少病人，觉得很浪费时间。我认为在这种情况下应该可以照顾我的兴趣爱好。但是厂里面不放人，工业部也不批准。我只好给周总理写了封信，汇报了我的情况和愿望，很快周总理办公室就发文到厂里，同意我调动搞医学基础理论学科工作。1956 年 3 月，我回到母校新成立的病理生理学教研室一直工作到 2010 年。

· 病理生理学教研室的创立 ·

我国原来并没有病理生理学教研室，欧美国家医学院有病理生理学这门课却没有病理生理学教研室，是苏联首先创建病理生理学科，开了病理生理课。1954 年苏联一位病理生理学家费奥德洛夫在我国办了一个病理生理学师资班，培养了我国第一批病理生理学教师，其中有我校的赵修竹和冯新为老师，他们学习回来后筹备建立了病理生理学教研室。教师都是从相关学科调来的，赵修竹老师是从生理学教研室调来的，冯新为老师原为内科的主治医师，张增明和孟天真老师是从生化教研组调来的，加上张强华老师、我的同班同学李之望、比我低一届的金咸瑢和我，才有 8 个教师。

· 病理生理学科的性质 ·

首先，病理生理学是研究疾病的机制的科学，研究为什么会生病，疾病发生与发展的原因和机制，以及疾病引起身体各个系统代谢和功能的变化及其机制等。所以说，病理生理学是医学中的一门理科。

其次，病理生理学是一门桥梁课程。在基础医学里的生理学是讲人体各系统器官的正常功能及其功能的调节机制，生物化学讲体内各种物质的正常新陈代谢过程。而病理生理学是在生理学和生物化学的基础上学习疾病中器官功能和代谢的异常变化，称为病理生理变化。病理生理变化在临床表现为疾病的症状、体征、血液的生化变化等。疾病的临床表现是疾病诊断的依据，疾病的治疗有针对病因的治疗和针对发病机制的治疗。由此可见，病理生理学课程是从基础医学到临床医学之间的重要桥梁课程。

病理生理学还是一门医学中的哲学。在研究疾病的机制时，怎么去研究？用什么观点去研究？都要用唯物辩证的观点来指导。举个例子，比如说什么是疾病？病人有不适的症状和异常的体征，那是疾病的临床表现，不是疾病的本质。按照辩证法来说，一个事物的性质是由它的主要矛盾来决定的，疾病的本质也应由疾病的主要矛盾所构成。疾病应该是致病因子引起了机体的损伤，机体发生抗损伤反应跟损伤作斗争的过程。假如损伤成为矛盾的主要方面，疾病就会恶化，会加重。如果抗损伤成为矛盾的主要方面，疾病就可能好转，可能痊愈。我们医生要做的工作就是做矛盾的转化，用药物和手术等方法减轻损伤或增强抗损伤，使抗损伤转化成矛盾的主要方面，使疾病得以好转。又如，要以一分为二的观点去分析病理变化的生物学意义。如感染性休克的发生曾被认为是由于外周动脉收缩，使组织缺血缺氧引起毛细管前括约肌扩张，导致大量血液瘀积在扩张的毛细血管网中，使回心血量减少和心输出量急剧减少及血压下降。由此人们曾把动脉收缩视为促使休克发生的致病因素（损伤），从而主张在充分补充血容量的基础上用扩血管药治疗。但是，现在临床却主张用缩血管药治疗休克，为什么呢？因为认识到外周动脉收缩可使血压升高，有利于增加生命重要器官心脑的血流量，这才是抢救休克病人的关键，即在休克发病中外周动脉收缩的两重性中，其矛盾的主要方面是抗损伤，所以应用缩血管药以增强其抗损伤作用。

由于病理生理学重视用辩证唯物主义的思想方法来指导对疾病机制的认识和研究，而且紧密联系疾病的诊断和防治，所以它是医学教育中一门重要的课程，一些知名的临床教授对病理生理学讲座都很感兴趣并来参加。我们病理生理学教师还给学生上过医学自然辩证法的课。

· 病理生理学科的发展过程 ·

病理生理学科的发展道路是不平坦的。因为我们是学习苏联建立起来的，后来每一次搞教学改革运动，要缩短学制、减少课程，就考虑到病理生理学教研室原来没有，欧美国家也没有，所以我们也没必要单独成立病理生理学教研室，可以将它与生理学或病理学教研室合并。

第一次是与病理解剖教研室合并，只有我和李之望老师合到了生理教研室。但是这样的合并实际上没有提高教学质量，反而是降低了教学质量，为什么呢？因为病理解剖是形态科学，主要研究的是疾病过程中组织器官的形态结构变化，主要是看显微镜，做尸体解剖，不做动物实验。而我们病理生理是搞机能学的研究，主要通过做动物实验来研究疾病机制。合并以后，要病理生理的老师去讲病理形态变化和带学生看显微镜下的病理变化，教学质量比不上病理解剖老师；同样病理解剖的老师来讲病理生理学内容和带学生的动物实验课也比较困难。所以这种合并没有起到提高教学质量的作用，反而影响了学科发展，后来只好分开，病理生理学教研室又独立了。

在“文化大革命”前又合并了一次，这次是把整个病理生理学教研室和病理解剖教研室合并。但只是名义上的合并，科研是各搞各的，教学也是各搞各的。“文化大革命”结束后还是分开了，病理生理学教研室又独立了。

病理生理学教研室的分分合合造成了教师的思想混乱，感到搞病理生理学科前途渺茫。后来我们在哈尔滨开了一次全国的病理生理学的教学研讨会，同时研究了病理生理学的发展方向，讨论学科要不要独立的问题。我和上海二军医大的卢建教授在病理生理学会常务理事会中分管教学工作。会前我们做了很多的调查研究，会上我们提出病理生理学应该独立发展。从教学方面来看，我们调查了医学院校的高年级学生认为病理生理课对临床医生是否重要，他们说非常非常重要。我们也问了临床的医生和内科外科教授们，病理生理课程对临床工作的帮助大不大，他们也说是非常大，说明了这门课在教学教育中的重要性。再从科研的方面来看，我们调查到很多院校的病理生理学科承担的国家科研项目比较多，出的科研成果也比较多。既然病理生理学科在医学教育和科研中如此重要，我们应该对这个学科的发展充满信心。道路是曲折的，前途是光明的。

后来教育部搞学科分类，主要是根据欧美的那套系统来的，里面没有独立的病理生理学，那病理生理学科怎么办呢？教育部的意见是，可以和生理学合在一起叫生理病理生理学科，或者是和病理学合在一起叫病理生理学科。北京医学院、上海医学院的病理生理学是和生理学合在一起，湖南湘雅医学院的是和病理合在一起。而我们学校讨论这个问题时，我和王建枝主任坚持过去已经有的经验教训，认为合在一起只是形式上的合并，教学科研还是分开，形式上的合并没有意义，我们学校就保留了独立的病理生理系，教育部也同意了。独立的同济病理生理系发展较快，成了教育部的重点学科。

·病理生理学科的科学研究·

我们教研室的科研最开始是赵修竹教授和冯新为教授牵头，主要是从事免疫学研究。赵教授的补体的研究还成立了中澳友好补体实验室。

20世纪70年代中期，湖北省一些农村出现一种怪病，很热的夏天，农民身体发热但不出汗，体温增高，热得受不了就跳入水塘，或把水浇在泥巴地里，然后在里面打滚来降温，故称为“烧热病”，其病因不明。省里组织了很多医务人员进行流行病学调查，发现这病跟吃毛壳生棉油有关。本来棉籽榨油应该要加温精炼，把一些杂质去掉，油变成清亮的，是可以吃的。但是在“大跃进”年代，家家户户都自己榨油，只把棉籽油榨出来，没有加温精炼，杂质很多，油很浑浊呈酱色。从流行病学的调查结果来看，“烧热病”的发生跟食用毛壳生棉油有密切关系，病人主要分布在棉产区。但是要确定病因是食用毛壳生棉油，还要通过动物实验证明，这就是病理生理学的内行了。那时我和法医系的黄光照，还有协和医院的万纯臣在汉川县医院搞了一个实验室，养了不少大白鼠、猫、狗、猴来做实验。我们把每种动物分成两组，一组吃毛壳生棉油，一组是吃精炼的棉油。夏天我们把动物放到太阳下晒两个小时后，测量它们的体温变化，发现吃毛壳生棉油的动物晒太阳后体温升高的程度明显大于吃精制棉油的动物，还测得吃毛壳生棉油的猴出汗量减少。由此证明病人的确是因为食用毛壳生棉油而引起“烧热病”。后来“文化大革命”开始了，学校把我调回学校参加运动，冯新为教授去继续研究。科研结果出来后，政府就下命令，停止榨毛壳生棉油，“烧热病”就得到了控制。

“文化大革命”后期，周总理号召研究呼吸四病，就是感冒引起支气管炎，发展成慢性支气管炎，后来形成肺气肿、肺源性心脏病（肺心病），最后可导致肺性脑病而死亡。那时候我们学校很重视，把这作为攻关的研究项目，临床的呼吸内科，基础医学院的病理生理、病理、生理、生化教

王迪浔与教研室同事合影
（第二排右二为王迪浔）

研室都来参加研究。由于免疫学科发展的需要，学校把病理生理学教研室里从事免疫病理研究的教师和技术员分离出去，和微生物教研室从事免疫学研究的一起组成免疫教研室。从此病理生理学教研室只有一个科研方向，研究呼吸系疾病。

这个项目是全国的大协作，我们只能抓住其中的一个关键问题来研究，就是引起肺心病的机制。当时还成立了一个全国性肺心病研究协作组，定期召开学术交流会，将肺动脉高压和肺源性心脏病的发病机制和诊断治疗方法作为攻关研究的对象。肺动脉压的测定不像体动脉压测定那样简单，因为肺动脉在胸腔内。发达国家用心导管通过静脉和右心插入肺动脉测定肺动脉压，这是一种创伤性的测定方法，在我国病人不大容易接受，而且费用也很高，难以在国内推广。我国需要无创性的肺动脉压测定方法，我们选择了研究肺阻抗血流图的方法。肺阻抗血流图是右心搏血入肺动脉引起的肺动脉容积变化形成的肺电阻抗波动曲线，即肺阻抗血流图描出的是心动周期中肺动脉的容积波动曲线。肺动脉高压必然会引起这容积波一些参数的变化。我们先在大量正常人身上测定肺阻抗血流图，求得血流图各参数的正常值，然后再去临床做肺心病人的肺阻抗血流图，对比

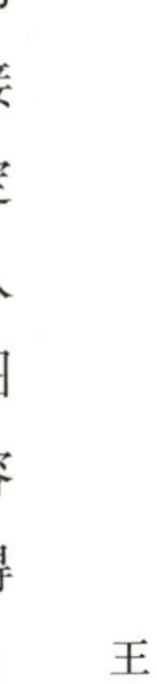

分析后看看哪些参数能够反映病人发生了肺动脉压力增高。但是到底压力增高了多少，要量化，必须要与用心导管测得的肺动脉压作对比性研究。1980年我正好拿到了联邦德国的洪宝科研奖学金到德国慕尼黑工大肺科研究室去工作，在那里插心导管的检查很普遍，我做了很多病人的检查，将肺阻抗血流图和心导管检查结果对比分析，求得了一个回归方程，根据血流图参数可以计算出肺动脉压高度。这个公式在国内推广用于临床诊断肺动脉高压。根据湖北呼吸内科学会的建议，我们还研究了中药川芎嗪治疗肺动脉高压的作用，通过动物实验证明，川芎嗪可抑制由缺氧引起的肺动脉压升高，对其作用机制我们也作了些探讨。

病理生理学教研室承担了国家"七五""八五"攻关项目及多项国家自然科学项目，较系统地研究了缺氧时肺血管收缩反应与肺血管反应性变化的机制。我们做整体的、器官水平的和细胞分子水平的实验，研究神经机制（交感神经作用）、体液机制（很多血管活动物质在其中作用，如前列腺素、白三烯、内皮素、一氧化氮等生物活动物质的作用），细胞分子机制（离子通道、第二信使、相关酶的基因表达等），也作了一些实验性治疗的研究。"九五"期间，我们承担了国家自然科学基金重点项目，研究高原动物肺血管对缺氧的收缩反应钝化的机制，实验表明，高原鼠兔的缺氧性肺动脉收缩反应明显低于平原大鼠，与其在急性缺氧时扩管性的前列腺素与一氧化氮的生成较多有关；我们还发现平原大鼠经长期慢性缺氧后，肺动脉平滑肌细胞的电压门控性钾通道的表达减少，这些都可能与高原慢性缺氧使肺血管对缺氧的收缩反应钝化有关，为进一步探索增强登高者对高原缺氧的适应能力的方法提供了一些线索。

我校呼吸系疾病研究参与的科室有四个基础医学学科和两个医院的呼吸内科，基础与临床结合得很好是其一大优势。1992年卫生部经专家认证把卫生部呼吸系疾病重点实验室设在武汉同济医学院。

1996年，我们引进王建枝担任病理生理学教研室主任，她的研究方向是老年性痴呆的发病机制和诊断治疗方法，她带领了一个科研创新团队，科研成果累累，他们结合基础与临床相关科室，成立了教育部神经系统重大疾病重点实验室。

2004年，我们引进胡清华担任卫生部呼吸系疾病重点实验室副主任，他科研的主要方向是钙信使在呼吸系疾病发病中的作用机制，特别是细胞“钙震荡”的形成与生物效应关系的研究达到国际先进水平。

病理生理系除了神经系统疾病与呼吸系统疾病这两大研究方向外，还有教师做炎症和肿瘤病理过程的研究。

（本文由王迪浔口述，王涛整理记录，由刘长海、李海龙引自华中科技大学校史网）

郑权旌

全国优秀教师

郑权旌

郑权旌，生于1932年，江西九江人，曾任华中科技大学力学系副主任，教授。郑权旌从事工程静力学、工程动力学、工程运动学等教学和科研工作几十年，在工程力学教学改革、学科发展规划等方面取得突出成绩，曾任高等学校本科基础课程教学指导委员会委员。1989年，郑权旌获“全国优秀教师”荣誉称号。

1989年，十月金秋，桂花飘香的一天傍晚，华中工学院院刊记者拜访了当年被评为全国优秀教师的郑权旌教授。郑老师刚从学生宿舍答疑回来，一见面，三句话不离本行，话题便转到教育上来了。“作为一个教师，教书育人是最基本最重要的工作，”郑老师说，“国家把下一代托付给了老师，他们将来是要接班的。”他深知为人师表责任重大，他也确实是全身心挚爱着自己的工作，呕心沥血，乐在其中。郑老师每天除了繁重的教学任务外，他还担任了系副主任，有大量的行政工作，备课、批改作业一般都只好放在晚上和星期天。就是在这样的繁忙中，他还致力于教学研究工作，他编的《工程静力学》《工程运动学》已经出版，并获得了校教学研究成果一等奖。他编写的《工程动力学》也即将出版。记者禁不住担心已年近花甲的郑老师吃不消，要知道他还患有支气管哮喘和冠心病啊！可他不经意地一笑："吃不消也不管它。哪怕再累，往讲台一站就全忘了。"

但是无论多么忙，他总是十分乐意多做些青年学生的思想政治工作。他说，教书育人，教书重要，育人更重要。郑老师的中学时代正值抗战时期，是在颠沛流离中度过的。现在的学生不了解祖国的过去，他就讲自己亲身经历的民族苦难，讲他目睹耳闻的国民党政府的腐败无能。有些学生只盯着党的少数败类，他就讲他的一些老师——一些共产党员的高风亮节；讲他中学时的语文老师——一位地下党员如何在群众和学生中宣传革命道理，开展革命活动，指引青年走上革命道路；讲哈工大不为利诱冲破阻拦辗转回国的朱起鹤教授，朱教授不仅为学校从无到有地培养出一支优秀的年轻物理教研队伍，还将每月的工资都交作党费，即使在动乱中被某些人诬蔑为伪装积极的美国特务，他始终保持着忠贞不渝的共产党人的革命精神；讲他的恩师南京大学原物理系主任吴汝麟教授，在中风卧床不起的弥留之际还坚持关怀指导系里的科研任务，令身旁的老师强忍悲痛背身流泪的感人事迹。有些同学专业思想动摇。他就讲专业对"四化"建设的重要意义和发展前景，激励学生攀登科学高峰的雄心。当时，学风有所滑坡，一些同学汲汲于分配，有些青年迷恋出国，使他忧心忡忡。一有机会他就给同学们讲知识是立身之本，讲无论到哪里都需要过硬的本领，勉励同学以钱学森为榜样，在学校做一个品学兼优的好学生，将来成为一个为民族复兴、国家富强积极作为的接班人。郑老师做思想工作做得细、做得实、做得诚，同学们都说，郑老师的话言之有理，他们愿意听。

郑老师在教学上更是"严"字当头，精益求精。执教至今已几十年，可他几十年如一日，兢兢业业，默默耕耘，有高度的责任感。他讲理论力学课，却经常有意识地引导学生应用学过不久的微积分、物理学方法；讲到动能定理，他就联系起机械原理的飞轮、机械效率；讲到惯性力则联系压缩机的动力分析，从而密切了与后续课程以及专业的联系。这么前后一贯通，学生的兴趣就起来了。理论力学是一门理论性很强的技术基础课，有些内容和基本概念比较抽象难学，郑老师和他所在的理论力学教研室在积极从事教学内容和教学方法研究的同时，还极为重视形象化教学手段的建设，他们已在课程改革、教材建设以及实体教学模型、电动模型示教板、电子计算机辅助教学软件的设计研制等方面都取得了显著的成绩，这些成果促进了我校理论力学课程教学质量的不断提高，并为发展我国的教育事业作出了贡献。

教与学，教是主导方面。他是系里主管教学的，他对自己要求严，对其他老师特别是年轻老师要求也严，试讲一次不行，试讲二次不行，再来。试讲不好的，就不让上讲台。分配了教学研究任务，他就要求每位老师积极努力去完成。就这样，他们教研室形成了一般严谨进取的风气。就拿计算机辅助教学这个项目来说吧，当时国内已有七所大学比我们起步早，教研室把这项重要的教研课题交给了两位青年教师，他们在教研室的积极支持和校领导的关怀下，迎着困难上，发挥了不达目的决不罢休的进取精神，为了能够使用系里仅有的一台适用的计算机，他们常常是中午不休息，晚上工作到深夜，而且整个暑假全力以赴，结果只用了半年时间，硬是攻下了别人所没有解决的技术难关，研制成一整套高质量的工程运动学课件。这套课件于 1988 年 10 月通过由湖北省教委主持的鉴定，专家们一致认为该课件“紧密结合教材、联系工程实际”“对深化教育改革，提高教学质量，普及计算机应用可以起到促进作用，值得推广应用”“优于国内同类软件，并具有国外同类软件的水平”。这项教研成果获得校和湖北省教学研究成果二等奖。

郑老师认为，严就是爱，他对学生像对自己的孩子一样，“爱”但绝不“溺爱”。“文化大革命”期间，只要有学生在，他就坚持上课，没有学生，他就到寝室去找，跟同学们分析动乱的害处，提醒不要上当……郑老师也欣喜地看到他的学生中就有同学不受干扰，坚持自学完了他的一本书，并演算了其中的习题。动乱后，他立即到学生宿舍去，结合当时的情况，讲述动乱的恶果，帮助学生提高认识，并要求学生把动乱中耽误的课程补回来。他一面补课，一面给学习吃力的学生“开小灶”。他说，作业

1989年郑权旌老师荣获“全国优秀教师”受表彰的合影

（第二排左四为郑权旌）

中发现了问题，你不来找我，我就去找你，边讲还要不断问对方懂了没有。考试起来，他半点不含糊。学生们考得不好，他心里很难受。但不及格的同学来找，他却从不“通融”，只是耐心地劝告：“你们受了动乱的影响我理解，你们要好好吸取教训。但是知识没学到手，应实事求是，来不得半点虚假。”

说郑老师严，是有点。正如同学们所说的，想在郑老师手下混日子是很难的。在学生对老师教学质量评估中，同学们对郑老师总是比较满意的。他还获得过校教学质量一等奖，校“三育人奖”，国家教委政府荣誉证书，国务院政府特殊津贴，被评为全国优秀教师，这并不是偶然吧！

（本文由刘长海、马超依据《华中工学院院刊》1989年11月11日报道《呕心沥血　乐在其中：访全国优秀教师郑权旌》及其他资料改写）

李佐宜

全国优秀教师

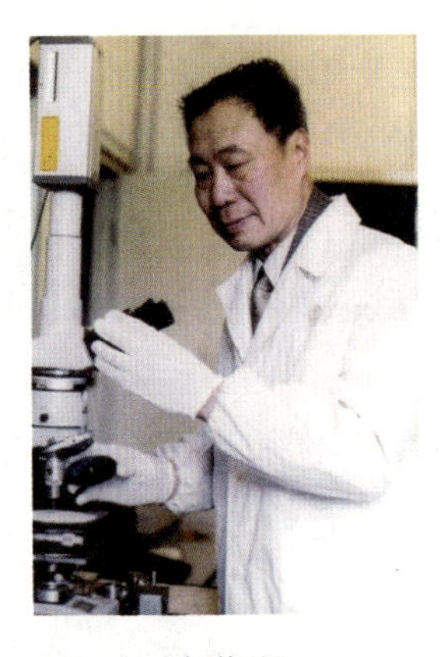
李佐宜

李佐宜，生于1933年，卒于2013年，江西南昌人，华中科技大学光学与电子学院教授、博士生导师。他以第一完成人获国家科学技术进步奖三等奖2项（1992年、1998年），湖北省科学技术奖自然科学奖一等奖1项（2000年），湖北省科学技术奖自然科学奖三等奖1项（2002年），国家教委科学技术进步奖二等奖3项（1988年、1991年、1997年），国防科学技术进步奖三等奖1项（2001年），发明专利2项，发表论文310篇，多篇论文被SCI、EI收录及为国内外学者引用，出版著作1本。1989年，李佐宜获“全国优秀教师”荣誉称号。

1989年教师节前，李佐宜教授被授予“全国优秀教师”荣誉称号。对此，他说：“我感到既高兴又有压力，觉得责任更大，担子更重了。今后要更好地为党工作。”在人生的道路上，他就是凭着一个信念——跟着党，把自己的一切无私地献给党，忠诚党的教育事业。

·人要有点精神·

他是一位公认的老实人，但有他自己的精神，并在实际中执着地追求、升华。

1959年，李佐宜从清华大学毕业，不到半年时间，他研制成功了飞机发动机导向空心叶片，提高了飞机的飞行速度，第一次为我国国防现代化作出了自己的贡献。正当他顺利地进行某种飞机的重要部件的研究课题时，上级要他停下来，重新接受一项完全陌生的紧急研究课题，试制某种飞机需要的高性能永磁合金钢。他深深明白：原来的课题胜利在望，接新课题即意味着“功亏一篑”，而重新进入磁学的未知王国里，或许新任务完不成，也或许一辈子难以出成果。但在国家利益和个人利益的天平上，他丝毫不犹豫地倾向了国家利益这一端。后来，他凭着深厚的基础和坚韧不拔的毅力，胜利地完成了党交给他的重要任务，成功研制达到国内外先进水平的铝镍钴晶体取向磁钢，又接着成功研制另一种磁钢。他的三项科研成果受到罗马尼亚航空代表团的很高评价，为祖国争得了荣誉。

如果说李佐宜能把个人利益服从国家利益作为自己行动的准则的话，那么，他“个人服从组织”的组织纪律观念更值得称道。

1977年初，刚刚粉碎“四人帮”不久，他接受一项特殊的科研任务——“磁性肥料”。这项工作既苦又累不说，特殊的一点在于个人独立工作生活在农村，与农作物打交道，过地道的农民生活。这对一直生活在大城市的知识分子来说，无论是工作性质还是生活都有许多困难，但是，他二话没说，“个人服从组织”，愉快地背着行李来到科研基地——湖北省孝感县卧龙公社光明大队。

然而，在农村，同农民打交道好办，他放下“臭老九”的架子，虚心向农民求教农作物的栽培耕作技术和生长规律；课题涉及植物学领域，这也好办，他从ABC开始边学边摸索经验，但是还有好多的东西格外陌生可怕——

一个人住在离村庄二里外的田野小屋里，孤独寂寞，只有老鼠为伍，田间野外老鼠猖獗，成群结队在房内外活动，晚上还敢爬到帐顶上乱窜，有时竟敢隔着蚊帐咬人耳朵。

烧土灶，自己动手做饭吃，一把草，一根柴，过着田园生活，浓烟不知呛得他流下多少眼泪。

……

他没有半句牢骚，任劳任怨地同农民一道挽起裤腿下田插秧、种麦、栽棉花。寒风阵阵，他伏身地里观察麦苗做记录；赤日炎炎，他担肥收割。一年多时间，他用汗水换来了结果——“磁肥”荣获湖北省科技成果奖。

1983 年 6 月，他东渡扶桑在日本大阪大学樱井研究室进行研究学习。他不负祖国重托，刻苦工作，赢得了当地人对中国人民的尊重。他每天最早上班，最晚下班，几乎放弃了所有的节假日。樱井研究室的一位助手说：“我看见李先生每天总是最后离开实验室，也不好意思先走了。”一位副教授说：“李先生的刻苦精神是学生们学习的榜样，也是我们的榜样。”他终于在世界上第一次研制成功“钐钴垂直磁化膜”，引起国际磁学界的高度关注，为祖国争得了荣誉，胡耀邦同志亲切接见了他并同他合影留念。

在他功成名就之时，他首先想到的是“衣锦还乡”——报效祖国，要使我国的磁学研究走在世界的前列，充分开发利用我国丰富的轻稀土资源，为“四化”早日实现多做贡献。他毫不眷念日本樱井研究室在世界磁学界的盛誉和地位，毅然回到祖国，回到学校继续垂直磁化膜的研究和应用。“尽管国内没有条件，但可以自力更生创造条件”，他是这样说的，也是这样做的，在校系各级组织的大力支持下，他和同志们一道历经千辛万苦终于建立了我国第一流水平的光、磁记录薄膜及应用实验室，继续深入开展这方面的研究工作，并取得了一定的新成果，实现了樱井良久教授给我校领导来信中“希望李博士回国后，继续活跃在世界第一线”的良好愿望，再次为中国争得了荣誉。

·少说空话多做实事·

李佐宜为人实实在在，言语不多，不爱讲多余的话，却经常想着一个问题，那就是“如何称职”。他认为作为一名大学教师，应该有较深的学术造诣，良好师德。他不断探索培养合格人才的规律，默默地向党交了一份“称职”报告。

俗话说：“名师出高徒。”他始终认为，“要培养高质量的人才，教师必须有较深的学术造诣，要成为学生的学术指路人”。因此他锐意创新，拼搏进取，取得学术上的主动权，创造出一个又一个科研成果：

在日本取得重大研究成果归国后，李佐宜不居功自傲，又挑起国家“七五”攻关项目的 7 个研究课题重担。在同志们的共同努力下，他先后完成了国家教委下达的“轻稀土——过渡族彭钴非晶垂直磁化膜”研究、国家自然科学基金课题“钐钴非晶垂直磁化膜机理的研究”，荣获国家教委科学技术进步奖三等奖。同时，他把我国对磁光磁电效应的研究和磁光记录盘及材料的研究提高到世界先进水平。

李佐宜教授课题组师生合影

（左二为李佐宜）

几年时间里，他先后在国内外杂志上发表了日文、英文等有影响的科学论文三十多篇。他实现了以科学研究为手段，既为国家出成果，又不断把新的科研成果转化，并用其充实教学内容，有目的、有计划、有方向地成功指导学生科研和学习，拓宽和加深了学生的知识面和理论深度，使学生在学术上普遍有了提高，他所指导的博士生、硕士生不仅出了多项科研成果，而且在国内外学术杂志和国际学术会议上发表了有一定学术价值的论文。学生们从内心敬佩和感激他，称“李老师是我们的学术指路人”。

为了探索教学改革的新路子，他在极其繁重的科研任务压力下，还先后为本科生、研究生讲授四门专业课程，并指导他们的毕业设计。在教学中，他注重理论与实际相结合，全面培养和锻炼学生，把学生的毕业设计选题有机地同国家重点课题结合起来，充分发挥现有先进实验室和教学基地的作用，培养学生独立思考问题、解决问题和实际动手能力，取得了一定的成效。

李佐宜从不以名人自居，以权威自傲，十分严格要求自己，注意身传言教。在建设实验室的日日夜夜里，在指导毕业设计的紧张工作中，他和大家一道忘我劳动，既负责全盘指挥组织，又事事带头抢着干，搬设备、锯木板、配方称料、值班守夜……他和大家一样顶着班，从不分什么彼此。学生们深有感触地说：“李老师有这么多成果，又这么有名望，还这样日夜拼命干，我们怎么好意思不认真学习呢？”

李佐宜就是这样靠着磁体般的引力无形而又有力地级引着学生。他说：“我们造成一种气氛，当学生一走进实验室就感受到自己不能影响这里浓烈的学术气氛，就像进入图书馆不能随便大声说话喧哗一样，立即要进入各自的角色。这一切都无须老师去讲去督促。”

（本文由刘长海、马天乐依据《华中理工大学周报》第505期报道《搏击图进取　汗水育英才——记全国优秀教师李佐宜教授》及其他资料改写）

刘筱娴

全国优秀教育工作者

刘筱娴

刘筱娴，生于1933年，卒于2020年，广东台山人，我国著名预防医学教育家、妇幼卫生专业创始人，华中科技大学同济医学院公共卫生学院教授，全国优秀教育工作者，全国五一劳动奖章获得者。

自1985年我国首创妇幼卫生专业以来，刘筱娴教授负责培养了近20届本科生，100多位研究生，为中国各种层次的妇幼保健机构输送了大量高级人才，为中国预防医学妇幼卫生事业作出了重要的贡献。

刘筱娴教授1933年5月出生于广州市一个华侨家庭，1953年考入原中南同济医学院，1957年毕业于武汉医学院（现华中科技大学同济医学院）卫生系，之后留校任教。刘筱娴教授生前历任同济医科大学卫生统计学教研室主任、社会医学研究所副所长、妇幼卫生系主任、生殖医学中心副主任，兼任卫生部政策与管理专家委员会委员、卫生部妇幼卫生项目中南区域专家组副组长，《国外医学·社会医学分册》杂志常务副主编，《同济医科大学学报》《中国儿童保健杂志》及6种科技期刊编委，曾任中华预防医学会社会医学学会常务理事、儿童保健学会常务理事、湖北妇幼保健管理学会副理事长、湖北省性学会副理事长、中国疾病预防控制中心妇幼保健中心顾问委员会委员、中华预防医学会伤害与控制分会妇女与老年人伤害研究科委员会主任委员、湖北省儿童全面发展研究会理事长、中华预防医学会武汉妇幼保健学会主任委员、华中科技大学同济医学院伤害控制研究中心名誉主任、学术委员会主任委员。

在教育部、卫生部和学校领导的大力支持下，经过她的积极努力，我国第一个高等妇幼卫生专业于1985年在原同济医科大学率先创建。刘筱娴教授长期从事卫生统计、社会医学及妇幼卫生教学和科研工作，并以开拓者的姿态，争取领导调配师资队伍。她先后组织99位专家、教授在自编简易教材的基础上，几易其稿，编写了《妇幼管理学》《卫生统计学》《妇女保健学》《儿童保健学》《妇幼营养学》《妇幼心理学》《妇幼保健流行病学》《妇幼卫生信息管理学》《妇幼健康教育学》及《社会医学》10册高等妇幼卫生专业系列教材，由科学出版社相继出版发行，其中4本为刘教授主编。在教学上，她和全系教师一起积极进行改革创新，摸索理论、实践与社区服务互相结合的模式。她主持的“建立妇幼卫生专业新的教学模式——早期进行专业教育与社区服务相结合的实践”研究，获得国家教委、卫生部和联合国儿童基金会的高度评价，1993年荣获普通高等学校国家优秀教学成果二等奖、湖北省一等奖；还主持和参加国家、联合国儿童基金会10余项重大科研项目，有4项科研成果分别获国家科学技术进步奖三等奖、卫生部科学技术进步奖二等及三等奖，军队科技进步奖三等奖，先后发表论文90余篇。

鉴于刘筱娴教授各方面的突出贡献，她于1991年荣获国务院政府特殊津贴；1993年被授予全国五一劳动奖章；多次被评为湖北省和同济医科大学先进工作者、同济医科大学优秀共产党员、“十大奉献人”、华中科技大学“伯乐奖”；湖北省劳动模范、湖北省“十大杰出女性”、湖北省三八红旗手、全国优秀教育工作者、中共湖北省第六届代表大会代表等。

刘筱娴与学生

（右三为刘筱娴）

她之所以能够满怀深情厚爱地创办妇幼卫生专业，是因为她一片赤子之心！

刘筱娴教授的父亲及亲属大多旅居美、澳等国家。1949 年前夕，父亲因病去世，其母眷恋祖国之情，深深印在她的心灵。毕业留校任教后，她工作积极努力，任劳任怨。先后多次下乡劳动锻炼，与农民群众同吃、同住、同劳动，建立了深情厚谊。正当刘教授工作蒸蒸日上之际，1977 年底她遇到人生中的晴天霹雳。在短短的 3 个月里，她亲爱的伴侣和慈母竟相继因病仙逝，3 个女儿尚未成年。国外的亲属纷纷邀请她出国定居，便于照应。面对这种状况，刘筱娴教授顶着巨大的悲痛，谢绝了亲属的邀请，意志坚强地说："我是党和国家培养起来的人民教师，在这里有组织的关怀和同志们的帮助，任何困难我都能克服，我事业的根基在祖国，我不能离开祖国！"她振作精神，废寝忘食，以加倍的工作来抑制内心的无限悲痛。1984 年，她光荣地被批准加入了中国共产党，30 年的夙愿，终于实现了一个新的里程碑，使她发自内心的精神力量更加焕发；虽然身体多病，但她却担负起几倍于常人的工作量奋斗在一线。特别是 20 世纪 70 年代初期，她选定革命老区麻城县（现麻城市）为基地，连续十多年，足迹踏遍麻城的山山水水，村村户户，培训了一批又一批的乡村医生，建立健全了农村基层保健网，深受全县各级领导和广大群众的爱戴，被誉为“麻城荣誉市民”。在多年的现场工作实践中，她亲身体验到妇幼卫生的重要性和我国妇幼卫生人才奇缺的紧迫性。满怀对妇女儿童健康的深情厚爱，她创办了我国第一个高等妇幼卫生专业。而对待荣誉，她总是说：“这是党和人民对我的鼓励和鞭策，我更应该加倍努力。”刘筱娴教授退休后，工作甚至比退休前还忙，还要继续钟情设计出更多更美好的蓝图和画卷。她执着、不知疲倦的工作态度，特别是将那种深情和执着的爱献给祖国妇幼卫生事业的精神将永远激励一代又一代青年，将它弘扬下去。

（本文由刘长海、倪嘉欣依据《中国儿童保健杂志》2011 年第 4 期文章《中国高等教育妇幼卫生专业的开拓者刘筱娴教授》及其他资料改写）

潘垣

全国五一劳动奖章获得者

潘垣

潘垣，1933年出生于湖北省宜昌市，磁约束聚变技术和高功率脉冲电源技术专家，中国工程院院士，华中科技大学国防科学技术委员会主任。其主要研究方向有：磁约束核聚变科学与技术；脉冲强磁场技术；脉冲功率技术及应用；极端交、直流高压断路器技术；电磁发射；带电粒子“催化”人工降雨/雪科学与技术等。他是我国最早从事聚变研究的主要成员之一，也是我国磁约束聚变技术及大型脉冲电源技术的主要开拓者，曾获全国五一劳动奖章等荣誉。

·志怀祖国，匠心铸就“电气梦”·

“物不经冰霜则生意不固，人不经忧患则德慧不成。”潘垣很小的时候父亲就去世了，他的童年是在抗战逃亡中度过的。母亲常对他说：“儿啊，没有国，哪有家？”而他从小也牢记母亲的教诲，将服务祖国作为他一生的矢志追求。

“问渠那得清如许，为有源头活水来。”1951 年，潘垣考入武汉大学电机系，开启了他与电力的“纠缠”，1953 年，他由武汉大学转到华中工学院电力系继续深造。对专业的热爱和强烈的求知欲，让他整日徜徉在电学知识的海洋中，枕典席文，研精覃思，以坚持不懈的热情扎根在祖国需要的领域。

“君子履正道，秉志宜专攻。”1958 年 8 月，潘垣被挑选到国家非常保密的第二机械部，从此开始了一生为之探求的事业——核聚变能的磁约束技术及其应用。他是我国最早从事核聚变研究的主要成员之一，是我国核聚变电磁工程和脉冲功率技术的主要开拓者，至今还一直活跃在核聚变研究前沿。1958 年，潘垣先后参加了我国最早的两套核聚变实验装置的研制：代号“雷公”的直线箍缩装置和代号“小龙”的磁镜绝热压缩装置。1964 年，他作为主要负责人完成“小龙”升级改造为“小龙—2”的设计改造，并研制出并联火花球隙型脉冲大电流短路放电开关（Crowbar）和大容量脉冲电容器组保护线路，解决了在电容电压过零时刻并联火花球隙同步触发导通技术。1966 年他主持制订了代号“凌云”的仿星器装置的工程物理方案与技术设计，研制出磁面磁体、环向偏滤器和无极等离子体喷枪等。1970 年后，潘垣参与主持了“451 工程”HL—1 的研制。1983 年，潘垣调到中科院等离子体物理所后，他又负责完成了该所当时的主要托卡马克装置 HT—6M 的脉冲电源及控制系统升级改造。此外，作为访问学者，他还先后在 JET（欧共体联合聚变中心）和 TEXT—U（美国德克萨斯大学聚变研究中心）两托卡马克装置上开展了工程与实验研究。

一直以来，潘垣始终紧盯世界前沿技术和国家发展战略需求，2001 年，他在国内率先提出建设脉冲强磁场设施，并亲自参与项目申报。经过多方努力，国家发改委于 2007 年 1 月批复由华中科技大学建设我国的脉冲强磁场设施，这是教育部高校承建的首个国家重大科技基础设施，也是湖北省首个国家重大科技基础设施。

2012 年，他研制的 15 kV/160 kA 大容量断路器产品，开断能力优于国际领先企业的同类产品，并应用于西安高压电器研究院、国家电网常州电气设备检测中心等大容量电器试验站。

2013 年，他研制的 126 kV/5000 A—80 kA 真空断路器，在武汉供电局挂网运行。同年，潘垣院士收到中华全国总工会文件，荣获全国五一劳动奖章。

2018 年，他研发的 220 kV 系统用大容量短路电流开断装置成功通过 100kA 级短路电流开断实验，为我国电力系统大容量短路电流开断的难题提供了更经济、有效的解决方案。这标志着我国 220 kV 系统用高压断路器的开断容量指标达到国际最高水平。

无论身在何时、何地，潘院士心系祖国发展的情怀一刻也不曾改变。多年来，潘垣团队以从根本上解决人类能源问题为目标，积极参与国际大科学工程，主动贡献“中国方案”。2020 年 11 月，潘垣及团队写了一份为国家新能源战略建言献策的报告，这份报告以详尽的数据和科学的论证，重点汇报了改善我国能源结构、解决能源环境问题的相关途径与方法。

·言传身教，为“电气”点燃未来之光·

新竹高于旧竹枝，全凭老干为扶持。几十年来，潘垣不仅研究不辍，还一直活跃在传道、授业、解惑的教育事业中，他在给学生们讲课时思维

潘垣院士与聚变团队成员在 J—TEXT 装置上探讨核聚变关键科学技术问题（右一为潘垣）

敏锐、态度严谨认真，对于电气知识信手拈来，其眉眼含笑、声音洪亮，看起来更是没有半分院士架子，很多学生表示潘老师教给我们的不仅是电磁场知识，更重要的是严谨的学习态度。他一直以“求学、求题、求新、求真、求毅、求实、求才、求乐”作为献身科学、献身教育事业的追求。潘垣在教学中，告诫学子们要全方位考虑引领性和发展前景，才能将学术价值、国家需求程度、对社会经济影响程度、国际前沿性和未来发展前景等统筹兼顾，实现全面发展。

2021年，潘垣以第一作者撰写论文《面向“电气化+”的电气工程本科人才培养体系重构刍议》，文中表明要围绕“四个面向”，持之以恒地推进“电气化+”的学科发展战略，在变革的新时代下，电气人才培养体系也存在重大变革需求。在湖北省科技创新大会现场，潘垣寄语青年人：“同学们，一个国家的富强必须要搞科技创新，如果你自己没有创新，跟着别人去跑的话，那永远是靠后的。”

如今，在华中科技大学的电气学院大楼和脉冲强磁场实验室，潘垣仍在为我国的科研和教育事业奔走。已至耄耋之年的潘垣，投身科研事业已近70载，从磁约束聚变、脉冲功率、等离子体科学技术，到脉冲强磁场、新一代开关电器等，他一次次开拓新的发展方向，始终把个人追求同国家需要高度统一，不懈奋斗、鞠躬尽瘁，真正做到了行万里路，筑家国梦！

（本文由尤雪珍根据《极目新闻》2022年06月26日文章《潘垣院士获湖北科技突出贡献奖，他始终把个人追求与国家命运紧密相连》、《长江日报》2022-06-25文章《年近90仍在学习，潘垣一生服务于国家需求》及其他资料改写）

徐辉碧

全国先进女职工

徐辉碧

徐辉碧，1933年出生于江西省奉新县，无机化学家，1957年毕业于北京大学化学系，在北京化工研究院工作5年后，1962年开始在华中工学院任教。1983—1987年，徐辉碧在华中理工大学任教授，兼任化学系主任、理学院副院长；1999—2003年，调任生命科学与技术学院院长，退休后受生命学院与技术学院返聘，工作至80岁。徐辉碧曾被授予“全国先进女职工”荣誉称号。

·矢志不渝，功不唐捐·

“路漫漫其修远兮，吾将上下而求索。”徐辉碧1933年1月13日出生于江西省奉新县。1950年冬，她在江西南昌一中读高三时，响应祖国号召参加军干校，1951年初到北京坦克学校学习，后分配在装甲兵政治部任文化教员。期间，她因教学成绩突出，荣立三等功一次，并于 1953 年 2 月加入了中国共产党。1953 年，军委命令高中二年级以上文化程度的女同志去报考大学，于是徐辉碧在 1953 年考进北京大学化学系。1957 年，她师从于张青莲教授做毕业论文。在导师的指导下，她的论文《落滴法分析重水的研究》在上届同学研究的基础上进行，发表在《科学记录》上。这对刚跨入科学殿堂的她，是一个极大的鼓励。

1957 年大学毕业后，徐辉碧在北京化工研究院从事重水的分离与分析的工作，参与了重水生产的中试，并与同事桂纯合译俄文《水的同位素分析》一书，由科学出版社出版。1960 年，徐辉碧在北京和在武汉华中工学院任教的中学同学杨叔子结婚。1962 年调入华中工学院任教。1979—1981 年，借全国科学大会的春风，学校派徐辉碧到美国加州大学圣迭戈分校化学系做访问学者，在 G. N. Schrauzer 教授实验室做研究工作。她的研究课题是“在氧化-还原条件下从维生素 B12r 直接合成烷基钴胺素”，目的在于探讨有生物功能的化合物的合成。两年的时间，徐辉碧与研究生合作，有三篇论文发表在德国《自然》杂志上。

徐辉碧非常勤奋刻苦，几乎所有时间都泡在了图书馆与实验室中，在理论知识的启发下，她选择了更有生命力、更感兴趣的方向，并得到了教授的支持，从而转向做硒的生物无机化学研究，并把这个研究方向带回了祖国。回忆这段历程，徐辉碧微笑道：“在美国的两年，我基本没有出去游玩过，也没有玩的心思。一心都在实验室里，每天到得最早，走得最晚。我是来学知识学技术的，只恨不得学多一点，再多一点，把这里的知识一麻袋一麻袋地装回去。”

1981 年回国后，她一直在思考如何进行系统、深入的硒的生物无机化学的研究。1983 年，徐辉碧在上海参加了国际化学致癌机理学术讨论会。会上，英国学者在一篇综述报告中提到“缺硒犹如存在过量的致癌的自由基”，这对她启发很大，从中她认识到肿瘤的发生和发展与活性氧自由基密切相关，她找到了研究硒与癌关系基础研究的一个切入点。从此，她的团队开展了硒和活性氧自由基的基础研究。二十几年来，一方面，他们较为系统地研究了活性氧自由基对细胞、对生物分子的损伤及硒的保护作用（即硒的营养作用）和作用机理。另一方面，徐辉碧及其团队也研究了硒的毒性与活性氧自由基的关系。硒的毒性是由于硒在较高浓度下会催化产生活性氧自由基。据此，他们提出了硒的剂量效应关系的自由基机理，并从化学模型和动物模型进一步予以证实。徐辉碧的研究工作引起了国内外同行的关注。1982—1986 年，徐辉碧兼任《分子科学学报》副主编；1996 年，兼任中国微量元素科学研究会副理事长；2005 年，兼任湖北省硒资源开发利用促进会名誉理事长。

· 巾帼良师，桃李满门 ·

徐辉碧也是一位值得敬佩的良师，曾被评为湖北省优秀教师和优秀共产党员，1998 年获华中理工大学“伯乐”奖。她忘我的工作精神，常令青年教师敬佩不已。1998 年春节的前几天，年过花甲的她冒着严寒，在北京四处奔波，争取课题。主管项目的同志、接待人员，都被她这种忘我的精神所感动。节假日里，她都在不知疲倦地工作，甚至为节约时间，她和杨叔子在食堂进餐长达 30 年。她这种以身作则、身体力行的敬业精神，教育和鼓励了许多学生。

徐辉碧不仅看重学生的科研能力，更看重其思想品行。徐辉碧一直要求学生要做一个诚实、高尚的人，坚决不能有学术不端，每一篇论文背后都要有扎实严谨的数据支撑，不允许有一句夸大其词的“结论”，或稍有偏颇的“推论”。她和学生们和谐相处，充满了浓浓的人情味。讨论问题有时可以针锋相对，但又常常爆发出开怀大笑的声音。她把心血都放在教学、科研上。1997 年夏天，课题组培养了一批实验大白鼠，可天气太热不利于大白鼠生长。她毅然拆下自家的空调，给课题组使用。为了培养学术梯队，她甘为人梯，使一批有真才实学的青年教师迅速成长起来。

正如美国医学与生物工程院会士陈春英在给徐辉碧八十岁生日时的贺信中写道的：“恩师教我们怎样做人，如何做科学。您的言传身教，您对教育和科学的热爱和投入，您把自己一生的心血都投入到了事业中，这一切我深深为您折服，您也是我一生的榜样。”字里行间，尽是学生对恩师的孺慕之情。

·伉俪情深，顶峰相见·

杨叔子是我国机械工程专家，我国高校文化素质教育的重要倡导者。1933 年 9 月 5 日出生于江西省九江市湖口县，1956 年毕业于华中工学院机械工程系并留校任教，1980 年成为湖北省最年轻的正教授之一，1991 年荣膺中国科学院学部委员，成为华中科技大学首位院士，1993—1997 年任华中理工大学校长。改革开放以后，杨叔子的研究方向由金属切削机床转向机械工程与信息技术、人工智能等新兴学科的交叉研究，带领团队推进了时间序列分析的工程应用，实现了无颤振切削，攻克了钢丝绳断丝定量检测国际难题，他是我国智能制造研究的新领域的先行者之一，为我国机械工程的发展作出了历史性的贡献。

徐辉碧与杨叔子相识于南昌一中。高中毕业后，徐辉碧与杨叔子去了不同的地方发展。在高中阶段，二人给彼此就留下了极好的印象，进入大学后，徐辉碧与杨叔子开始书信联系，并逐渐确立了恋爱关系。1960 年 1 月 23 日，徐辉碧与杨叔子有情人终成眷属，宣布自此携手相伴一生。徐辉碧自北京大学化学系毕业后，在北京化工研究院工作，几经周折，她为了杨叔子调入华中工学院工作。

说起两人的业余爱好，杨叔子笑着说，“我和辉碧爱好并不相同。我喜欢中国古典诗词，她则不大了解；她懂得欣赏音乐，我却听得较少”。但杨叔子认为这反倒是一件好事，两人能够“互补互通”。二人虽然领域不同、爱好不同，但对待工作与生活，二人的观念则高度契合。科研、学习、工作永远是生活的主旋律，外在名利和奢侈生活于他们如浮云。杨叔子从 1956 年毕业留校后一直吃学校食堂，徐辉碧调来华中工学院后，十分理解与赞成杨叔子，与他一起吃食堂，将节省下来的时间用于科研与工作。这种情况一直到他们的女儿 1986 年成家才有了改变。他们认为，学无止境，要抓紧时间不断充实自己。作为一名教师，只有自己先将知识学明白，才能跟学生讲清楚；做科研也是如此，研究开始之前一定要将问题与方法思考清楚，而这些都需要时间，他们也更愿意把时间花在这些方面。透过徐辉碧的人生历程，我们深知成功的路上需要付出汗水与艰辛。

87 岁的杨叔子和徐辉碧

（右一为徐辉碧）

矢志不渝，功不唐捐，她将青春与汗水奉献在了为人民谋幸福的科学研究上，为党和国家培养人才的征途中，用几十年漫漫奋斗书写了无愧于祖国的壮丽诗篇！

（本文由赵润哲根据华中科技大学新闻网 2021 年 5 月 19 日《徐辉碧：执守初心，收获“硒”望》、华中科技大学新闻网 2021 年 3 月 9 日《巾帼力量徐辉碧：一片冰心育桃李，满园芳菲化栋梁》及其他资料改写）

杨叔子
全国优秀教师

杨叔子

杨叔子，生于1933年，江西湖口人，中国科学院院士，著名机械工程专家、教育家，原华中理工大学校长，曾获国家级有突出贡献专家、全国教育系统劳动模范、全国高校先进科技工作者、全国优秀教师、全国五一劳动奖章等荣誉称号。

·从“子曰诗云”到机械工程·

杨叔子生在书香世家，5岁起便在父亲指导下念古书。直到9岁入高小学习时，他已遍读“四书”与《诗经》《书经》，唐诗三百首与百篇古文更是烂熟于心。

进入高小，从未接触过数学的杨叔子犯了难，“加法马马虎虎，减法迷迷糊糊，乘法稀里糊涂，除法一窍不通”。这也难怪，其他同学背乘法口诀的年纪，他还在家里念“子曰诗云”。

怎么办？杨叔子相信《中庸》里所讲的：“人一能之己百之，人十能之己千之。果能此道矣，虽愚必明，虽柔必强。”他相信，只要自己肯动脑筋，肯下功夫，就一定能够学懂。

“一天晚上，我突然就想通了，原来除法就是‘试试看’。”杨叔子记得那天“开窍”时他难以抑制的兴奋。此后，他的数学成绩突飞猛进，并逐渐痴迷其中。到高中毕业时，数学竟已成为他成绩最好的一门课程。

1952年，高中毕业后留校工作一年的杨叔子作为“调干生”报考大学，不少人动员他去学数学。“我说不行啊，将来走出校门我要去搞工业化，怎么能学数学呢?”杨叔子告诉记者，他当时的想法非常单纯，因为“调干生”是为了支持新中国的大规模经济建设的，他满脑子想的就是工业化，“理所当然要考工科”。

杨叔子将个人选择与新中国的需要紧紧联系在一起。在杨叔子看来，学工科是响应党和国家召唤的必然选择。怀揣献身工业化的理想，杨叔子考入武汉大学工学院机械系。后因国家院系调整，该系并入1953年正式成立的华中工学院，杨叔子随之成为华中工学院机械工程系学生。

·“课堂是学术论坛，也是艺术舞台”·

谈起大学时光，杨叔子脱口而出的一个词是“艰苦”。“因为从天资上讲，我这个人不太适合学工科。”数学、物理等基础课程门门优秀的杨叔子，面对机械工程学必备的动手能力显得有些力不从心。

杨叔子知道，想要成人成才，必须克服困难。他为自己总结的成功四要素中，首先一条便是“人生在勤，贵在坚持”。

大学即将毕业时，刚刚从沈阳实习返校的杨叔子接到系里通知，组织决定让他留校任教。“一开始我不肯，觉得自己不能当老师。”杨叔子知道自己讲话语速很快，有些口齿不清，认为自己的口才和性格不适合从教。

后来，系里问杨叔子：“你是不是共产党员?”“是。”接着又问：“该不该留校?”“该留。”杨叔子不再坚持自己的意愿，因为他觉得共产党员应时刻听从党的召唤。

初上讲台，杨叔子也确实如他所料，感受到了某种挫败。“一上课不少同学就走了，讲话太快了，大家听不懂。”

此时，杨叔子归纳的第二条成功因素发挥了作用，叫作“敢于开拓，善于总结”。

除了讲慢一点，再慢一点之外，杨叔子还会在备课时，将整堂课的讲授过程都思考一遍。“哪儿该慢，哪儿该停顿，哪儿该提问，我都想得清清楚楚。”杨叔子告诉记者，甚至连每一块黑板该如何书写，他都会提前做好安排。有条不紊的课堂教学，渐渐受到了同学们的欢迎。

不仅如此，杨叔子还对课堂有了更深层次的体会。“课堂是学术论坛，要讲真理，合乎逻辑；课堂又是个艺术舞台，要善于表演，善于打动人心。”

杨叔子留校任教的最初几年，学校师资不足，国家发展又急需大量人才，只好由上一届毕业生带下一届同学。他把青春汗水全部挥洒在三尺讲台。

走过风雨动荡的“文化大革命”，1978年，杨叔子与他的老师们一起，被提升为副教授。1980年，杨叔子被破格提升为正教授，这一次，他走到了老师们之前。

“学校到我所在教研室找了正、副两位主任，征求意见，问杨叔子同志能否胜任教授工作，两位主任都坚决地讲‘可以’。”杨叔子回忆道：“要知道，他们两位主任也都还是副教授，而且是我的老师，改过我的作业，指导过我的实习。”

“这两位老师为自己的学生升教授而努力，这是为什么?”杨叔子对学校和老师们充满感激，他知道，这是为了学校和国家的发展。

“德不孤，必有邻。”每每说起这段往事，杨叔子就会想到孔夫子的这句教诲。古书中的名言，他总能信手拈来，道出心中况味。“尊重别人，依靠集体”，这是杨叔子总结出的第三条成功因素。

·攻克世界难题·

在很长一段时间，杨叔子将全部精力都投入到教学和人才培养中，科学研究工作大多也都为了教学或实际生产需要。改革开放后，他才有机会接触到真正的科学前沿。

1981 年底，杨叔子前往美国威斯康星大学麦迪逊分校做高级访问学者，在制造工程大师、美籍华人学者吴贤铭教授的指导下工作。

“学问朝朝做，文章页页加”，杨叔子为炫目的科技世界着迷，在美国的一年，每天都在学习和研究中度过。回国时，他带回了与吴贤铭合作编写的《时间序列分析及其工程应用》讲义，为我国在该学科领域中的发展奠定了重要基础。

1984 年，杨叔子和师民汉等同事开始挑战一项世界难题——钢丝绳断丝在线定量检测，用仪器自动检测出钢丝绳中一个捻距内的断丝数量。

众所周知，钢丝绳有大量工程应用，在使用过程中会有损伤，当断丝达到一定数量便会导致断绳。然而长期以来，国内外均未找到对钢丝绳断丝数量进行准确定量检测的方法，一度被认为是“不可能完成的任务”。为突破难关，我国将钢丝绳断丝的定量检测列为重点攻关项目。

在杨叔子看来，科研的灵魂是创新，原创性思想的获得需要开放式的“浮想联翩”，而创新的过程则需要严格符合系统逻辑。在创新中，科学与人文密不可分。

秉持这样的创新理念，一年后，杨叔子带领的团队成功了。采用电磁无损检测定量化方法，他们研制出一套精确的钢丝绳断丝定量检测计算机系统，能及时判别出断丝位置和根数。

对于科研方向的选择，杨叔子有自己的标准。一要有水平，二要国家需要，三要有支持。把握这些原则，他将控制论、信息论、系统论融入机械工程领域，致力于同微电子技术、计算机技术、信息技术、网络技术等新兴技术的交叉，由此在先进制造、设备诊断、无损检测、信号处理、人工智能与神经网络的应用等方面取得了一系列成果。

随着工业化程度的提高，现代机械设备日益增多，如何对机械设备进行故障监测与诊断，便成为现代工业技术研究的热点之一。杨叔子迅速进入了这一领域，做起机械设备的诊断“医生”。在机械设备诊断实践和理论研究中，杨叔子与他的同事、学生一起，推动了机械设备诊断学的体系、内容与诊断方法的研究和工程应用，目前这一技术已广泛应用于冶金、电力、交通、航空航天等领域，为这门新型学科的发展与应用作出了重要贡献。

杨叔子也十分注重追索科学研究的前沿问题。他以其敏锐的眼光捕捉到了当时机械工程学科的国际前沿问题，也迅速察觉到了相关学科交叉发展的时代趋势。可以说，对学科交叉的探索与对学科热点的关注直接促成了杨叔子科学认识能力的极大提升，并且为其日后在科学发展史上作出贡献奠定了坚实的基础。20 世纪 80 年代后期，专家系统成为人工智能中最具有发展前景的重要领域，为此，国外同行纷纷将其列为重点研究方向，并且投入了大量的人力和资金。然而，当时国内在这方面的研究基本上处于空白。杨叔子及时地捕捉到了这一信息，并且率领团队努力攻坚，最终设计了一种功能更加强大的、用于开发各种诊断型专家系统的工具系统。学术敏感性极强的杨叔子十分重视学科交叉研究。自 20 世纪 80 年代以来，如何提升制造产业整体的决策自动化水平，从而更大程度地解放人的脑力劳动是一个亟待解决的问题。针对这一问题，杨叔子于 20 世纪 80 年代末在国内率先提出并开展了智能制造技术的探索性研究，牵头承担了智能制造领域第一个国家自然科学基金重点项目，在智能制造基础理论和关键技术研究方面做出了一系列重要成果，这是今天智能制造技术发展和工程应用最重要的开拓性工作。如今智能制造已经上升为国家战略，杨叔子在智能制造领域的探索不仅大幅提高了我国制造业在国际市场的竞争能力和快速响应市场需求变化的能力，同时也为利用高新技术改造我国的传统制造业，继而推动经济发展作出了重要贡献。

也有人说，杨叔子“不务正业”，偏离了传统的机械研究。对此他回应道：“搞机械，不能把学科交叉、新技术排除在外。我所做的，都是跟实际紧密结合的基础研究。”而正是扎实的数学基础，让他的研究如虎添翼。

“如果让我重新选择专业，我还会选机械制造。”杨叔子的理由是，机械制造是国民经济的装备部，是制造业的核心。制造，则是材料、能源、信息之外的第四大人类物质文明支柱。“理想崇高，自强不息”这第四条因素，被杨叔子总结为成功的“灵魂”。

在科研中，杨叔子也不曾停止人文思考。在他看来，要深入了解一个控制系统，就一定要深刻理解控制的一个关键——“反馈”。而对于一个人来说，此种“反馈”正如修身养性的关键——“反省”，是对自身行为与要求的比照。

杨叔子

·举起人文教育的大旗·

在杨叔子的理念里，科学与人文本就“同源共生”，都属于文化整体，因而彼此交融、不可分割。他举例说，漫画中寥寥几笔，就是现代数学分支拓扑学中的“特征不变量”；而自然科学中所谓不证自明的“公理”，其实是人的精神世界对外在对象的直觉和感悟。

“科学与人文的分裂是人为的。”杨叔子开始积极倡导科学教育和人文教育的相融互动。他提出，教育的最终目的是“育人”而非“制器”；科学中应有鲜活的人文精神和内涵，而人文中应有宝贵的科学基础。

1993 年，杨叔子出任华中理工大学校长。任职 4 年期间，在原国家教委的关怀下，他在华工校园里掀起了“人文风暴”，在全国理工科高等教育中率先举起人文素质教育大旗。学校规定，不论本科生、硕士生、博士生，必须通过学校组织的“中国语文水平达标测试”，不合格者不予颁发学位证书，此规定延续至今。从 2007 年起，学校将语文定为本科生必修课，不及格不予毕业。

文化素质教育是20世纪末21世纪初我国高等教育改革的一项重大举措，是高等教育思想和实践的一种本土化创新，影响深远。杨叔子以其高尚的人格和渊博的学识，出任教育部高等学校文化素质教育指导委员会主任委员长达20年之久，成为文化素质教育改革主要的引领者和推动者。

作为教育思想家，杨叔子发表了一系列重要的论述，为文化素质教育提供了思想引领。他坚持育人是高等教育的根本使命，培养具有爱国精神的高素质创新人才是高等教育的目标。要实现这一目标，必须坚持文化育人，促进科学教育与人文教育相融合，培养全面发展的人；通过坚持“学习是基础，思考是关键，实践是根本”，进而实现知识、思维、方法、原则和精神逐次提升，培养德才兼备的高素质的创新人才；要“背靠五千年，坚持三面向”，加强中华优秀传统文化教育，培养具有现代意识、国际视野，能够创造未来的时代新人。杨叔子融先进性、科学性、民族性和独创性于一体的教育思想，为纠正高等教育领域存在的“重理工轻人文；重专业轻基础；重书本轻实践；重共性轻个性”的时弊，深入推进文化素质教育为基础的高等学校素质教育提供了重要的思想资源。

作为教育活动家，杨叔子身体力行，为推进高等学校素质教育做了大量的工作。在担任华中理工大学校长期间，他倡导加强民族优秀传统文化教育，实行语文水平达标测试，积极推进人文讲座、经典阅读、文化素质教育课程建设、高雅艺术进校园等活动，成立国内首个文化素质教育基地，推动形成了文化素质教育体系。他在华中理工大学校园内掀起了一场“人文风暴”。作为诗人和中华诗词学会名誉会长，他呼吁“让中华诗词大步走进大学校园”，在诗教界反响强烈。他大力扶持校园戏曲艺术活动，1999年荣获国家文化部“振兴京剧金菊奖”。他到数百所大中小校为数以十万计的学生举办人文讲座，激励青年学生成人成才。他大力支持在高校开展批判性思维教育，为此在文化素质教育指导委员会下设立了批判思维教育分委员会。他积极支持高等职业教育构建“文化素质＋职业技能”的培养模式，支持成立了高等职业院校文化素质教育指导委员会。

同时，杨叔子积极推动学校成立大学生文化素质教育基地，他任编委会主任的、根据各个高校“人文讲座”整理出版的《中国大学人文启思录》被评价为“重塑中国大学人文精神的力作”。

世纪之交，杨叔子把主要精力放在了教育，特别是文化素质教育上。对此，周围有很多人一开始并不能理解，他们认为杨叔子是机械工程专家，应该在专业领域继续钻研下去，一下子转到人文教育显得更加“不务正业”。

“我从小受到传统文化的熏陶，从解放那天起受到革命传统教育的哺育，我强烈感到教育之重要、文化之重要、环境之重要、文化育人之重要。”“一个国家，一个民族，没有现代科学，没有先进技术，一打就垮；一个国家，一个民族，没有民族精神，没有人文精神，不打自垮。”杨叔子的观点掷地有声。

（本文由刘长海、李海龙依据《中国科学报》2012年9月3日人物报道文章《杨叔子：科学人文总相宜》及其他资料改写）

杨振玉

全国优秀教师

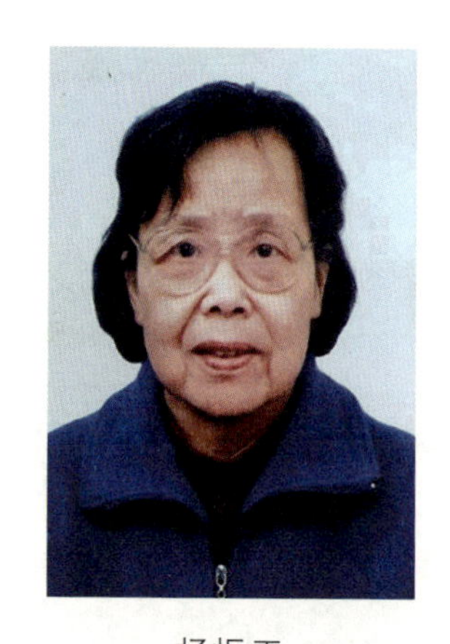

杨振玉

杨振玉，生于1933年，湖北武汉人，华中科技大学环境科学与工程学院退休教师，副教授。杨振玉曾任武汉城建学院环境工程系水力学教研室主任、给排水工程专业教工党支部书记、环境工程专业教工党支部书记、中共武汉城建学院纪律检查委员会委员等职。杨振玉1988年退休，1988—1997年返聘，担任武汉城建学院教学巡视员、水力学教研室主任，兼任学院侨联小组组长；2000—2006年任华中科技大学侨联委员会副主席、委员。杨振玉1989年获“全国优秀教师”荣誉称号，1993年获国务院政府特殊津贴。

杨振玉同志热爱党的高等教育事业，热爱讲台和学生，并为此奉献了自己的一生。

杨振玉同志于1957年以优异的学业成绩毕业于天津大学水工结构专业并留校任教，1957—1960年参与天津引滦入津工程滦河上游潘家口水利枢纽、石家庄黄壁庄水库、贵州省梭筛水库、河北秦皇岛洋河水库等水利工程设计和长江三峡水利枢纽的水工模型实验研究工作，1960年接受天津大学党组织安排由水利系调至科研科从事科研管理及科技动态研究工作。早年的工程与科研实践经历为杨振玉之后30余年的高校工科基础课程教学实践打下了坚实的基础。

1973年，杨振玉同志由天津大学调入湖北建筑工程学院建筑工程系。1973—1974年，在调研了清华大学、武汉水利电力学院等国内高校的水力学课程教学现状后，她提出了湖北建筑工程学院水力学实验室的重建方案并主持了实验室的恢复与重建工作。1974—1979年，在人力、物力严重匮乏的条件下，杨振玉和实验室的同事一起用自己的双手全面升级改造了原有的水力学实验教学装备，增添了流线演示仪、孔口、管嘴出流装置、渗透实验装置、三角堰实验装置等基础性流体力学实验教学设备，为水力学课程教学品质的持续提升奠定了坚实的基础。

1974—1993年，杨振玉同志长期担任水力学、水泵、流体力学与流体机械等课程的主讲教师。为保证教学质量，她广泛阅读和认真研究了清华大学、同济大学、中国科技大学、华北水利电力学院、西南交通大学等国内高校和部分国外高校的流体力学教材，编写课程讲义40余万字，翻译外文教材28万字。她积极主动地参与专业课程的教学实践，通读了大量

杨振玉

专业核心课程教材，和专业师生一起去城市水厂参观学习，努力从工程实践中获取教学资源，实现了基础课程与专业课程的有机融合，获得了师生的广泛认可。她撰写的《无压管渠水力计算中的几个问题》的学术论文，获得了同行专家的高度评价，认为“简捷实用、精度高，尤以系数法简便易行”，“有很好的实用价值，值得推广”。她在教学领域的长期坚持和投入，保证了水力学课程的高水平教学质量，使本科生在报考研究生时，能屡次以满分（100 分）、95 分、92 分的优异成绩被清华大学录取。

作为一名共产党员，杨振玉同志时刻牢记为党育人、为国育才的使命，在其 40 余年的教师生涯中，她坚持教书育人，注重言传身教，关注学生思想动态，鼓励学生奋发进取，因而受到一届又一届学生的敬重与爱戴。她坚持原则，从不“放水”，以“严父”之姿要求学生端正学习态度，涵养科学精神，认真对待每一堂课和每一次作业；同时，又用“慈母”之爱关注和帮助思想上陷入困惑、学习和生活中遇到困难的学生，帮助他们摆脱消极情绪困扰，重新树立学习和生活信心。在她的关怀和帮助下，患骨折的同学克服困难，边养伤边通过了六级英语考试，之后还考取了清华大学的研究生；获留校察看处分的同学改正了错误，重新鼓起了生活和学习的勇气，成为连续三年的学习奖学金获得者；去医院看病时，偶遇外校不认识的陷入精神困境的学生，她也会主动上前慰问与其沟通，并保持联系、给予耐心开导……类似之事，不胜枚举。如今，杨老师的学生中有一大批人已成为高校、科研院所、企业的中坚力量和带头人。每年的校友返校聚会中，总有当年的学生满含深情地谈起难忘的“杨妈妈”……

1988 年退休以后，杨振玉同志不计报酬与得失，坚持在教学第一线授课，并兼任武汉城建学院环境工程系水力学教研室主任、教工支部党支部书记、武汉城建学院侨联小组组长等职。

1989 年，杨振玉同志以其优秀的教学业绩和奉献精神荣获国家教委、国家人事部、中国教育工会全国委员会联合授予的“全国优秀教师”荣誉称号。

1987 年、1995 年、1997 年、2003 年，杨振玉同志获评武汉城建学院和华中科技大学优秀共产党员。

1999年，杨振玉同志因其在高校统战领域的努力工作，获评湖北省侨联“归侨、侨眷先进个人”。

在1993年的个人工作总结中，杨振玉同志这样写道：“我愿以我对教育事业的执着、对学生的爱心、对党的教育事业的忠诚信念，严以律己，还知识于人民，鞠躬尽瘁，为青年一代的成才奉献自己的一生！”

（本文由刘长海、马超依据华中科技大学环境科学与工程学院提供的资料改写）

段正澄

全国优秀教师

段正澄

段正澄，生于1934年，卒于2020年，江苏镇江人，华中科技大学教授、中国工程院院士。段正澄1957年毕业于华中工学院机械系，毕业后留校任教，1985年晋升为教授。其科研成果获全国科学大会奖2项，国家科学技术进步奖一等奖1项、二等奖3项等，并于2011年获湖北省科学技术奖科学技术突出贡献奖，1993年获“全国优秀教师”称号。

从1957年大学毕业留校到2020年因病辞世，段正澄一生扎根喻家山，用毕生所学致力于科研创新，用师者风范悉心教书育人，用敬业奉献带领学术团队。他曾写下朴实无华的“自律自勉”之言：“紧密结合实际，求真务实，为我国机械制造加工技术与装备的创新发展尽微薄之力。”而这也正是段正澄学术人生的真实写照……

·求学路　终圆儿时“机械梦”·

1938年，4岁的段正澄进入私塾开始读书。彼时的私塾，学的是“四书五经”。因此，段正澄的启蒙教育是从学习中国传统经典开始的。在段正澄成长过程中，中国优秀传统文化对他的品格修养、治学态度、为人处世有潜移默化的滋养。

1941年，段正澄进入江汉里初小，成为一名小学生。因为考试成绩优异，他直接跳过一年级，从二年级开始读。在这里读了3年后，1944年，段正澄升入镇江县小码头小学就读，正是在这一年，段正澄的机械梦在一个不经意的瞬间被点燃。

那一年，段正澄对一家德国人开的面粉厂产生了浓厚兴趣。这家面粉厂与段正澄家只隔着一条20多米宽的小河，厂房建得非常气派，是一栋6层楼房。他的一个同学是这家面粉厂职工的孩子，时常带着段正澄和其他同学到面粉厂里面玩。因此段正澄见到了面粉的整个生产过程：小麦被电机拉到六楼，逐层向下运送，每一层都有加工设备，经过各种机器的一系列加工，到了一楼，小麦就变成了面粉和麸皮。这种神奇“变身”令10岁的段正澄非常着迷，他一下子感觉到机械很有意思，希望自己长大后能够研究这个。

从此，段正澄更加勤奋努力，成绩一直保持在班级前三名。1947年，他考上了镇江县初级中学。中学时期，段正澄的学习成绩始终名列前茅。1950年，他考入镇江中学。两年后，因父亲的公司搬迁到武汉汉口，全家也随之搬去，正值高三的段正澄转学到湖北省汉阳高级中学就读。填报高考志愿时，他的第一志愿很笃定，选择了华中工学院的机械工程系。

1953年，段正澄成为华中工学院成立后招收的第一届大学生，就读于机械工程系金属切削机床与工具专业。1955年，随着院系调整，该专业合并到机械制造专业，而后，机械制造专业又与自动化技术专业整合，成为机械制造与自动化专业。自此，这个领域成了段正澄深耕一辈子的科研沃土。

·挑大梁　两条生产线解燃眉之急·

1957年，成绩优异的段正澄毕业留校，成为华中工学院机械工程系的一名教师，他从此扎根喻园，一干就是60多年。

留校之后，初入科研之门的段正澄早已酝酿出自己的研究思路——把机械和电气合起来，在制造及自动化领域开展相关研究。因此，在留校后的一两年内，他恶补了7门电气工程方面的功课。事实证明，这种“自我充电”对他之后的研究颇有助益。

1958年，段正澄开始做课题，正式踏上了科研之路。他先后到湖南省株洲市国营第331厂、河南省洛阳市第一拖拉机制造厂、黑龙江省哈尔滨市东北机械第十四厂等多个工厂，参与生产设备技术改造。

尽管改造生产设备并非易事，但能够将学到的知识付诸实践，解决实际问题，这一切都是段正澄乐见其成的。他边做边学、边学边做，深入工厂一线将理论结合实践，不断积累经验，一步一个脚印地成长。

在他看来，对于机械制造及自动化而言，书本上的知识学得再多，如果不能付诸实践，转化成生产力，面向现实需求，研究价值便会大打折扣。

“坚持把科研写在工厂里”——在科研起步阶段，段正澄的治学理念逐渐形成。

1968年，为了解决第二汽车制造厂（现东风汽车集团有限公司，以下简称二汽）创建初期关键生产设备的研发需求，段正澄和同事带领学生在上海第五机床厂，一待就是7年，其间通过不懈努力攻克了不计其数的难题。

当时，由于所需资料难以查找，可供参考的生产线也无处可寻，研发难度可想而知。第一次挑大梁的段正澄明知难度很高，却没有退缩，而是披荆斩棘，坚定地向着既定目标挺进。

最终，段正澄主持研发出国内首条用以提高加工精度和产量、采用复杂多工序自动加工的“LXQA型连杆称重去重生产线”，参与研发出国内首条“QDX—1型曲轴动平衡自动线”，填补了国内空白，解了国家的燃眉之急。

这两条生产线于1978年分别获得全国科学大会奖，在二汽使用20多年效果良好，并被我国首部《机械工程手册》和多本教材编录。

经过这两条高难度生产线的历练，段正澄更坚定了“注重科研创新”的理念和决心。他希望自己的研究是一个“从无到有”的过程，而不是简单地低水平重复，尽管其间需要付出的心血和精力是常人难以想象的，他依然愿意倾其一生，一次又一次向未知领域发起挑战。

·零起步　“数控曲轴磨床”填国内空白·

曲轴，作为汽车发动机中最重要的零件之一，直接影响着发动机的性能。评价一部汽车品质的优劣，很大程度上取决于曲轴等关键零件。然而直至20世纪70年代末，由于我国缺乏生产曲轴的先进加工设备，生产不出高品质的曲轴，曲轴生产依然是制约我国汽车发动机行业发展的一大难题。

段正澄了解到，当时国内的高速曲轴磨床全部依赖于国外进口，属于“卡脖子”的高科技产品，且价格十分昂贵……面对国家需要和产业需求，段正澄决定带领团队朝这个方向迈进——研发数控曲轴磨床。

然而，当时国内还没有一台数控机床，也没人知道什么叫“数控”，更没人了解数控曲轴磨床是干什么用的。

科研就像一口不知深浅的井，只青睐那些执着追求、挖掘不止的人。迎难而上的段正澄梳理了当时世界曲轴生产的先进工艺，分析了团队能够从哪些方面赶超，率先提出了研发“高速数控曲轴连杆颈磨床”的想法，并完成了项目可行性报告。

从1977年起，段正澄带领团队开始做调研，先后细致地做了14种重要实验，设计出的图纸不下千份。从设计方案到制造样机，段正澄从头跟到尾，跟孝感机床厂的工人同吃同住。研究过程中每每遇到问题他都亲力亲为，想尽各种办法去解决。

经过近4年的攻关，1981年，段正澄团队在国内率先突破了曲轴数控高速磨削加工的核心技术和工程化瓶颈，成功研发出我国首台具有自主知识产权的数控曲轴磨床，填补了国内空白。

1983年，由段正澄作为第一完成人参与研发的“MBK8240型高速半自动数控曲轴磨床”项目成果获得湖北省科学技术奖一等奖。也是从这一年开始，他和团队成员根据市场需求，不断进行设备升级改造工作。

段正澄表示，从事科学研究绝不能急功近利，选准了目标就要长期坚持，才能出成果、出大成果。“做研究要耐得住寂寞，不能外面来一个脉冲，自己就要震荡。”

经过近30年的探索和创新，段正澄带领团队先后攻克了“成形切入高速磨削工艺及端面烧伤缓解”“砂轮在线高精度成形修整”“磨削过程的优化控制”等曲轴加工的主要难点，并开展了卓有成效的工程技术研究与创新，共研发X、XG、XJ3个系列、6个品种、不同规格的数控曲轴磨床，达到国外同类产品先进水平。

2008年12月，“高性能发动机曲轴高精度高效磨削加工技术与系列成套设备”获得国家科学技术进步奖二等奖，是当时曲轴磨床领域获得的国家最高荣誉。

·吃螃蟹　率先研发多种激光加工装备·

1979年，段正澄担任华中工学院机械自动化教研室主任。身为教研室主任、学术带头人，段正澄深知，如果想让教研室的每一位成员在学术道路上得到良好发展，选准科研方向非常重要。1985年，段正澄发现了一个值得探索的新研究方向。

那年段正澄到日本交流，看到大阪大学开始研究激光工艺时，心头一震，敏锐地意识到这是一个很重要的学科交叉方向。当时我国高档激光加工装备基本依赖进口，这对于长年从事机械研究的段正澄来说，一直是块“心病”。

尽管已经到了知天命年龄，他依然希望自己能够再为我国机械设备制造领域做点事情，打破激光加工领域的技术垄断，为提高我国机械制造整体水平助力。

在得到时任校领导朱九思的大力支持后，段正澄开始向激光加工技术和设备研发领域发起冲锋，成为国内该领域“第一个吃螃蟹的人”。

1986 年，段正澄率领自动化教研室的科研团队，与北京机床研究所、沙市机床工业公司共同承担“七五”国家重点科技攻关项目“数控五轴联动激光划线切割机”。经过 5 年的艰苦奋战，1991 年，国内首台数控五轴联动激光划线切割机研制成功，它成为“激光加工国家工程研究中心”落户华中科技大学的重要筹码。

经过这个项目，段正澄更加坚定了让机械制造与激光加工“联姻”的信心；同时，得益于该项目的锻炼，他组建了国内最早的机械科学与激光技术相结合的科研团队。

此后，段正澄和团队成员把激光加工作为一个非常重要的研究方向，并且根据市场需求不断进行设备升级改造。

团队探索运用“学研产用”模式，先后研发了白车身激光焊接、不等厚板拼焊、激光非穿透紧密切割等一系列生产线，一举突破了国外公司的技术垄断，在汽车制造激光加工高端装备生产中实现了国产自主化。

2003 年，“高功率激光切割焊接及切焊组合加工技术与装备”荣获国家科学技术进步奖二等奖。12 年后，段正澄的学术团队以华中科技大学名义申报的“汽车制造中的高质高效激光焊接、切割关键工艺及成套装备”项目获得 2015 年国家科学技术进步奖一等奖。

段正澄院士在企业交流激光加工技术

（左一为段正澄）

段正澄团队在激光加工方向取得的一系列项目成果，不仅改变了我国汽车制造中激光焊接、切割高端装备被国外垄断的局面，还带动了国产装备的跨越式发展，推广应用到航空、航天、航海、能源等领域。

·攻堡垒　全球首台全身伽马刀造福百姓·

1996 年 9 月，深圳奥沃国际科技发展有限公司的负责人吕凤华找到段正澄，邀请他加盟主持立体定向伽马射线全身治疗系统的研发工作。出于对医学放疗领域不甚了解、其成败涉及患者生命安全等因素的考虑，段正澄对此项课题的承接非常慎重。

“我们国家每年新增的肿瘤患者在 200 万人以上，但是放疗的效果并不是很好。我觉得如果能够完成这个项目，提高我们国家的放疗水平，确实能够造福老百姓，是件很有意义的事情。”怀着这份仁心，段正澄决定接手主持这个项目。

他先是着手参与总体方案的设计，接着将汇集了放射医学、精密机械、计算机软件、计算机数控、图像处理多个学科领域的 100 多名国内外科学家和工程技术人员组织起来，根据总方案的要求分解项目任务，井井有条地推动项目进展。

从改进旋转式头部伽马刀，到体部伽马刀设计、制作及实验，段正澄带领团队用了一年时间反复研讨，耗时 3 个月绘制设备图纸，又用一年半时间攻克一个又一个机械难题，最终研发出采用双 PLC 和运动控制器构成的开放式体系结构的控制系统。

1999 年，经过团队 3 年的合力攻坚，具有我国完全自主知识产权的大型放疗设备——OUR-QGD 型全身伽马刀问世。该设备在临床试验后获得了国家有关部门批准的生产制造认可证和市场准入证，标志着我国无创伤医疗设备的制造已跃居世界领先水平。

全身伽马刀可以进行旋转动态聚焦，使伽马射线焦点对准经过精密定位后的肿瘤，进行高剂量的伽马射线辐照，从而杀死肿瘤细胞，大大降低对人体正常组织和器官的损伤。

在投入市场应用几年后，全身伽马刀使用效果得到了进一步检验——2000 年，全身伽马刀通过了美国 FDA（美国食品药品监督管理局）认证并首次在美国进行安装。2005 年 11 月，该成果获国家科学技术进步奖二等奖。

从机械和激光的交叉到机械与放疗的结合，面对国家和人民需求，段正澄以敏锐的眼光快速捕捉科研空白点，凭借扎实的专业知识、勤恳的钻研态度、坚韧的科研毅力，站到了科技创新的前沿。

·师者心　提携后学孵育精良科研团队·

长期的科研实践，让段正澄不仅收获了诸多创新成果，还培育了一支精良的科研团队。

作为机械自动化教研室主任，段正澄带领着全校最大的教研室团队。该教研室是“全国先进集体”，获过“全国五一劳动奖章”，并先后获得 10 多个国家级奖项。李培根、邵新宇这些在机械工程学科领域作出过突出贡献的院士都是从这个教研室走出来的。

“好的科研成果往往需要几代人的共同努力。我所要做的工作就是为他们创造一个和谐、团结的氛围，最大限度地挖掘他们的潜力。”提及这些团队荣誉和优秀人员，一向谦虚低调的段正澄也难掩骄傲之情。

不论是学校同事还是学界同行，或是合作企业负责人，大家都一致认为段正澄是一位非常称职的学术带头人，其专业素养、学术品格、处事格局等总会让人产生信任感和信服感，大家都愿意与他合作，携手攻坚克难。

段正澄不争名不争利，一心一意稳扎稳打地做科研。在谈到科研创新和学术成果时他总是谦虚地说，这些突破并非他一个人的功劳，而是整个团队集体协作的结果。

段正澄不但兢兢业业在科研领域深耕，作为一名高校教师，他认真履行教书育人职责，呕心沥血，先后培养了 32 名博士生、6 名博士后等学生，不少人已成为学界的中坚力量；他关爱学生、用心良苦，将 2011 年所获湖北省科学技术奖科学技术突出贡献奖100万奖金全部捐出，用于资助贫困学子，希望培养出更多装备制造业高端研发人才……

（本文由刘长海、李海龙依据光明网2021年6月3日人物报道文章《段正澄：一生机械情　拳拳报国心》及其他资料改写）

裴先登

全国优秀教师

裴先登

裴先登，生于1934年，卒于2017年，湖南临澧人，1955年毕业于华中工学院机械系，1957年由国家选派去苏联留学，学成回国后先后在华中工学院陀螺仪专业、光学仪器专业、机械制造专业、计算机外部设备工程等专业从事教学和科研工作。他生前曾任华中理工大学计算机及应用研究所副所长、计算机系外部设备教研室主任和中国计算机外部设备行业协会副主任等职。裴先登1986年晋升为教授，1990年成为博士生导师，享受国务院政府特殊津贴，1989年获“全国优秀教师”称号。

裴先登教授是我校计算机系外部设备教研室主任。作为我校第一届优秀毕业生，他年仅23岁时被派到莫斯科包曼大学深造，并获副博士学位。1961年，他返回华工任教，在教书育人的岗位上孜孜不倦地探索、奉献，为祖国培养了一批又一批优秀人才。

教育心理学在探讨思想教育中的人际效应时，把其分为威信效应、同体效应和感应效应三种，并认为有了这三种效应，人际交往将更和谐，教育就会在这种和谐的环境中“润物细无声”地完成。在与裴教授的交往中，你将感受到这三种效应的存在。

·威信效应·

威信效应即通过教育者的威望来增强教育的效果。威望包括品格、知识、才能、经历等因素。裴教授正是以自己的品德才识，赢得了师生们的崇敬。

裴老师在青年时代就树立了严谨的治学风范。严谨的作风、一丝不苟的精神伴随着裴教授度过了三十多个春秋。我校计算机外部设备专业的设置，当时在全国是第一家，作为创建人之一的裴老师，在制订专业的发展方向、培养目标、课程设置、教学计划等方面，花费了大量的心血，起草了许多文件。人们只要从这些材料中看到那规范的语句、严密的体系，就知道这是出自裴老师的手笔。

有一个硕士研究生从外地调研回来，准备写论文。他拿出一篇复印的论文给裴老师看，说：“这篇论文写得很好，我想引用里面的论点。”裴老师一看，那本论文没有复印封面，便问学生：“你知道这篇论文的作者吗?”学生答道：“不知道。”裴老师当即批评他说：“连作者的名字都不知道，怎么能随便引用呢?”为了培养学生良好的学风，在裴老师的组织下，教研室制订了《计算机器件与设备专业硕士论文的几点规定》，对硕士论文的内容、规格、撰写注意事项等都提出了要求。其中有这么一条规定：“论文中不允许不加引用或说明而使用别人的工作和研究结果。”

裴教授严谨的工作作风，还表现在对教研室教学工作的科学管理上。现在评价教师教学优劣，一般采用学生在规定的栏目中打分的办法，这种办法容易渗入学生的主观因素而不够准确。为了较客观地评价教学质量，多年来，裴教授酝酿着寻求一种科学的评估方法。他广泛征求教师的意见，又分析各种评价方法的利弊，重新制订了一份“关于课程教学质量情况调查表”，对表中所列项目和指标作了精心安排和周密考虑，使学生在评估时能较全面地、真实地反映教学效果。这个表不仅要学生填，而且任课教师也填，两相对照，找出差距。举例说，表中的第一条为：你在课堂上能听懂并理解教师所讲的内容的① 90%以上；② 80%左右；③ 70%左右；④ 60%左右；⑤ 50%以下。如果学生填的是80%，老师也这样认为，那么表明这个教师的教学计划达到了预期的效果；如果学生普遍填的是60%，而教师认为是80%，调查结果就会提醒教师改进教学方式。评估标准并不是听懂的人越多越好，因为如果教师讲得太浅的话，学生听懂的人数必然越多。由于裴教授很注意抓好科学的评估方法和其他配套的管理措施，所以他领导的教研室在课程教学和办好专业方面，具有许多自己的特色。

裴老师连续为研究生开设了机电系统动力学、随机定位系统的优化理论与设计等课程。以他扎实的理论基础，讲这些课程本是轻车熟路，但他仍然极其认真地备课，逐章逐节甚至逐字逐句地反复琢磨，为每一届研究生重新编写教案，根据科学技术的发展和自己从事科研取得的成果，不断更新内容。他讲课条理清楚，重点突出，推理严密，深得研究生的好评。他也由此获得了研究生教学质量优秀二等奖。

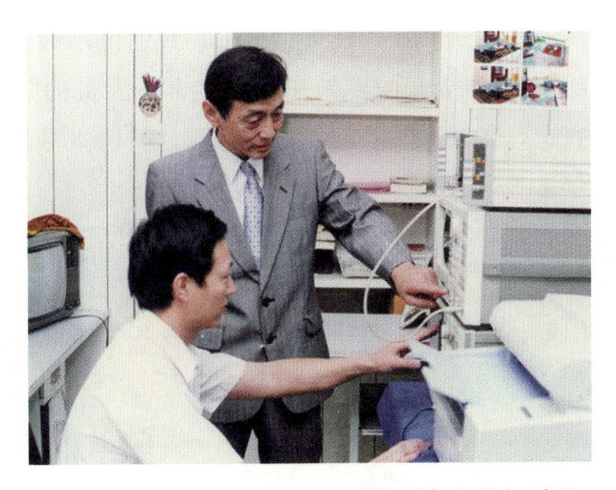

裴先登教授指导青年教师科研

裴教授有着良好的科研道德。与他共事的每一位同志，不论是教师还是实验人员，他都充分肯定并尊重他们的劳动，有事共商量。这样的老师自然赢得了师生的信任和尊敬。

·同体效应·

所谓同体效应，就是由于教育者与受教育者在思想感情、性格志向等方面有尽可能多的共同之处，从而使受教育者将教育者视为知己；自觉地接受教育者的教育而产生的效应。有段时间，青年学生中形成一股“出国热”“挣钱风”。当时这种“孔雀东南飞”“言必留洋”的倾向似乎难以控制，教研室的一些青年教师也是“身在曹营心在汉”，很不稳定。请裴老师帮忙联系出国、写推荐信诸类的事情时有发生。裴教授一方面总是热情相待，不厌其烦，为他们做力所能及的事情；另一方面，他诚恳地讲述自己的经历和体会，与青年们商讨怎样处理好个人利益与集体利益、国家利益之间的关系。他说：“我曾留学苏联又东渡日本考察过，可我的彩电最近才有。钱不可没有，但更不可看得过重。留学，你们向往，我年轻时也向往，但留学应是为了做学问。我的学问和工作主要是在回国后的实际岗位上做出来的。没有本事，没有基础，即使出去了，人家也瞧不起你。教研室的科研和教学任务这么多，我们可不能让它垮下来，你们应该支持我啊!”在裴老师的带领和教研室全体人员的共同努力下，出国的人高高兴兴走，在家里的人工作尽心尽职，教研室保持了稳定、团结的好景象，几年来教学、科研富有成效。

裴老师把学生视为年轻时代的“我”，充分理解、关心和依靠他们。学生把他当作知己，视他为尊敬的师长、知心朋友，大小事情包括思想、学习、婚姻、毕业分配等，都愿意找他谈谈，倾听他的意见。

·感应效应·

“近朱者赤，近墨者黑”。人与人，人群与人群之间存在着相互感应的力量。裴老师对学生的感应力量在什么地方呢?

他的研究生吴海良讲了这样一件事："有一次，裴老师生病了，我就到医院看望他。当时我被推荐为免试研究生，我选了裴教授为导师，并且本科毕业论文也由他和一位研究生协助指导。那天我一到医院，裴教授就执意要我赶快把论文送给他看。拗不过，第二天我只好把长达三万字的论文送给他，裴老师接过论文就认真地审阅起来。望着他病弱的身子，我心中感到非常不安，但裴教授坚持从下午看到晚上，直至把论文审完。他认真地向我指出了文中两个原则性的错误，还指出了用词及标点不当之处。当时我很受感动，从裴老师身上，我不仅学到了宝贵的科学知识和方法，更重要的是受到了强烈的精神和人格的感染。"

受到裴老师这种强烈"感应"的，当然不止吴海良一个人。裴教授曾对学生说过，我并不追求长寿，只想在尚能工作的时候为下一代创造一个好的条件，使青年一代完成我们这一代未能完成的任务。

这又是何等强烈的感应力啊！

（本文由刘长海、杜贝雯依据华中理工大学研究生院于1991年1月在《学位与研究生教育》杂志发表的《"三效应"的魅力——裴先登教授教书育人事迹点滴》及其他资料改写）

王新房

全国劳动模范

王新房

王新房，生于1934年，卒于2021年，河南洛阳人，生前系华中科技大学同济医学院附属协和医院超声医学科教授。王新房于1961年开始从事超声临床研究，发明了“双氧水心脏声学造影法”，在声学造影、经食管超声心动图、三维超声心动图、复杂先天性心脏病、冠心病等领域均有卓越贡献，曾3次获得国家科学技术进步奖，1979年被授予“全国劳动模范”称号；2011年被国际心血管超声学会褒奖为“现代超声心动图之父”，当选美国超声心动图学会荣誉院士。

“那个全世界率先用超声监测、让准妈妈们听到清晰胎心喜极而泣的老人走了。”2021年11月30日17时05分，超声医学先驱者、中国超声心动图学奠基人、华中科技大学同济医学院附属协和医院超声医学科创始人王新房教授因病在武汉逝世。这位一辈子矢志创新的学界泰斗生前曾多次提出“后事要办得最简单”，这名老党员临终前再次表达遗愿：“请给我盖上一面党旗。”

12 月 1 日，协和医院为王新房教授举办追思会，往日的视频再现一代宗师的音容笑貌。他的一代代学生如今已成长为中部地区乃至全国超声医学界的领军人物、中坚力量，大家深情回忆导师矢志原创、严谨治学、诚信行医、无私奉献的精神风貌。

“老师经常对我们说，不要走别人走过的老路。”王新房教授的弟子、协和医院超声医学科主任谢明星教授说。王新房教授 3 次获得国家科学技术进步奖，这在学术界是非常少见的，他的每一项成果都打上了“创新求索”的烙印。

·精益求精，肝脓肿诊断正确率领先世界·

1962 年，全国肝病肆虐，尤以肝脓肿为甚。病人患肝脓肿后肝部肿大、疼痛，持续发烧，但医生确诊该病时只能靠指压、询问等简单方法。

“医生按压时问病人疼不疼，哪儿疼得很就推测脓肿在哪儿，但脓肿深浅、大小不得而知，可能做穿刺后不是脓肿。”王新房说。当时，苏联专家统计的肝脓肿诊断正确率仅为 50%至 72%，国内则更低。

王新房想到，海上能用超声探测鱼群，我们能否用超声探测肝部有无液体？他将超声诊断仪的灵敏度调高，探测肝部，发现肝组织反射强烈，但脓肿部分没有反射，借此不但可以确定脓肿有无、深浅、大小，还能确定穿刺方向、位置等。这一发现，让国内肝脓肿的诊断正确率提高到 90%以上。

此后，该方法逐渐被用于胸腔积水、腹水、肾脓肿和胰腺脓肿等多种疾病的诊断。1975 年，英国学者撰文指出：“王氏（王新房）的研究成果，218 例肝脓肿诊断正确率达 97%，这一成果是西方世界很难超越的。”

·格物致知，首次阐明二尖瓣曲线机理·

对液性疾患诊断获得成功之后，王新房对含有血液的心脏产生兴趣，参照 Edler 以及 Joyner 的报告，开始超声心动图研究。“工欲善其事，必先利其器”，仪器问题成了关键。1963 年，王新房首制能与心电图、心音图信号同步显示的超声心动图设备，检查心脏瓣膜疾病，对二尖瓣前叶曲线各节段进行命名，最早将心电图、心音图与二尖瓣狭窄前叶曲线同步记录并获得清晰的图像。在此基础上，他首次阐明二尖瓣曲线上各波产生机理、二尖瓣狭窄时曲线的改变以及开瓣音的形成原因，这一成果被学界广泛认可，并沿用至今。

·矢志创新，首次实施胎心超声监测·

20 世纪 60 年代，国内外医生只能靠听、摸来了解胎儿在母体中的情况，听不到胎儿心跳，胎儿是死是活医生并不知道。1963 年，王新房和同事用超声波检查一名孕妇的子宫时发现，宫腔内有反射摆动，推想这应是胎儿的肢体活动。

“既然能了解肢体活动，胎心活动是否也能了解？”王新房开始尝试用两个超声探头，一个连接孕妇心脏，一个连接胎儿心脏，得出两个快慢不一的波段，经过多次观察，发现了胎儿心跳反射。这一成果对诊断早期妊娠、确定胎儿是否存活等具有重大价值。

1964 年，王新房在《中华妇产科杂志》上发表文章，对 140 例妊娠妇女胎儿心率和心脏大小的 M 形超声心动图进行研究，记录世界第一条胎儿心跳波动频率曲线图，比相关的英文文献（Winsberg，1972）还要早 8 年。由于当时国内外医学界交流不多，国际医学界一直认为是奥地利（1967）和加拿大（1972）的学者首先发现了胎儿心跳波动频率曲线图。经我国旅英学者邓京指正，才知这是中国学者最先（1964）发现并报告的。2002 年，耶鲁大学 Friedman 著文纠正，世界超声界最终确认：中国的王新房是胎心超声监测第一人。

·以身试药，发明新型心脏声学造影法·

1978 年 1 月 8 日，王新房所在医院的一间手术室里气氛紧张：医院主要领导赶到现场，心内、心外两科室主任严阵以待，王新房躺在手术台上，准备拿自己做“双氧水心脏声学造影法”的第一例人体临床实验。

此前，王新房听说一家医院用双氧水静脉注射治疗肺心病时，病人出现了氧气栓塞。他心想：“发生栓塞是坏事儿，但能不能变成好事儿?”当时，观察心脏病变，国外用靛氰蓝绿作造影剂，但这种造影剂造价昂贵，准确性不高。王新房想到双氧水产生的氧气泡会在心血管腔内形成强烈反射，如剂量适当，有可能成为一种理想的造影剂。

通过用大量动物进行实验，王新房的研究取得了重大进展，但想临床应用，还需要做人体实验。造影剂产生的气体栓塞可能给心脏和大脑带来危害，甚至危及生命，此前也多次出现因剂量不当导致实验动物死亡的例子，谁愿冒着生命危险做实验?最后，王新房决定自己上。

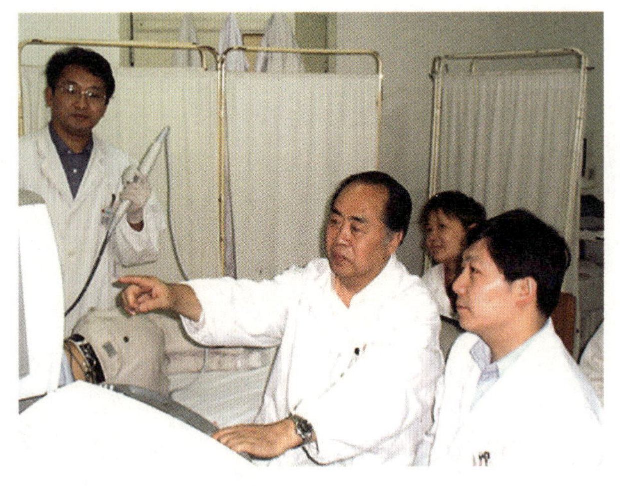

王新房教授指导学生

（右二为王新房）

在实验前，不知谁将这个消息告诉了王新房的儿子王贯文，王贯文急忙赶来，生气地质问父亲："你为啥不告诉我们，我妈知道吗？""我研究了这么久，心里有数，你放心。"王新房安慰儿子后，又回到手术台上。经过3次剂量不同的注射，最终确定了双氧水造影的相关数据。

经过3年努力，王新房终于发明出"双氧水心脏声学造影法"，该方法远优于当时国外的造影法，是超声心动医学界的重大进展。其后，该造影法在国内外广泛应用于临床。

·上下求索，探究三维与经食管超声·

1990年，王新房和同事率先开始进行双平面经食管超声心动图研究。在医学院解剖学专家指导下对多个心脏标本进行多方位剖切，将超声图像与心脏解剖结构相互对照，帮助大家提高图像认知，较为准确地识别不同切面上各个反射和暗区所代表的心脏结构。

随着三维超声的逐渐兴起，1993年，王新房等人开展了三维超声成像研究，初为薄壳静态图像，再演进为动态图像，后期进一步提高性能，以实时彩色三维形式显示心脏结构及其血流状态，使诊断水平大幅提高。

2014年，王新房再次作为志愿者，试用较细的小儿食管探头，经鼻咽插入食管进行检查，从心后对心脏进行探查并获得成功。这说明如能改用较薄的探头与灵敏度更高的小型换能器，经鼻咽插入食管，在导管室、手术室于术中与术后进行超声检查，可不受患者体位的限制，及时准确获取各种信息，从而进行必要的紧急处理。近年来，经食管超声已广泛应用于心血管疾病诊断、介入及外科手术术中监测，成为推动心血管临床技术发展最重要的影像学手段。

·严师慈父，退居二线每天仍第一批到科室·

"严师慈父"是大家对导师王新房教授的共同印象。协和医院超声医学科的谢明星、吕清、张丽都记得导师经常带来老伴做的千层饼、酱牛肉。吕清说，1998年，武汉发生特大洪水，他就在科室里住了几天，导师送来的一大碗酱牛肉，其香味让他至今回味无穷。主任医师杨亚利说，导师对待年轻人是亲切温和的，他会亲手做贺卡送给每一名学生。有一年春节，杨亚利夫妇照例去探望导师，导师热心地给他俩照了一张合影，晚上在照片上写了一首诗。后来再见面时，他把一张漂亮的贺卡送到了杨亚利手中。

谢明星记得，2000 年，他接手协和医院超声医学科主任一职，王新房当晚把他叫到家里叮嘱：作为科室负责人，首先要牢记“跟党走”，不要忘记党的医务工作者的身份和责任，尤其不能犯方向性错误；其次要以党性要求自己严谨治学，科研上来不得半点虚假；第三是患者利益至上，不得损害患者利益，不能和患者产生任何经济上的问题。

王新房对患者的尊重体现在很多细节中。吕清回忆，自从 1990 年师从王新房教授，他总是被老师对患者的谦和所打动。他举例说，医生一般一开口都会问“叫什么名字，多大年龄”，王新房教授却会问“您贵姓”。对于有些长者，王新房教授则会问“您贵庚”。

即使已经退居二线，王新房教授仍是每天早上第一批到科室的人之一。只要身体允许，他总在医院老住院部 3 号房等待年轻医生，回答大家的各种疑问，并陪他们一起为患者做检查。

（本文由刘长海、杜贝雯依据《长江日报》2021 年 12 月 2 日报道《他让人们听到了胎儿“心声”，世界胎心超声监测第一人王新房教授在汉逝世》及其他资料改写）

陈坚

全国优秀教师

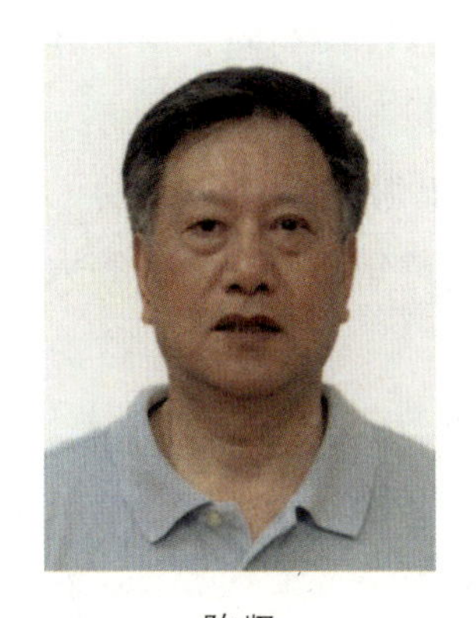

陈坚

陈坚，生于1935年，湖北武汉人，华中科技大学电气与电子工程学院教授，1958年毕业于华中工学院电机系，留校任教至2006年退休，1991年获“全国优秀教师”荣誉称号。陈坚从事电气工程及自动化教学工作50余年，曾为本科生和硕士研究生讲授电力系统暂态分析、电子技术、电力传动自动控制、自动调节原理、电力电子学、交流电机变速传动控制基础及高等电力电子学等基础课和专业课，培养硕士、博士研究生80多人。

陈坚曾任华中科技大学科技研究院总工程师、电气与电子工程学院学术委员会主任、电力电子与电力传动专业博士生导师、美国IEEE高级会员、中国电力电子与传动控制学术委员会副主任、中国电源学会副理事长、武汉电源学会理事长。

·和蔼长者　潜心教育·

陈坚是我校应用电子工程系的泰斗、奠基人，是学科带头人、领头人。他与华工一起走过了近七十年的风雨，看着华工从一个仅有八个专业、四个系的学校成长为如今国内外知名的一流大学。他说，华中科技大学的发展壮大，离不开一代又一代华工人的不懈奋斗，也得益于早期华工建设者们不甘于现状、志存高远，一心一意将华工建设为国际一流大学的决心。

1959年，陈坚作为第一批教师被调到学校的船舶电气自动化专业，在那里做了二三十年的教研室主任。身为一名老师，陈坚对于名利看得十分轻，系里曾经多次推荐陈坚担任系主任，但是他都婉拒了，他只想着在自己现有的岗位上潜心学习认真做好身边的事。日常的陈坚潜心学习，在办公室没事的时候，他就看书做学问，也正是因为他的不断学习，所以他的专业知识基础很扎实，学科知识全部烂熟于心，有次陈坚要去712电力推进所工作，这要求他掌握电力相关方面的知识，结果他就花了一个上午的时间把电机学的主要内容讲了出来，整整四个小时下来，没有任何错误。之后陈坚还作为发起人之一和其他老师联合起来成立了应用电子技术专业，在该领域继续辛勤耕耘。

陈坚为人十分和善，是个热心肠，无论是其他老师还是学生，只要有事情找他，他就会尽力去帮助。他还曾经资助过一名学生，但是他都没有主动和其他人提起。陈坚的学生有很多，优秀的学生也不少，正如专业里的教学态度一样，陈坚对于学生们要求很严格，希望他的学生们能够在科研领域勇攀高峰。但同时他也十分理解学生，会常常站在学生的角度思考问题。有一次陈坚的学生做电力电子电路实验，不小心两个试电笔短接，导致电路元件烧了，当时那些元件很贵，一个将近四千元，那个学生当场就愣住了，不知所措，这时陈坚走过来就对他说，烧了就烧了，下次注意，也没有再说些其他的什么。后来有其他老师就问他为什么不批评那个学生，陈坚说："学生本来就很难受了，我还要批评他干吗，那只会让他更难受。"

·脚踏实地　做奋斗者·

陈坚由一名学生成长为一名老师，从此全身心投入科学研究，以极大的热情承担了很多建设性的工作和很多富有挑战性的科研项目，取得了各种科研成果。他不断总结多年的科研成果及学术思想，完成了著书立说工作，已出版了多部教材及专著，曾为本科生和硕士研究生讲授电力系统暂态分析、电子技术、电力传动自动控制、自动调节原理、电力电子学、交流电机变速传动控制基础及高等电力电子学等基础课和专业课，已培养硕士、博士研究生 80 余人。陈坚主编的《电力电子学》于 2002 年由高等教育出版社出版，是普通高等教育“十五”“十一五”国家级规划教材，多次改版和重印。

1971 年以来，陈坚一直从事电力电子技术及电力传动自动化领域的研究工作，在逆变器控制技术和交流电机传动控制方面做过系统的理论研究，在舰船电力电子技术应用领域做过大量开拓性研究工作，完成过十几种装备（包括整流、逆变、斩波、变频、开关电源、UPS 以及电力传动控制系统）的研制任务。他已出版 3 本教材及专著，发表论文 100 多篇。

作为华中科技大学应用电子工程系的奠基人，陈坚经历了应用电子技术专业的建立、发展和改革历程，在他身上体现的是科研的纯粹和强烈的社会责任感的完美统一。陈坚将科研报国作为自己一生的志向，将科研视为纯粹的事业，毫无私心，他清澈的爱，只为科研报国。在推进我国电力电子事业的不断进步过程中，陈坚作出了大量贡献和开创性的工作。

不管是画电路板还是进行科学实验，陈坚对自己、对学生的要求都十分严格，他身上所体现的那种严谨的科学态度，深深影响着一大批身边的人，可以说，陈坚为学生树立了一个良好的榜样，并对他们的成长产生了深远的影响。

·淡泊名利　益陈益坚·

陈坚生活的年代是一个物质匮乏、艰辛的时代，但他仍然将科研作为他终生的事业。他们那代人不管从吃、穿、住、行以及科研条件上来说都远不及现在的一般水平，甚至可以说是条件非常艰苦。年轻时“没车没房没钱”，结婚多年也仅住在一间单身公寓内，出行都是挤公交或者骑自行车。但是物质的匮乏并没有击垮陈坚对于科研的坚持。年近五十，学生们仍然常常看到陈坚在画电路图、控制框图，设计控制参数，做仿真，做实验，精神饱满全力以赴科研一线。因为兴趣，因为责任，陈老将科研作为了他一生的事业。

陈坚教授治学严谨，不计名利。1988 年康勇师从陈坚，每次与康勇讨论问题，陈坚都非常严谨认真，概念准确。对于两人讨论的问题，陈坚一定是要刨根问底，不接受一知半解。陈坚带学生时也是和学生天天“泡”在实验室，一起讨论一起做实验，言传身教。这些都给康勇留下了深刻的印象，并且对康勇的教学以及科研风格产生了深远的影响。

2001 年陈坚向时任解放军总装备部长李继耐上将汇报工作

（左一为陈坚）

陈坚退休之后仍然保持着高度的工作热情，不求任何回报无私奉献地做着各项工作。疫情以前，还时常能在电气大楼见到陈坚的身影。在科研方面陈坚始终保持着对重大项目的高度关注与深度参与。在某次500kVA光伏逆变器研制项目中，陈坚在企业招待所里前后居住了1个多月，与企业的研发工程师进行深入的交流，给出了50多页的计算及论证结果，最终顺利完成了产品技术方案的选型。在另一个无刷双馈异步电机控制技术的研究项目中，陈坚更是亲自带着学生与青年教师完成了大量的实验，最终为无刷双馈电机的应用奠定了坚实的基础。在教学方面，陈坚仍然高度重视，修订了多本电力电子相关教材并对在职期间开设的相关课程建设情况多次提出建议。

陈坚退休后依然高度关注电力电子学科的发展前沿，承担社会责任，他担任了期刊主编、技术顾问、学会理事长等社会职务。他笔耕不辍，前后历时5年时间于2012年完成专著《柔性电力系统中的电力电子技术——电力电子技术在电力系统中的应用》的撰写工作。

2019年11月，华中科技大学应用电子工程系举办60年庆典，五湖四海的校友欢聚一堂分享“应电人故事”。为弘扬应电人爱国奉献、开拓进取的精神，在校友周慧玲的倡导和发起下，应用电子工程系成立了“陈坚教授奖学金”基金会，应电系校友和教师纷纷捐款，以期为国家和民族培养更多的优秀人才发挥影响力。2022年1月，应用电子工程系的最高规格奖学金“陈坚教授奖学金”评选及颁奖典礼成功举办。

（本文由刘长海、李秋阳依据华中科技大学电子与电气工程学院官网人物报道文章《陈坚：厚积薄发，担当致远，益陈益坚》及其他资料改写）

石佑恩

全国教育系统劳动模范

石佑恩

石佑恩，生于 1935 年，湖北黄梅人，寄生虫学家，教授，博士生导师；1958 年毕业于同济医科大学医疗系，获学士学位，1984 年获新西兰奥塔哥大学微生物学专业博士学位。石佑恩从事医学寄生虫学的教学和研究工作 50 多年，特别在寄生虫感染的免疫方面有较深的研究。他于 1986—1998 年任同济医科大学寄生虫学教研室主任，同时兼任基础医学院院长。石佑恩曾任卫生部血吸虫病专家咨询委员会委员（两届）、全国热带病与寄生虫学学会副主任委员、湖北省及武汉市寄生虫学学会主任委员、湖北省血吸虫病专家咨询委员会副主任委员，以及英国皇家热带病与公共卫生学会会员，曾被评为全国教育系统劳动模范。

·创业垂统，拓荒建树·

“九层之台，起于累土；千里之行，始于足下。”1950年，上海同济大学医学院迁往武汉，与武汉大学医学院合并后称为“中南同济医学院”，在汉口华商跑马场建校，寄生虫学馆也于1952年3月由上海迁至武汉，改称寄生虫学教研室。

1953年，石佑恩入学时，刚从上海迁到武汉的同济医学院还是一片荒地，连教室都没有。学生在跑马场看台的下面上课，旁边有简易食堂，学生就在那里吃饭。大操场是后来才建的，现在从医学院大门口至行政楼的这条主干道是师生一起在1954年防汛期间修建的。医学院刚迁到武汉时，学生不多，由院长办公室统一管理。1955年，医学院成立了卫生系、医疗系、基础医学部等单位，寄生虫学教研室当时划归基础医学部，亲眼见证了同济医学院的发展和壮大。

1948年，姚永政教授在上海建立寄生虫学科后，魏德祥是第二任主任，石佑恩便是第三任主任，兼基础医学院院长，一共担任了10年。由于时代的发展，国家的富强，学科也在发展，教学科研水平在不断提高。石佑恩很高兴地看到及参与并见证了，经过几十年的综合防治和努力，我国的寄生虫病取得了有效的预防和控制，疟疾、血吸虫病、丝虫病、黑热病等大多数寄生虫病基本上得到控制或被消灭了。中国正式获得消除疟疾认证，世界卫生组织认为这是了不起的壮举。

·悬壶济世，医术仁心·

“医者有仁心，慈悲济世人。悬壶轻己利，德品胜黄金。”1950年，上海市郊流行血吸虫病。北方来的解放军为解放海南岛进行游泳训练，接触疫水，大批解放军感染血吸虫病。1951年，全校师生员工到前线去，帮助解放军防治血吸虫病，受到了解放军嘉奖。当时治疗血吸虫病用的是锑剂静脉注射，一个疗程是20针，20天疗法，毒性大、时间长，病人往往受不住。后来，邵丙扬教授等人经过临床观察探索出时间短、毒性弱的三天疗法，不仅保证了治疗效果，而且大大减轻了病人的痛苦。这种疗法后来在全国广泛应用，在当时影响很大，因国内外都没有更好的药。

1975年，同济学院牵头，联合湖北医学院等几家单位一起成功研制出了一种新药，叫硝硫氰胺，代号7505，也就是1975年5月。虽然后来发现这种药对人有一定的副作用，但是对于家畜非常有用，所以一直沿用到现在。到了20世纪80年代，德国拜耳药厂生产出了一种新药，叫吡喹酮，是世界上公认的口服、便宜、毒性低、效果好的药。石佑恩他们每年下乡把这个药发给生产队，要求重疫区的每一个群众都吃。这样坚持做了两三年之后，血吸虫病就基本上控制了。后来，有人提意见说不应该让没病的人陪着有病的人吃药，也有人说让多数没病的人吃药白白浪费了钱、浪费了药，而且年年吃，万一形成抗药性怎么办。石佑恩于是带领团队研究有什么更好的方法，让有病的人能够更快更好地得到治疗，没病的人也不必陪着吃药。

1976年，外科病房有个恩施来的小患者，患者眼球凸出，说是眼"球肿瘤"，要进行手术摘除。经会诊后，石佑恩他们认为不像肿瘤，推测是不是寄生虫幼虫跑到眼球里面，把眼球推出来了。如果把这个寄生虫幼虫杀死，患者的眼球就能保住。当时石佑恩和吴少庭带着显微镜和药品不远千里，跑到了恩施鹤峰县铁李村，找到患者家乡。当地人告诉石佑恩说很多小孩子得了这个病。石佑恩经过调查研究后证实这是感染了斯氏肺吸虫引起的。山里的小孩喜欢在河里抓小螃蟹生吃，就感染了这种肺吸虫。肺吸虫在人体内处于幼虫状态，四处游走，走到皮下就会形成胞块，走到眼内就会使眼球凸出来。石佑恩在当地农村卫生所，看到小孩子皮肤上有个胞块，就用外科手术器械消毒后把胞块切开，发现里面有个虫子，鉴定为斯氏肺吸虫。在恩施全区七个县普查后，他发现小孩肺吸虫感染率是20％多。这是石佑恩及团队成员首次发现湖北省有斯氏肺吸虫。当时省卫生厅组织全省普查，发现在恩施、宜昌、十堰、鄂州都有这种寄生虫病，所以全省在卫生厅统一指导下立刻组织了学习班，开展普查普治工作。这项工作石佑恩搞了10年，最后基本上控制了肺吸虫病。并且查明了，湖北肺吸虫病变区，分两大块，鄂西、鄂西北属斯氏肺吸虫区，鄂东、鄂东南区属卫氏肺吸虫区。

医者仁术，圣人以之赞助造化之不及，所贵者，扶危救困，起死回生耳。石佑恩用严谨的治学、敬业的态度为无数受寄生虫病困扰的患者带来了希望。

·钻坚研微，桃李争艳·

“路漫漫其修远兮，吾将上下而求索。”数十年来，石佑恩在寄生虫的生态、免疫及防治等方面做了大量的研究和调查工作，先后承担了国家“七五”“八五”和“十五”科技攻关项目，卫生部总理基金资助重点项目，863 计划项目及省、市重大项目共 9 项，取得了很好成果。他先后获卫生部科学技术进步奖三等奖 2 项，国家教委科学技术进步奖三等奖 1 项，湖北省科学技术奖一等奖、二等奖各 1 项，武汉市科学技术进步奖二等奖 2 项，中科院优秀成果一等奖；在国内外著名专业刊物上先后发表论文 60 多篇，其中 9 篇被国际 SCI 收录，被国内外人士多次引用。他对于日本血吸虫 31/32KD 诊断蛋白的研究、日本血吸虫 DNA 疫苗的研究，获得发明专利证书；他主持的血吸虫病血清快速诊断试剂盒的研究和推广应用，达到国内先进水平。石佑恩通过科研和教学工作的实际培养学生，已培养和指导博士生 11 名，硕士生 9 名。

几十年如一日，石佑恩承担了大量教学工作和博士、硕士研究生指导工作，教学效果好，成绩显著。主持教研室工作期间，他注重理论联系实际、教书育人，与学校寄生虫学研究团队共同努力创造的“寄生虫学三结合教学新模式”获首届国家优秀教学成果一等奖、湖北省优秀教学成果一等奖，寄生虫学教研室被中共中央宣传部、国家教委和全国教育总工会评为全国教书育人十大先进集体。他曾先后主编面向 21 世纪课程教材《病原生物学》，参编全国性教材和大型专业参考书 5 本。1990 年，石佑恩被评为卫生部有特殊贡献中青年专家，享受国务院政府特殊津贴；1994 年，石佑恩获同济医科大学首届人才基金奖；1990 年，被评为湖北省和全国教育系统劳动模范，获人民教师奖章；2001 年，被华中科技大学聘为特聘教授。

无数次科研攻关的成功都是对石佑恩的高度肯定，但每一次突破的背后是漫长又寂寥的探求过程，是他孜孜以求的身影和勇攀高峰的勇气。他的岗位永不调换，但他的足迹却遍布四方；即使两鬓终将斑白，但青春百年不衰。

（本文由韦力尔根据华中科技大学校史网 2014 年 9 月 2 日报道《石佑恩：寄生虫学科发展史》及其他资料改写）

张勇传

全国模范教师

张勇传

张勇传，生于1935年，河南南阳人，中国工程院院士、水电能源专家、华中科技大学教授、博士生导师，曾任华中科技大学学术委员会副主任、能源与动力工程学院院长等。张勇传长期从事水电能源方面的基础理论和应用技术研究，在水电能源规划决策、运行调度和计算机实时控制方面都作出了卓越贡献。他出版著作16部，其中《水电站水库调度》是我国水库调度领域第一部专著，《水电能优化管理》获全国优秀科技图书二等奖；发表论文200余篇，获国家科学技术进步奖一、二、三等奖各1项，省部级二等奖以上的重要奖励10余项；2004年获“全国模范教师”荣誉称号，2021年被授予首届“湖北省杰出人才奖”。

·人杰地灵　缘水而动·

张勇传，1935 年 3 月出生于河南南阳，一个有着美丽河岸的城市。那条环城的白河水丰富了张院士的童年，也催生了张院士的理想。

张勇传说，他上小学的时候，正赶上抗日战争，兵荒马乱，战火纷飞，是家门口的白河给了他内心的宁静。那条河虽然不大，但河水清澈，先流入汉水，然后再汇入长江，最后奔向大海。小时候，他常常和伙伴们去河里逮鱼摸虾，夏天打水仗，冬天滑冰。和水嬉戏的日子，张院士爱上了游泳，且特别喜欢仰泳。调整好呼吸，全身放松，让人整个浮在水面上，像一条小船一动不动，十分惬意。然而，真正启蒙他搞水电的，不是因为水带给他的快乐，恰恰相反是灾难。他参加高考那年，洪水淹没了通往考场的路，雨一直下着，波涛汹涌，眼看就要错过考期了，不得不搭乘一艘运货的小木船，才赶到考场。可能是加上奔波和淋雨，考试时却生起病来，还好平时学习基础好，加之聪慧过人，虽没有发挥好，但顺利渡过了高考的难关。洪涛中的凶险和颠簸，影响了张勇传的身体健康，却没能阻挡住张勇传的理想，他顺利地考上了华中工学院。

1954 年，他才上大二，长江爆发了百年一遇的全流域性大洪水。他和同学们一起参加了抗洪活动。家园被冲毁，亲人被冲散，这坚定了他学习水电、坚决治水、造福人类的决心和信念。

·优化调度　脱颖柘溪·

1957 年，大学毕业后，张勇传留校任教，正逢三年困难时期，即使十年动乱时期，他也一刻没有放弃治水的理想。改革开放后，正逢经济腾飞的关键时刻，张勇传厚积薄发，大展宏图。由他主持和负责的“柘溪水电站优化调度”项目，首次成功实现了我国大型水电站的优化调度，而他本人则成了我国水电能源优化运行领域的开拓者和奠基人。

柘溪水电站建于 1962 年，十年动乱中其运行模式是靠天吃饭，顺其自然，有水就发电，水多了就放掉，水少了就限制用户用电，严重干旱时，甚至下游群众的生活用水都难以保障。1979 年，张勇传到了柘溪水库，他与当地技术人员一起研究多发电的优化技术和方法。他查阅了柘溪水库 28 年的水文资料，经过两个多月的潜心研究，确定了一个最优调度方案。当时我国鲜有电子计算机，实验室仅有一台使用穿孔带的 121 计算机，机体很大，占满了整整一个房间，计算速度却很慢，一个方案往往要连续三天三夜才能计算出结果。他没日没夜地工作，饿了啃馒头，累了睡席子，吃、住都在机房。有时，为了一个方案的论证，要在那台运算速度很慢的计算机旁连续工作几天几夜，往往费尽九牛二虎之力得出的结果还是错误的尝试。科研带来的那种失望难以言表，就像登山运动员经过一次次的跌倒，好不容易登上了顶峰，却突然发现爬错山了。

科学容不得半点差错。挫折之后，是一轮更加严酷的鏖战。就这样奋战了几个月，经过多次失败的打击和折磨，他终于拿出了柘溪水电站的最优调度方案。按新的调度方案，电站一年之内多发电 1.3 亿度，占全年总发电量的 6%。国家科委将这一成果向全国 34 座大中型水电站推广，大大提高了水电站的发电效益。柘溪成为我国第一个成功实现优化调度的大中型电站。张勇传创造了一个“中国第一”。

张勇传首次提出凸动态规划理论并证明了优调计算收敛性，首次提出水库调度对策理论及其模型，他提出的随机参数迭代方法、RBSI 技术，解决了国际上公认的多库优化调度问题的维数灾难难题。他提出的定理及推导的公式奠定了我国水库优化调度的理论基础。因在水库优化调度领域取得的辉煌成就，张勇传在 1997 年当选为中国工程院院士。他的《候选人简表》中有这么一句话：“所得成果在实际工程应用中获得超过 8 亿元的直接经济效益。”这还只是 1979—1996 年间的数据，其后的持续效益更加巨大。有人说，他的研究到今天为止，给国家带来的直接和间接效益，恐怕已无法用数字计算。

·水电创新　数字先行·

技术应用离不开深厚的理论功底。张勇传成功地将理论与技术进行综合交叉研究和应用，为现代水库运行理论的创立作出了突出贡献，培养了一大批水电专业的后备人才。他从教60多年桃李满天下，有着丰富的教学经验和丰硕的科研成果，先后获国家科学技术进步奖一等奖、二等奖、三等奖各1项，部省级一等奖、二等奖共10余项，出版著作16部，发表论文200余篇。特别是他在水库运行基础理论、规划决策与风险管理、水电站计算机控制领域做出了奠基性与开拓性的工作。

随着知识经济、信息产业的兴起，他还率先提出了“数字流域”的崭新概念，并进行了系统研究。张勇传认为：水资源的综合开发和利用是国民经济建设中的重要内容，关系到政治、经济、生态与环境等诸多方面。流域往往涉及多个行政区，然而，一些地方政府只注重自身局部发展，缺少与全流域长期、总体规划的统一与协调，常常造成水资源浪费、重复建设和功能重叠等现象，给整个流域的总体规划、设计、建设、管理和服务带来很大困难。在数字地球大背景下，数字流域是解决上述现象的最佳方案，也是实现全流域社会和经济可持续发展的重要手段。

张勇传和他的同行们还率先提出了“数字黄河”和“数字清江”的概念，旨在对黄河流域和清江流域的水资源进行开发和利用，促进其经济发展，这种技术就是对真实流域及其一切相关信息的数字化仿真与建模。流域内的相关信息囊括：地质地理、水文气象、自然资源、生态环境、旅游景点、商业交通、社会经济等。其应用范围之广、应用潜力之大是难以预测的。张勇传指出，在未来很长一段时间，数字化是一个大的发展趋势，人们可以将数字化技术应用到建筑、艺术等一切人文领域。20多年来，数字流域科学与技术的飞速发展与广泛应用，以及近年来数字孪生技术的提出，都印证了张勇传院士的高瞻远瞩。

·上善若水　潜心育人·

张勇传院士业余时间最大的爱好是书法和写诗，他写得最多的是老子的名言：“上善若水”。张院士不仅在生活中推崇水的品质，他学术研究的目标也是水。另外，“上善若水”这一名言在张院士心中还有教书育人的含义。张院士说，在科学研究中，老师要水往下流，善于给学生加压，学生要海绵汲水，善于提出新的问题。

张勇传院士与学生在一起

（中间红衣者为张勇传）

学习最重要的方法应该是问。提问题，把“学问”两个字倒过来，“问学”，学生要能向老师提出问题，因为老师讲的、书本上说的都不是他自己掌握的，学生只有提出问题，能够深思、深问，从不同的角度观察，最后得出的结论才会成立，知识就变成个人的了。作为老师，传授过去的知识是重要的，但是通过一些研究工作，提高自身的研究水平，同时，让学生在某一个局部加入，知道怎样提出问题，怎么分析问题，最后怎么解决问题，实际上这本身就是教育创新。

如今张勇传院士年近米寿，但仍活跃在教学科研一线，孜孜以求为党育人、为国育才，培养了几代优秀的水电能源科技工作者，在我国水电能源建设和发展史上具有重要影响。他常说：“教师如果不搞科研，不懂创新，又怎么能够培养出创新型人才呢？”他大力倡导加强校园“创新文化”的建设，强调人文素质教育和科学精神与实践，追求科技求真、人文养善，两翼齐展、美在心灵。只有这样，才能够培育出一所创新型的现代化大学，才能为国家培养更多高素质科技人才。

（本文由刘长海、杜贝雯依据《创新科技》杂志2008年第1期文章《张勇传：文韬武略，当代禹公》及其他资料改写）

黄德修
全国模范教师

黄德修

黄德修，生于1937年，湖南省长沙市宁乡人，华中科技大学光电信息学院教授、博士生导师，“武汉·中国光谷”首倡者，曾担任华中科技大学光电子工程系（现光学与电子信息学院）主任、信息学院院长、武汉光电国家实验室（筹）副主任。黄德修1998年获“全国模范教师”“全国教育系统劳动模范”荣誉称号，2001年获全国五一劳动奖章，2018年入选“光谷30年创新30人”。

·不二之选——国家需求是第一位·

1963年，黄德修毕业于华中工学院（现华中科技大学）无线电材料与元件专业，后留校任教。1972年，他由无线电二系（电子系）调入刚成立的激光科研团队从事固体激光器研究。经过多年努力，激光科研团队先后研究出红宝石脉冲激光、钕玻璃脉冲激光、Nd：YAG 连续激光，也攻克了诸如激光调 Q、激光锁模等一批激光技术，并将激光焊接、激光医疗应用于实践，特别是随着 1978 年后高功率二氧化碳激光研究的不断壮大，我校在能量光电子领域的研究成果和学科建设成就在国内逐渐凸显。即便研究进展很快，黄德修和团队也深知，当时国内的能量光电子研究与美国相比还有一定差距。

1981 年 9 月，黄德修被公派去美国俄勒冈研究生中心（OGC）作为期一年半的访问学者。当时中美刚建交，国家在选派访学者时并没有明确培养方向，这也是黄德修出国后面临的首要问题——“我要研究什么？国家需要什么?”在合作导师、OGC 物理系主任霍姆斯（J. Fred Holmes）教授的带领下，黄德修参观了该系各教授的实验室和研究课题并对中心艾里奥教授（Richard A. Elliott）拟研究的“半导体光导开关”产生了兴趣。他深感半导体光电子领域以后一定会发展迅速，并深刻影响世界，那么中国也一定要有这方面的人才。得益于大学时期的半导体相关课程的学习和工作前期研究激光的经验，深思熟虑后，黄德修征得霍姆斯与艾里奥两位教授的同意，毅然选择了“半导体光导开关”的研究。

经过一年多的艰苦研究，黄德修主攻的半导体光导开关取得了很好的结果，他在 1982 年美国光学学会（OSA）年会上作了口头报告，进一步的研究结果以论文形式发表在 1993 年美国《应用物理快报》杂志上。由于研究工作的需要，黄德修还在完成实验研究工作之余，去 OGC 图书馆查阅大量与半导体激光器、半导体光探测器、半导体材料的光学特性相关的资料。他注意到光纤通信因其巨大的通信带宽、通信的保密性与可靠性，定有大的发展前景，而半导体光电子器件是其中的关键。尽管英籍华裔科学家高锟 1965 年就提出了光纤通信的概念，但光纤的衰耗和半导体光电子器件（特别是半导体激光器）的性能一时难以满足其需求，以致美国于 1975 年才进行现场试验，20 世纪 70 年代末才进行短距离的通信试验。但这些都显示出光电子科学与技术在信息领域的巨大发展潜力。

在黄德修启程回国的前一天，艾里奥教授主动将黄德修收集的一箱有关信息光电子领域资料交由系秘书为其打包托运回国。回国之后，黄德修与两位教授仍保持很长时间的联系。

·从无到有——立志逐“光”不动摇·

1983 年 2 月，黄德修回国后被委派继续负责激光的领导工作，但他决心在以光纤通信为代表的信息光电子这一新的领域迈开步伐，从半导体光电子器件入手，开启逐“光”之路。

要筹建一个新的学科，经费是必要的。在向学校提申请启动经费遇到困难后，黄德修没有气馁。在偶然听说武汉邮电科学研究院在研究光纤通信的消息后，他凭学校的介绍信多次到邮科院找到当时邮科院总工杨恩泽教授、系统部总工赵梓森教授，详细阐述自己关于信息光电子的看法。最终，他们决定在自己的研究基金中给黄德修 8 万元进行半导体光放大器的研究，以求用半导体光放大器取代传统的“光—电—光”中继放大器。由此，黄德修开始规划实验室建设。

1983 年 11 月，黄德修借去北京中国情报研究所查找资料的机会，找到当时的国家科委高技术司，并向正、副两位司长汇报了开展半导体光放大器研究的意义，得到 3 万元的经费支持，同时此课题被纳入到以当时北京邮电学院院长、中科院学部委员叶培大教授为组长的国家“六五”计划

2007 年中央电视台新闻频道五一特别节目
《劳动最光荣——光谷篇》采访黄德修教授
（左二为黄德修）

光通信攻关组。学校当时能获国家计划支持的项目是屈指可数的，经费虽不多，但给了黄德修极大的鼓励。

经费的问题解决后，黄德修开始组织研究团队。当时，光纤通信还是一个新名词，很难从老同事中找到志同道合者；而且国家1980年才开始招收少量硕士研究生，合适的硕士毕业生实属难得。1984年初，黄德修获知成都电讯工程学院有一位硕士毕业生刘德明拟分配到学校的激光教研室，立即找到他，成功地说服了刘德明到自己课题组来。1985年后，先后又有激光的两位硕士毕业生周宓、刘雪峰要求加入课题组。这样，一个朝气蓬勃、有战斗力的团队初步形成了。

有了一定的经费支持，黄德修就在南一楼西边一楼的光仪教研室开始科研所需的仪器设备的购建，当时是真正的一无所有、“白手起家”。他先后从上海购得两台大的防震光学平台和相应的一些光具座。为节省经费，黄德修去上海无线电14厂购得一台该厂例行试验用过的140 MHz示波器，自己一路背回来；从武汉邮科院内刚成立不久的中外合资长江光电器件公司“讨来”一些他们不宜作产品的半导体激光芯片和光探测芯片。黄德修带领团队，就在光仪教研室清出的两间小实验室内，夜以继日地摸着石头过河开展半导体光放大器的实验研究。当时南一楼规定在晚上10：30由大楼值班师傅清场后锁大门，他们就快到清场时将灯熄掉，待师傅清场走后，他们继续实验，一直忙到半夜12点后从一楼窗户跳出回家。后来，黄树槐校长在一次全校干部会上又是表扬又是批评地说：“黄德修他们干劲很大，忙到晚上12点后在南一楼跳窗户回家，但要注意安全啊!”

随着团队研究的深入推进，研究成果从最初的法布里-珀罗半导体光放大器（FP-SOA）向更具应用价值的行波半导体光放大器（TW-SOA）推动。团队圆满完成了国家“六五”攻关任务，受到国家科委表彰，又顺利地进入到国家“七五”计划继续研究。1987年，国家863计划正式启动。在接受国家863计划信息领域专家委员会专家的一次“突然”的调研考察后，黄德修的项目被列入了国家863计划，项目经费40万元，是当时较大经费支持强度的项目，也是我校最先获得的国家863计划项目。获得这一项目具有重大意义，给予了黄德修课题组巨大的动力。

在国家“七五”攻关计划和国家863计划的双重支持下，黄德修团队的队伍也不断扩大，又有武汉邮科院毕业的硕士余思远，来自成都电子科技大学的向清，西安交通大学的裘红等相继加入，团队的创新潜力也进一步得到释放，新型的行波半导体光放大器研制成功，获得了1991年国家发明三等奖，团队被国家科委表彰为“创新团队”。

·传承创新——人才培养是关键·

人才培养是铸就科技强国的关键因素。对黄德修而言，培养高素质光纤通信人才不仅是团队发展的需要，更是服务国家战略发展的重要基石。

1987年底，团队组织成立光纤通信专业和相应的光纤通信教研室，黄德修和刘德明分别担任正、副主任。系里在85级学生中通过自愿报名选调15名学生作为第一届光纤通信专业的学生。结合光纤通信系统，团队设计了几门主要专业课程，由黄德修开设半导体光电子学，刘德明开设光纤光学，余思远开设光纤通信系统，还安排了实验课、实习等教学环节。其中“半导体光电子学”这一教材选题由黄德修于1985年提出、由当时四机部教材编审委员会在全国征集作者，1989年由他们对各作者提交的书稿评审，最终黄德修提交的书稿中标，获正式出版发行。1992年该教材获评电子部优秀教材一等奖。刘德明撰写的《光纤光学》也被定为全国规划教材出版发行。这个以青年教师为主体的群体，在科研和教学相辅相成中得到快速发展，为学校光电信息学科的崛起和壮大作出了积极贡献。

黄德修认为，作为课题负责人，要有意识地为团队年轻教师的职务晋升做出规划和安排，大家干劲越大，越是要主动为他们考虑。小到相关材料的整理和复印，大到前进路线的设计与指导，黄德修对自己的团队付出无数心血。在他的引领下，团队里的年轻人基本上都能破格晋升其对应的职称。1998年，黄德修获评为我校首届“伯乐奖”的十名获得者之一。但黄德修说：“其实我所获得的其他一些省部级和全国性的荣誉，何尝不是我的这个群体所赋予的。”

·光谷之光——产学研助经济腾飞·

1988 年，光电子系整体集中在新建的南五楼，黄德修课题组也获得大的发展空间，研究队伍进一步扩大，除搞好已有科研课题外，还自主开展一些有战略前瞻性的预研课题，并与企业合作开展横向深课题的研究，取得了较好的结果。例如，校党委常委、副校长张新亮在黄德修门下做博士课题时，黄德修安排他进行波长变换器的探索性研究，并取得很好的研究结果，后来波长变换器正式列入国家 863 计划项目，张新亮博士毕业留校任教，自然成为该项目负责人。国家 973 计划启动后，波长变换器又进入清华罗毅教授为首席科学家的项目组，黄德修课题组承担了 973 计划项目的一个课题。

20 世纪 90 年代初，当时的福州华科光电公司总经理王洪瑞找到黄德修，探讨他们公司的发展。黄老师建议，除做好光电材料和产业化外，还可利用他们的光电材料进一步研发光隔离器和光环形器，这样也能使材料与器件相互促进，获取更高的经济效益。同时课题组派遣数名硕士生去协助研究，给他们办了一个在职硕士班。1998 年该公司捐款 20 万元改造南五楼六楼会议室，又给光仪教研室捐赠 120 万元的进口仪器设备。

20 世纪 90 年代后期，以光纤通信为代表的光电子信息产业蒸蒸日上。身为普通教授的黄德修勇为人先，在时任校长周济的支持下，以学校名义于 1998 年 12 月首次向武汉市政府提交“关于将武汉东湖新技术开发区建成中国‘光谷’的建议”，成为“武汉·中国光谷”的首倡者。2000 年，湖北省、武汉市及东湖高新区，确定将光电子产业放到重中之重来抓。2001 年，体现一座城市时代决心的“武汉·中国光谷”获批建设。然而，正当大家满腔热情建设“中国光谷”时，以美国为代表的国际信息领域出现“IT 泡沫”，许多光电子企业纷纷倒闭，这无疑对正在将满腔热情投入“中国光谷”建设的人们带来负面影响。黄德修对此冷静分析，认为“IT 泡沫”是违背市场规律所致，并不能掩盖信息光电子必将大发展的本质。为此黄德修适时地上书当时的武汉市委书记罗清泉，在他的支持下，黄德修撰文《抓住光电子不放松》在《长江日报》发表。一石激起千层浪，两指弹出万般音。黄德修首倡的“武汉·中国光谷”，如今已是代表我国参与全球光电子竞争的知名品牌，是全球最大的光纤光缆研制基地、全国最大的光器件研发生产基地和最大的激光产业基地，培育出中国信科、长飞光纤、华工科技、华工激光等全球知名的行业领军企业。

·精神长青——“光”耀前行之路·

如今，黄德修教授已退休多年，但师生们经常能看到黄德修忙碌的身影：他走进本科生的课堂，给青年学子讲述自己追“光”的故事，激励广大学子弘优良学风，把握历史机遇，投身时代发展；他在讲座上以讲校史为契机，与师生探讨科学家精神的内涵，坚定青年师生科技报国的信心和决心；他走上“永远跟党走”主题展示活动的舞台，向师生倾情展示了自己与华中大的情缘，以及自己的爱党爱国爱校之情。

黄德修一直传承并发扬华中大人敢于创新、勇攀高峰的精神。他说道：“我从 1983 年开始从事光电子信息领域的研究，组建科研团队以来，历经近 40 年，我们的研究群体一直在延续和发展。德明和新亮分别在光电学院和光电国家研究中心，领导的研究团队也是一派朝气蓬勃、欣欣向荣的景象，承担着国家的一些重大科研项目，不断取得一些重大科研成果。”

还令黄德修自豪与宽慰的是，他培养出了 108 名优秀的硕士和博士生。其中有“全国百篇优秀博士论文”奖获得者，也有国家杰青、教育部长江特聘教授、国防 973 项目首席科学家。从他这走出的弟子在国内外各个领域都有很好的表现。其中有三十多位在高等院校执教，成为所在学校的骨干教师，其中不乏担任校院系的领导者、国家科研平台负责人；其余大部分弟子在光电子领域各行各业中成为技术骨干，其中还有的成为企业家、企业的首席科学家。面对弟子们作出的社会贡献，黄德修欣慰地品尝着“待到山花烂漫时，她在丛中笑”的滋味。

（本文由刘长海、马天乐依据华中科技大学网站文章《黄德修：一路逐“光”终将闪耀》及其他资料改写）

黄乃瑜

全国优秀教师

黄乃瑜

黄乃瑜，生于1937年，江西萍乡人，1960年于华中工学院机械系铸造专业毕业，后留校任教，华中科技大学材料科学与工程学院教授、博士生导师。黄乃瑜长期从事造型材料和实型铸造方面的教学和科学研究工作，获国家优秀教学研究成果奖1项，获省部级科学技术进步奖二等奖和三等奖6项，获国家发明专利5项，在国内外重要学术期刊发表论文200余篇，1989年获"全国优秀教师"称号，1992年开始享受国务院政府特殊津贴。

"瑜"者，美玉也。黄乃瑜教授珍视自己所投身的教书育人和铸造科研事业，把自己真挚的爱心无保留地给了他的所有学生，也献给了他所为之奋斗的中国铸造事业，他倾情于他的弟子和铸造科研事业的痴心程度，仿佛他的名字——乃瑜。他由深情而勃发的爱心，恰似那纯净无瑕、晶莹闪光的美玉，足以令所有认识他的人为这永恒的美丽所动容。

黄乃瑜教授1960年大学毕业于华中工学院机械系铸造专业，而后留校工作，开始了人生旅程的跋涉和成就事业的拼搏。从默默无闻的助教做起，他一步一个脚印地向高处攀登，直到成为知名教授、博士生导师也从没有停止过自己不断进取的步履。除了他自己，有谁能深深知晓他所经历的困苦和磨砺！其中，值得提及的是，1981年有机会去美国进修，他便以顽强的毅力自学了英语（原来一直学的是俄语），然后经过学校组织的短期培训，听力和口语有显著的提高。在美期间，他万分珍视得来不易的学习机会，如饥似渴地“苦拼”了两年，开拓了眼界，增长了才干，为他回国后进行的专业技术研究奠定了更加坚实的基础。生活方面，很长一段时间，他一家祖孙三代六口人挤住在一间12平方米的房子里，那个“难劲儿”，简直不可言状！但是，生活条件的艰苦和事业的压力等所有困难都没有使他屈服，他硬是挺了过来，是条汉子！

凡接触过他的人都容易感到黄乃瑜教授天生就是个“乐天派”。他的脸上总是洋溢着笑容，给人以温暖、鼓舞和亲切的直觉。正是这样的“阳光性格”，使困难在他面前屡屡退却，成功频频向他招手。作为业内著名专家、学者，黄乃瑜教授长期在技术方面重点从事铸造造型材料和实型铸造领域的教学和科学研究工作，并取得了丰硕的技术成果，多次荣获省、部及国家级大奖。

黄乃瑜老师不仅仅在学术造诣上取得巨大成就，同时在教育教学方面也对华中科技大学、对材料科学与工程学院作出过很大贡献。

1985年，新一届校领导上任，破格提拔黄乃瑜老师担任校教务处处长，在这之前，他从未担任过教研室或系一级的领导职务，仅仅是一名热爱教学改革的普通教师，这一任命使不少人感到惊讶，带有一定的冒险性。但是，黄乃瑜教授接受任命后立即全力以赴地投入工作，埋头苦干、刻苦钻研，团结教务处一批新上任的和原有的专职干部，认真贯彻校领导的意图，深入教学第一线，和教师、同学做朋友，了解他们的要求和困难，千方百计地调动“教”与“学”的积极主动性，他要求教务处成员共同努力，把教务处办成“教师之家”，为教师排忧解难，为教改鸣锣开道。在教的方面，从1986年开始，他利用参加校长办公会议的机会，反复说服主管校长下决心在学校财务困难的情况下，三年投资110万元资助了108个教改项目，同时提高教学成果待遇，像对待科研成果一样对待教学成果。1987年6月，教务处在国内首次组织了教学改革成果鉴定；设置并不断完善各种教学奖励制度（如教学质量优秀奖、教学研究成果奖和优秀讲义奖），并将成果及奖励与职称评定挂钩。他担任数届校职称评审委员会委员，曾累次为热衷教学和教学改革，并做出过显著成绩的教师（尤其是数理外等基础课教师），争取评委的支持。从学的方面：教务处大力加强实践教学环节，注重学生能力的培养，譬如大学物理实验、电工基础和电路理论试验、机械设计等变成了开放性试验，大大激发了学生的主动性和自觉性。教务处千方百计增加大学生感兴趣的计算机上机时间，努力做到计算机四年不断线；加强毕业设计的管理和指导，积极开展兴趣小组、学术沙龙和“拓创”活动，激发学生的学习兴趣，取得了明显效果。对于这些能调动学习积极性、主动性的改革项目，他作为自己的工作重点，经常深入一线，亲自过问，要求相关科室切实做好这些改革项目的后勤服务。在主管学校教学的五年里，黄老师在以下几个方面对学校教学作出了很大贡献：

1. 教学质量显著提高：自1985年以来，湖北省教委先后组织了三次英语竞赛，在本地区20多个学校中，华中工学院成绩名列前茅；国家教委组织的85级、86级英语四级考试中，华中工学院参赛成绩居本地区之首；在国家机电部与高教司联合组织的全国20多所高校机制专业和计算机应用专业教学质量评估中，华中工学院六门理论课程德智体综合评分中皆为A类。

2. 教学成果不断涌现：在此期间，共109项教学成果获得教学研究成果奖，高等数学等四门课程获“一类课程”称号，69门课程列入重点建设计划。1988年，华中理工大学举办了教学研究成果奖展览，在武汉地区高校中获得强烈反响。

3. 学风建设成果显著：在1988年全国高校工作会上，国家教委特别提出赞誉：“华中理工大学自建校以来，逐渐形成了严格管理的好传统，校纪校风一直比较好。”“从严治校”“学在华工”的美誉在武汉地区高校中盛传。

鉴于管理工作的出色成绩，1989年，由黄乃瑜教授领导的教务处团队申报的项目“坚持从严治学，改革教学管理，切实提高教学质量”获得国家教学成果奖。

为人师长，黄乃瑜教授为培养学生所倾注的心血令人感动不已。他不满足于单单传授知识或指导研究生的业务工作，而是如同一位父亲对待自己的孩子一样，对学生关怀备至、体贴入微。为了落实特优生的奖励政策，他和数学系系主任多次到武汉水利电力学院落实数学系一位特优生跨校攻读河流泥沙专业第二学位的安排，使这位特优生深受感动，若干年后，这位学生已成为美国一所大学的教授，还不忘母校的培养，保持着与黄教务长的联系。有一年，他的一位学生因故不能回家过春节，黄乃瑜教授知道后就热情地把学生请到自己家里一起过年。有一位博士生因种种原因如期完成学业有困难，黄乃瑜教授不是简单地处置了之，而是与学生促膝谈心，多方深入了解具体情况，并想尽一切办法给学生以指导和最具体、有效的帮助，最后帮助这位学生完成了学业、获得了博士学位。他的爱心和善举让学生无不感激涕零，终生难忘师恩。黄乃瑜教授“以学生为本”的教育理念和实践，取得了积极有效的成果，赢得了学子们发自内心

1987年黄乃瑜在峨眉山陪同朱九思老院长访问学生家长

（左一为黄乃瑜）

的感动和敬重。有的学生尽管毕业多年，还经常把自己的工作情况甚至结婚成家等个人的生活事情告诉给自己心目中的亲人——黄老师！

黄乃瑜教授之所以拥有令人尊敬的人格魅力和事业成就，这与他始终恪守着的“积极向上”的做人原则与“潜心治学”的精神分不开。他诚心待人、专心做事，凡事勤于身体力行，不屑指手画脚。他关心世事，热心参与行业活动，连续两届8年担任全国铸造学会副理事长的日子里，为行业工作出谋划策、做了大量具体工作，有求必应。他为人诚实、厚道、谦逊，与同事和学子们平等讨论问题，有时甚至向晚辈请教，从不在学生面前摆师长的架子，令人钦佩。除了专注于业务工作外，他还通过实践，学习和掌握了大量的生活知识，并拥有诸多有益的业余爱好，如爱好文体活动，能歌善舞。他告诉记者，他非常热爱教师这个职业，他说，能和年轻人在一起，自己总不觉得老！在道别时，他希望记者转告读者朋友定要积极参与有益的体育和文娱活动来强健体魄，活跃身心。可以说，黄乃瑜教授基于爱心而在其身上张扬着的积极人生态度，使其乐善的人格魅力与勤勉的治学精神水乳交融、相辅相成。

（本文由刘长海、马天乐依据《铸造》杂志2006年第12期文章《情到深处爱无私——访全国铸造学会前副理事长，华中科技大学教授、博士生导师黄乃瑜》及其他资料改写）

费奇

全国先进工作者

费奇

费奇，生于 1939 年，江苏吴江人，华中科技大学系统工程研究所博士生导师，曾任国务院学位委员会控制科学与工程学科评议组成员，华中科技大学学术委员会委员、控制科学与工程系学术委员会主席，中国系统工程学会教育系统工程专业委员会主任委员、学术委员会副主任，中国软件协会系统工程分会副理事长，湖北省系统工程学会理事长。费奇于 1961 年从哈尔滨工业大学毕业后来到华中工学院任教，1983 年 9 月晋升为副教授，1989 年 1 月晋升为教授，1992 年被聘任为博士生导师，1998 年被授予“湖北省劳动模范”称号，2000 年被国务院授予“全国先进工作者”称号。

·开创华中科技大学系统工程专业·

作为华中科技大学系统工程研究所创始人之一，费奇见证了系统工程研究所从无到有，从步履维艰到不断开拓进取，再到系统工程学科发展成为国家的重点学科，正如费奇自己所说："我们这个学科的应用面非常之广泛。"

相对于他的同龄人来说，1939年出生在上海的费奇是幸运的。做教师的父亲早年留学日本，思想开明，尽全力让儿女接受更多的教育。作为家中11个小孩中最小的一个，费奇深受父亲和兄长的影响，父亲极力倡导的"多读书念好书"的理念以及哥哥姐姐们勤奋努力、不断追求进步的实际行动，深深感染了年幼的费奇。

17岁那年，费奇顺利考入哈尔滨工业大学，攻读遥测遥控专业，这是一个与军事紧密相关的专业。当时正逢国家大力实施第一个五年计划，大批苏联专家来到哈尔滨工业大学，带来了先进的技术和经验，而费奇也能吸收到所学专业较前沿的知识。没多久，他被调到了自动化装置专业。费奇在自动化装置专业中找到了自己的潜力所在，为日后的事业发展积聚了能量。

1961年，费奇大学毕业，被分配到了华中工学院任教。不久，他被下放到了咸宁。低调、不随便发表意见、谨慎从事的费奇把大部分精力都放在了看书和学习上。1978年，费奇从农村回到高校，恰逢钱学森提出在全国高校中开设系统工程专业。费奇致信给学校的党总支，表达了恢复自动控制专业的愿望。很快，系统工程专业筹建工作开始启动，学校挑选了10个人组成专业的储备力量，而费奇就是其中之一。

"当时一切都是从头学起，专门请北京中科院和国外的教授给我们讲授运筹学，课后我们经常泡在图书馆查资料，大家的积极性非常之高。"讲到这里，费奇仍旧感到兴奋，仿佛事情就发生在不久前。

1980年，系统工程专业正式招生了。这对于费奇和同事们来说，是个极大的挑战。没有现成的经验，他们就要开始带研究生。费奇和同事们边教学生边摸索边学习，有时候请专业人士来授课时，他也像学生一样用心听课，认真研究，不断积累经验。就是在这种浓郁的学习氛围中，费奇收获很大，过得快乐且充实。

·学以致用，瞄准经济社会问题做研究·

科研说到底是为现实生活服务的，并不是空洞地死研究。系统工程这个学科到底在哪些领域能发挥用处？费奇和同事们将眼光瞄向了外面的世界。

一个偶然的机会，国家物资总局科技局一位局长告诉他，国家钢材产量不高，但却存在着大量积压、卖不出去的困局。费奇积极参与此事的调研与分析，充分发挥所长，最后向有关人员提交了他的调研结论和实施建议。

“虽然谈不上能扭转钢材积压的局面，但从那件事情，我找到了切入点，深切感到我们这个专业的实用价值很大。”费奇如是说。

小试牛刀不久，国家提出实现9年制义务教育普及的教育规划，费奇参与了其中一个项目的调研和论证。这个项目就是要从宏观上去分析如何实现这个规划，这个项目大大开拓了费奇的眼界，使他对系统工程这个学科的发展、在实际中发挥的作用以及学校系统工程研究所的发展都有了比较清醒的认识。

华中工学院系统工程研究所如何向前发展？这是费奇想得最多的问题。在他的倡导下，研究所致力于对决策支持系统的研究，并将研究的理论成果直接转化为生产力，应用到各类企事业单位中。如在举世瞩目的三峡工程建设中，费奇主持参加了多项有关三峡工程的信息管理、物料管理与调运和综合经济效益评价等科研项目。项目成果不仅为三峡工程的上马提供了科学依据，也为三峡工程施工的科学管理提供了保障。其中“三峡工程散装水泥/粉煤灰实时调运指挥系统”运用信息系统工程方法和综合集成技术，建立了一个具有创新意义的大型工程物资调运实时指挥示范系统，成为我国运用系统工程方法解决实际复杂系统的典范。据了解，该项目在三峡工程二期和三期的施工建设期可直接创造经济效益一亿两千多万元。

自此以后，费奇开发研制的决策支持系统在黄河小浪底水利枢纽工程建设管理局、江西德兴铜矿、平顶山煤矿、中国建设银行三峡分行、武汉市科委、邮电部武汉科学研究院等单位都得到应用，取得了巨大的社会效益和经济效益。对于费奇来说，他实现了让研究所脱贫解困的愿望，研究经费逐年上升，所里购置了新设备，改善了环境，引进了优秀人才，形成了良性循环发展的极好局面，而整个系统工程学科也发展成为国家重点学科。

·勤恳育人，因材施教培养优秀专业人才·

尽管对系统工程学科执着的研究使费奇取得了很大的成绩，但是作为教师的他仍旧勤勤恳恳、精心指导他的学生们。从大学毕业到现在，费奇在华中科技大学教了四十多年的书，培养了许多优秀的系统工程专业人才。他认真对待每位学生，要求严格，在课程内容的选择、文献资料查询、实际工作能力的培养锻炼以及撰写论文等方面，他都会因人而异地给予具体指导。

“费老师的宏观思维特别好，看问题全局意识强，这些对我们的影响很大。每次他和我们讨论学术问题时，我们都能得到很多收获。”余明晖如是说，他曾是费奇的博士生，毕业后已留校任教。

不仅如此，费奇还惜才爱才，大胆留用、引进年轻人，积极为中青年教师争取发展的机会。早在 1993 年，费奇就全力支持两位年轻的博士生担任研究所的领导工作。在他的鼓励和帮助下，两位博士生不负众望，在学术研究和管理工作中充分发挥他们的才干，为系统工程研究所的发展注入了活力，最后成为研究所不可或缺的中坚力量。

“人生七十古来稀”。费奇自 2006 年开始就不用上课了，但他前进的步伐并没有停止，仍然带着七八个博士生搞科研。华中科技大学系统工程研究所取得的成绩和呈现出的一片欣欣向荣局面，令他感到很欣慰。

在接受记者采访时，费奇说：“像其他学科一样，系统工程还有很多东西需要研究，需要去探索。因此为了深入对它的研究，我们现在引入了系统科学这个专业，因为系统科学与系统工程有着密切的关系，可以说系

费奇教授参加“国家国民经济动员仿真演练研究中心”揭牌仪式（右三为费奇）

统工程的理论基础来源于系统科学，要发展系统工程还是需要深的理论研究。我和我的学生们会继续努力，用我们这个专业为国家和社会多做些实事，这是我一生不懈追求的终极理想!”

（本文由刘长海、杜贝雯依据《工友》杂志2007年第12期报道《逐梦人——记全国劳动模范、华中科技大学系统工程研究所博士生导师费奇》及其他资料改写）

龚非力

全国优秀教师

龚非力

龚非力，生于1942年，上海市人。1968年毕业于中山医学院医疗系，1985年赴德国埃森大学留学，1988年获博士学位。龚非力是我国著名免疫学家、医学教育家，曾任华中科技大学同济医学院免疫学系主任暨免疫学研究所所长、中国免疫学会副理事长、中德医学协会会长、卫生部高等医药院校教材编审委员会副主任、中国红十字总会“中国造血干细胞捐赠者资料库”专家组副组长。于2001年获“全国优秀教师”荣誉称号。

“授人以鱼不如授人以渔”，坚持以学生为本

龚非力教授作为首届“全国高校教学名师”获得者，是当之无愧的医学教育家。龚教授关于高等医学教育的理念具有卓绝的前瞻性。

传授专业知识与人文素质教育相结合——培养合格的人

医学免疫学是一门与多学科交叉的骨干课程，其教学内容与临床和伦理密切相关。20 世纪 90 年代中期龚非力教授就明确指出高校素质教育的重要性。他将传授专业知识和人文教育结合。例如，在讲授 HLA 多态性、免疫细胞来源及移植免疫时，解释为何在无关个体中难以找到组织型别相同的供者，并鼓励学生踊跃参加无偿献血和骨髓捐赠。

传授专业知识与“认识论/方法论”教育相结合——培养科学的思维方式

免疫学是不断突破自我、快速发展的新兴学科。龚教授通过介绍免疫学发展史，重点讲述 20 世纪获得诺贝尔生理学或医学奖的免疫学发现，润物细无声地向学生输注“实践是检验真理的唯一标准”以及“对真理的认识永无止境”等认识论命题。

探索新型教学模式

医学教育的传统教学模式是“教师→学生”的单向灌输式教学。龚非力教授积极探索新型教学模式，贯彻以学生为本的理念。他在课堂上采取师生互动讨论式教学模式，输出专业知识同时结合学生的反馈，以提出问题启发和强化学生自主思考和归纳分析的能力。这种教学模式充分调动学生自主学习的积极性，达到了“师生互动”的效果。此外，龚教授提倡将科研与教学相结合，研教互促；推动考核手段的改进，在课程考核中引入答辩式以及综述写作等方式。龚教授还非常重视多媒体技术的应用，将复杂的免疫学过程直观而生动地展示出来。

令人深思的是，以上教育理念是龚非力教授在 20 世纪 90 年代中期提出并践行的，恰与今日今时高等院校倡导的专业教育与思政教育相结合，运用多种教学模式，如 PBL 教学/三明治教学法/翻转课堂，运用多媒体线上线下教学的方针均不谋而合，不由令人叹服龚教授的前瞻性，不愧为新型教育理念的先行者。

·重视教材建设·

教材是教师与学生沟通的桥梁，好的教材对学生的“学”有事半功倍之效。龚非力教授特别重视教材建设，先后主编不同层次的医学免疫学教材。龚教授在体例、编排、内容取舍及图表等方面均进行改进，并尝试制作配套的多媒体课件。迄今为止，他主编的教材被国内数十所高等医学院校采用，好评如潮。其中医学免疫学研究生教材于2002年获教育部优秀教材二等奖。中国工程院院士沈倍奋给予高度评价：“在迄今国内已出版的类似教材中，同济医学院主编的《医学免疫学》，既全面反映现代免疫学进展，又是最为适合教学需要的教材之一。”

·专注科研，国内移植免疫研究奠基人之一·

龚非力教授主攻移植免疫。从德国学成归来后，他先后承担多项国家级及省部级重大和重点科研课题，并获多项成果奖。他首先开展中国汉族人群HLA多态性的研究，进而以生物信息学技术建模，为阐明HLA与疾病关联的机制做出探索性研究；异种移植是解决器官短缺的可行之路，龚教授将人与猪MHC基因结构进行比对，为异种移植提供理论依据；在移植耐受方面，他从固有免疫及适应性免疫等多个角度，如非经典HLA-I类分子、诱导效应细胞凋亡以及阻断警报素HMGB1分子等，探索诱导移植耐受的方法及机制。龚非力教授2008年被授予首届“中国免疫学杰出学者”荣誉称号，以表彰他在器官移植研究领域的突出成就和对中国免疫学发展作出的杰出贡献。

·“教研融合，教研相长”·

龚非力教授认为：“不从事科学研究，不可能成为真正合格的高等医学院校教师。”科研与教学相辅相成：教学实践中教师与学生思想的碰撞，为科研提供新方向和新思路；科研实践中获得的成果也可丰富理论教学。

最为重要的是，科研工作者求实创新的精神、严谨的科学态度和辩证唯物主义的思维方式，在教学中亦会潜移默化，对学生产生积极影响。

秉承教研融合、教研相长的理念，龚教授一方面努力改善科研条件，为青年教师专注学术提供平台；另一方面，坚持以教材建设促进师资培养。他鼓励青年教师参与编写教材，与时俱进，掌握现代免疫学的最新进展。这些措施卓有成效，既保证了本学科的人才储备，又奠定了教研融合的基石。

·“不唯书、不唯上、只唯实”·

龚非力教授坚持“不唯书、不唯上、只唯实”的宗旨，并贯彻于各项工作中。

龚教授在教学科研实践中，勉励学生不迷信教师，不迷信书本，独立思考，敢于和善于提出自己的见解，不唯“权威”是从。

龚教授担任免疫学系主任期间，带领学科从20世纪90年代初的一穷二白成长为国内知名的免疫学研究机构。他坚持“不唯书、不唯上、只唯实”的宗旨，广开言路，公而忘私，分析问题精辟独到，处理问题坚决果断，深得同事们的拥护，使免疫学系具有高度的凝聚力。更重要的是，这

龚非力老师在办公室

个宗旨已成为免疫学系的精神财富，奠定了求实奋进、团结民主的基调，是免疫学系可持续发展的基石。

·“桃李不言，下自成蹊”·

龚非力教授对教学的寄语：“教师的天职是教学，在相当程度上，责任感和师德取决于教师的良心。你希望自己的下一代受业于什么样的老师，你就应该朝这个方向努力。”

从教三十余年，龚非力教授桃李满天下，培养了一大批优秀的免疫学人才，活跃于国内外免疫学教学、科研领域。龚教授言传身教，为人师表，是学生们心目中的人生榜样。

龚非力教授工作勤奋、待人热诚、精力充沛、富有创造性，极具个人魅力。他是科学家，指导学生在移植免疫领域深耕细作；他亦是教育家，深入教学一线播撒独立思考、辩证思维的火种。他更是社会活动家，身兼数职：作为武汉市农工党主委和武汉市政协副主席，他积极为民政建言；作为中国免疫学会副理事长，他为中国免疫学的发展作出突出贡献；作为中国骨髓库专家组副组长，他为创建骨髓库及推进无偿捐献造血干细胞事业发挥了重要作用；作为中德医学协会会长，他积极推动中德两国医学领域的合作及交流。此外，他还是棋瘾颇大的围棋高手、狂热的古典音乐和摄影爱好者。随着信息时代的到来，尽管已届耄耋之年，龚教授用起当下时髦的 App 也是十分得心应手，时时处处体现了“活到老、学到老”。在学生们和后辈的眼中，他是温厚的长者，是温文尔雅的学者，是胸怀锦绣的智者，亦是精力充沛、对新生事物永葆好奇心的老顽童。

（本文由华中科技大学同济医学院基础医学院供稿）

李元杰

国家级教学名师

李元杰

李元杰，生于1942年，湖北武汉人，华中科技大学光学与电子信息学院特聘教授，首届国家级教学名师，曾任中国高等物理教育研究会副理事长、中国物理学会教学委员会数字物理教学工作室主任，长期从事基础物理教学和引力宇宙论研究，发表教学科研论文百余篇，主编多部国家级规划教材及教育部新世纪网络工程项目电子教材，提出并建立工科大学物理CCBP新教学体系，创造性设计实践了数字化物理教学模式，先后获宝钢优秀教师奖、湖北省教学成果一等奖、国家教学成果二等奖、国家级教学名师奖、国家教学成果一等奖等奖励。2004年以来，李元杰教授先后受聘于清华大学、北京航空航天大学等10余所知名高校，担任试点实验班基础物理课程教学，并应邀到80余所高校介绍数字化教学经验，发表科研论文70余篇，其中SCI论文30余篇，为我国高校基础物理教学数字化和现代化作出了突出的贡献。

李元杰心系教育改革，多次荣获教育大奖，其新锐的教育视野、孜孜不倦的育人情怀，为高校教育改革赋予了新的活力。他是潜心科研的学者，也是高屋建瓴的教育家。

·追梦时代　重视基础教育·

1979年，李元杰考入华中工学院攻读物理硕士，后留校任教33年，他对教育有自己独到的见解。对于育人之道，李元杰有自己的五字成才经——“学、思、行、果、趣”，这是对传统的教师教学理念——“传道、授业、解惑”的全新解读。信息化时代对教育教学提出了新的考核要求，而李元杰也给出了自己的答卷——30字的教学新理念和四个深刻改变：“德为首，学能通，道则明；学有趣，业方精；术求新，功必高，道解惑，术排难，万事成”，教学理念深刻改变、教学内容深刻改变、教与学的方式深刻改变、考核管理模式的深刻改变。他奔走于教育改革的高地上，风雨兼程，试图在高校这片沃土中构建远大的教育理想，引领中国的基础教育走向世界一流！

绘蓝图，跋涉于教改；勤求索，慧心引方向。高校基础课教学改革该如何改？李元杰教授围绕高校基础课教学改革的两大支撑，即文化与技术，从教育实践层面深度剖析了高校基础课教育的瓶颈。他指出，人是根本，大自然是灵感的源泉。高校教改需要将学生从被动学习变为主动学习，首先在思想文化教育上要围绕“人类向大自然学习、建立科学世界观”这一主题，其次要贯彻“继承、吸收、发展、创新”的八字方针；同时，要尽力培养学生的职场生存与发展能力、自主学习与创新能力以及掌握使用现代信息技术的能力。

新时代的浪涛下，李元杰强调中华要崛起，时代要前进，教育的信息智能数字化不可抗拒，他用大量教学实例展现了信息智能数字化在教学上的巨大威力，展示了数字化教学改革成果，并系统阐述了数字化教学的核心内容，引导大家跨入信息数字新时代。

·心系教改　促进教育创新·

通识教育的概念最早产生于文艺复兴时期，它的教育目标是在现代多元化的社会中，为受教育者提供通行于不同人群之间的知识和价值观。关于通识教育，李元杰认为“通识为本，专识为末”，必须从根本上重视公共基础课的教学。谈到创新教育，李元杰认为创新教育需要寻找“一个关键点”和“两个突破口”。其中，关键点是要坚持讲知识、讲思想、讲方法三者并重。一个突破口是要将计算机数值计算与模拟思维判断技术作为教改的先进动力和重要技术支撑，另一个突破口是要注重知识的整体结构和知识的交叉综合，发扬中华传统思维优势。“逢山开路，遇水架桥。”李元杰对于通识教育的前瞻性以及敢于克难攻坚的品质，为教育创新带来了一股摧枯拉朽之势。

从教 40 余年来，李元杰在教学方法创新方面有很深造诣。他于 1997 年提出并建立了大学物理（CCBP）新教学体系，设计并实践了信息时代数字化物理（DTP）教学模式，提出了实现创新教育的传授知识、思想、

李元杰教授和同事在美国访问

（前排右三为李元杰）

方法三者并重的教学理念，创立授之工具、传之方法的学生自主研究式学习的教学方法等一系列先进教学思想和行之有效的方法。他不仅一直承担华中科技大学启明学院实验班的物理教学工作，还应邀到国内多所高校介绍改革成果和承担试点班的教学工作，为我国高校教育教学改革作出了突出贡献。

·学科交融　点燃思想火花·

工科与文科并非完全割裂的，二者交汇往往也能产生契合点。古典文化也能激起思想创新的火花。作为一个“纯工科生”，李元杰在中国传统思想文化的研习方面也有自己的心得。在他的专题讲座“科学与人生”中，他结合世界近代自然科学发展史和中国古代哲学先贤的经典著作，深入浅出地从“无中生有”“三生万物”“三个上帝”“多元化的人类社会”“科学的人生观与价值观”和“如何成为一个高尚的人、成功的人、幸福的人”六个方面详细剖析了当代大学生该如何树立科学的人生观和价值观。

李元杰从“无”的概念入手，分别从中国古代的“五行”，佛教的“四大皆空”和近代物理的“真空”等几个方面多角度阐述了“无中生有”的本质意义，然后以近代世界数学史上几个有趣定理证明过程的生动案例，从自然科学的角度完美地证明了“三生万物”的哲学内涵。他又从近代物理学大师牛顿的“决定论”讲起，以近代物理学发展史为线索，旁征博引，通过大量生动有趣的事例、自然科学定理为大家揭开了支配自然界的“三个上帝”即“决定论”“随机论”“混沌论”的神秘面纱。他常常通过这样的讲述告诉广大的青年人尊重自己文化的根，既要敬畏我们头顶的星空，又要踏实地走在脚下的土地上。李元杰倡导广大青年学子牢固树立“世界上各国家民族应相互尊重、共同发展、合而不同”这一科学人生观和世界观，以“求知、奉献、合一”为标准，从“治学、治业、治家”出发，结合“亲情、爱情、友情”，最终成为一个“高尚的人、成功的人、幸福的人”。

“阳春布德泽，万物生光辉。”李元杰是“授之以渔”的教育改革者，他的博学与智慧启迪着学生跟他一起在知识园地耕耘。“云山苍苍，江水泱泱，先生之风，山高水长。”世界因像李元杰这样的教育者执灯于前而更加光明。

（本文由李悦根据湖北汽车工业学院2020年9月3日报道《国家名师李元杰教授来校讲学》及其他资料改写）

陈传尧

国家级教学名师

陈传尧

陈传尧，1945 年生，湖北安陆人，教授、博士生导师，长期从事固体力学、工程力学研究，兼任中国力学学会常务理事、中国力学学会固体力学专业委员会副主任委员、教育部力学教学指导委员会委员、《固体力学学报》副主编、华中科技大学学术委员会副主任委员、华中科技大学教学委员会副主任委员、华中科技大学教师聘任组成员，曾任华中科技大学土木工程与力学学院常务副院长。陈传尧获省级教学成果一等奖 3 项，部级科学技术进步奖二等奖 2 项，1993 年获国务院政府特殊津贴，2008 年获第四届国家高等学校国家级教学名师奖。

陈教授早年家庭困难，高中时期就在假期或者课余时间，在码头、建筑队等地做工，以补家用。二十多岁时，陈教授在青海省矿山机械厂工作，一路做过工人、技术员、设计员。在那个特殊的年代，陈教授深知教育的重要性，1978年年底，陈教授来到华中工学院力学系任教，直至退休。多年从教生涯，陈教授为华中科技大学的人才培养作出了卓越的贡献。

·因材施教，特色鲜明·

陈教授作为我国长期从事固体力学、工程力学的专家学者，以素质教育为中心，以创新能力、实践能力培养为重点，注重教学质量与教学改革，为华中科技大学制订了有明显特色和较高水平的土木与力学学科发展规划。

土木工程学科方面：规划发挥融合优势，集中力量，重点突破，形成2～3个高水平研究和人才培养基地，直接冲击一级学科博士授予权，实现跨越式发展。

力学学科方面：规划结合学校发展信息学科的总体布局，瞄准国际力学学科发展的前沿和方向，以重点学科为建设目标，促进力学学科的高水平发展。

在他的带领下，华中科技大学土木工程与力学学院（现土木与水利工程学院）形成了以“建筑结构减振与隔振研究”为特色的控制结构工程系统研究中心，以利用现代计算机与信息技术提升传统学科为目标的土木工程系统仿真研究中心，以道路、桥梁、岩土基础专业齐全为优势的道路与桥梁研究中心，以结合现代微电子器件产业发展为背景的微系统力学研究中心。

·创新思维，不变初心·

十分有幸能在华中科技大学七十周年校庆之际采访到陈教授，同陈教授交谈，便觉得陈教授平易近人，他同我说，他就讲一点：“作为老师，一辈子要以学生为本。”陈教授说：“‘师者，所以传道授业解惑也。’如同学生拿着一张假钞来问老师，老师告诉学生，这张假钞问题出现在金属线上，此为解惑层面；若还有学生问假钞方面的问题，老师开设了一门纸币防伪技术的课程，充分讲解货币的金属线、水印、雕花、纸张以及印刷工艺等问题，则此层面为授业。”那么如何能够达到“传道”呢？陈教授说就需要老师教导学生怎么做人，怎么做学问。老师要以身作则，爱岗敬业，诚信爱国。

怎么做学问要注重启迪研究思维。在中国第一届力学课程报告论坛上，陈教授就创新性地提出了对学生研究性思维的启发。陈教授指出，在大学阶段，老师应该引导学生，通过教学活动，培养学生的研究性思维，研究性思维是做学问的最基本的方法，要扎根学生的脑海，贯穿一生为之努力都不为过。

·一丝不苟，涓滴成河·

在陈教授的教学过程中，他说：“作为一名教师，首先要过好教学这一关。”然而，他也深知，搞好教学并不等于放弃科研。只有教学科研并进，才能更好地教书育人。

他注重每一个细节，他说实验结果的每一个结论都会进行讨论，探讨其物理意义与几何意义都是研究当中极为重要的一环，注重问题以及研究问题的过程再到该问题的结果，才可能培养出卓越的人才，一点一滴的细节汇就成一个个的成功，一个个的成功成就出一位位卓越的华中大人。

陈教授真切地勉励我们，做学问并不是件难事，注意身边一点一滴的积累，加之自身的研究性思维，必将会有所收获，那么涓滴成河、涓滴汇海，终会到达彼岸。

当然陈教授也说，一位成功的老师对于培养一位学生来说是不足够的，我们需要的是一个优秀的教师团队，曾任华中科技大学教学委员会副主任委员的陈教授深知华中科技大学为莘莘学子的教育付出了多少心血，陈教授说高水平的大学拥有高水平的教师团队才能够培养出高水平的大学生，教学与科研并重，才能促进学科教育更快的发展。

作为国内知名的固体力学、工程力学研究的专家，陈教授对待科研严谨细致，勇攀科技的高峰，其主编或者参编的《工程力学》《工程力学基础》《疲劳与断裂》等教材被广泛采用，对工程力学等学科的教学体系建设发挥了不可磨灭的作用。

陈传尧老师在工作

陈教授说，做好一名教师，最重要的是自身品性好、素质高。他认为教师只有不断地提高自身水平，才能最终教好学生，虽然讲台是舞台，但在这个舞台上教师应该是一个写实的正面形象，应该是修身正己、传道授业的表率，来不得半点虚假和伪装。

陈教授一直认为，做好教育教学工作是需要长期进行研究和不断实践积累的，自己的教学工作还有很多工作要做，他有时甚至觉得自己没有做好。对于自己所处的各个团队，陈老师一直心存感激，他说："我所做的和取得的成绩荣誉绝不是属于我一个人的，是很多人努力工作的结果。我所在的每个团队都很好，我很知足。"他是勤奋的学者，是敬业的教师，是进取实干的专家，是信仰坚定的党员，在教师这一岗位上已经兢兢业业、执著追求了多年。多年的不懈追求，成就了陈教授桃李满天下的闪光人生；在党员这一身份下，陈教授用多年的实际行动，诠释了"全心全意为人民服务"的真谛。

（本文由许宇航编写，材料由采访陈传尧教授的口述内容及相关资料组成）

秦忆
全国优秀教师

秦忆

秦忆，男，生于1945年，湖南东安人，1969年毕业于华中工学院电机系工业企业电气化及自动化专业，毕业后留校任教，现为控制科学与工程系电力电子与电气传动学科方向教授、博士生导师，曾任中国自动化学会常务理事、湖北省自动化学会理事长、中国电工技术学会高校工业自动化教育委员会副主任委员。秦忆主要从事智能伺服系统理论及其应用、现代电力电子技术等方面的科研工作，1995年获“全国优秀教师”称号。

·不忘感恩，就要听党指挥，踏实践行·

1971年5月16日我成为中国共产党党员，拥有51年党龄。

党和国家的资助和培养，使我这个贫困山区家庭出身的人能够读完大学，并成为高校教师，所以我一生坚守着不忘感恩、听党指挥、踏实践行的初心。这一初心也是我入党50余年来教书育人的动力源泉。

入党后，我拥有三个身份：普通公民，高校教师，中共党员。这使我工作起始就须严把做人做事关。作为普通公民，要遵纪、守法、崇德、力行。因为遵纪、守法是每个公民做人做事的基本素养和要求；崇德，就是要有良好的社会公德、职业道德、家庭美德、个人品德；力行，就是要尽心尽力去践行、奋斗。作为高校教师，要勇挑治学、育人、兴国、正己四大责任，并在践行四大责任中表现出高尚的爱岗敬业、为人师表、诲人不倦、有教无类的师德师风，为国家尽心尽力培养一批批合格的人才。作为中共党员，则必须遵守党纪党规，把好政治关、品行关、能力关、作风关、廉洁关，发挥先锋模范带头作用。所以，我对工作立下的誓言是：无论是教学、科研，还是社会工作，都要不忘感恩、听党指挥、踏实践行。

听党指挥，就是要坚定地跟党走，全心全意、踏踏实实地为人民服务，为国家强盛、民族复兴、人民幸福努力工作。踏实践行，就是要时刻注意不计个人得失、优质高效地踏实工作。例如教学上，在岗期间我先后被安排为本科生讲了6门课，为研究生讲了4门课，获得校教学质量优秀二等奖3次；科研上，从国家“六五”攻关项目开始，一项接一项，项项按时完成并通过验收；在兼任社会工作方面，担任过教研室主任、系主任、学校副校长、佛山科技学院院长，虽然每次工作变动是即时通知，但我还是坚定地服从党组织安排，接受新的挑战，力争作出新贡献。因为我认为，听党指挥、踏实践行才能真正回馈自己对党培养教育我的感恩真情。

·严于正己，理性自律，力争德才兼备地健康发展·

作为共产党员教师，我认为一定要在治学、育人、兴国的本职工作中理性自律，自觉正己，力争德才兼备地健康发展、为国奉献。

理性自律，就是当工作中有了新要求、遇到了新问题或失误时，必须与时俱进地依法、依纪、依规、依德自觉思考，制订言行准则，正己践行。

举例说，我当教师不久，就曾两次因说话用词不当而弄得两位同事老师很伤感。怎么办？我首先反思自己：怎么把话说好？然后针对这一问题，认真学习、研究，最后得出的正己答案是：说话要有礼、有据、有益、有度。这一正己答案就成了我后来日常生活、工作中说话的自律准则。

所以，正己自律的首要一点是要敏于发现问题。这些问题既有源于自己在日常生活和工作中的，也有与人交谈时从别人的经验或教训中汲取的。比如，我的一位博士生毕业工作后，一次回校时跟我谈到，单位要他搞一个创新项目：怎么让单位生产的产品用几年后就坏掉？我当即从诚实守信、节约资源的角度告诫他不能干这种事。但事后却引起我的深思：什么是创新？什么是创造？通过学习后我明白了：创造是指为促进人类社会和自然生态和谐共生地健康发展，想前人所未想、做前人所未做而开创新的理论、新的方法、新的事物等，是“从无到有”的质变，故也叫首创（或原创）；创新则是在创造基础上对原有事物“从有到好”（例如提质增效）或“从有到用”（如将理论付诸应用）的新发展和延伸，是量变。所以，只图赚钱快不是科研意义上的创新。

这种理性自律、正己践行的做法已成为我日常做人做事的习惯。比如：怎么做人？怎么做事？如何对待名和利？如何对待别人对自己的批评？怎么使自己聪明点？怎么看待财富和幸福？等等。许多现实问题，我都有一个正确把控、健康发展的自律践行准则。

经过几十年坚持，我体会到，要做到自觉正己，必须敏于发现问题，勇于承认错误，诚于改正错误，并把自我约束的理性自律提升为不忘感恩、意志坚定地为国奉献的自觉，朝着德高才厚、多做贡献的目标健康发展。

·以身作则，率先垂范，才能为国育好人·

学校教育应使学生德、智、体、美、劳几方面全面发展，成为可靠的社会主义事业建设者和接班人。故作为教师，应处处、时时、事事以身作则，率先垂范。

举例说，“智”通常以知识为基础。但知识有自然科学知识、社会科学知识和思维科学知识三类。故作为高校的教师，应引导学生关注知识的“全面”，筑牢应对长远发展的知识基础。几年前，为提高学生的创新思维能力，我突破专业之框，给自控系的研究生连续 5 年开讲了一门 18 学时的思维方式与创新课。从课后学生考试的反应看，效果真还不错。

又如体质。从体质、学习、工作三者的关系看，毛主席说过“健康第一”。对此，我有深切体会。20 世纪 90 年代，我跟几位老师到北京争取国家重点科研项目，本来有把握争到两个项目，但争到第一个项目后，我因胃出血紧急回汉住院治疗，结果最有把握拿到的第二个项目失去了。这件事成了我一生最深刻的教训：身体不行，好机会来了也会丢失。因此，自那以后，我探讨出了“合理饮食、科学健身、有序生活、心胸开阔”的健康生活习惯，进而总结得出“知识改变命运，思维孕育创新，性格操控成败，习惯左右健康”，并一直坚守，效果很明显，我还常以此引导学生养成健康生活、工作的好习惯。

再如美，真正的美是人品好、讲文明、贡献大、克勤克俭、克己奉公。教师举止文明，学生会看在眼里、记在心里、学在行动上。我在一次

秦忆与学生研讨

（右二为秦忆）

听课时碰到这种事——学生没听懂，下课后问老师，老师居然大声反问："我上了一二十年的这课，还有错的?!"搞得学生非常尴尬，扭头就走。这件事使我很警醒：教师应该把学生的提问当正事看待，特别是带的学生做错了事或弄坏了设备，不应首先对着学生发脾气，而是要先了解清楚事因。从小学一直到大学，我的老师的言行举止深深地打动了我，直到现在仍记忆犹新，不忘老师的言传身教。

特别是劳动。劳动是美和健康的最好结合，更是获取真知的好方式。现在生活条件好了，更应注意引导学生爱劳动。特别是作为党员教师，无论什么时候、什么地方，都要注意以身作则，不怕吃苦和吃亏，通过劳动来引导学生学会在实践中学知识、促发展，并通过劳动引导学生一丝不苟、善始善终、优质高效、低耗环保、水平超常地做事。

总之，回顾自己从教的经历和所获，虽有失败和挫折，但因为坚守不忘感恩、听党指挥、踏实践行的初心，与时俱进地自律践行，总的讲，我的人生职业发展是健康的。从教几十年中，我获得校级教学、科研奖励 10 项，省部级成果奖 4 项。特别是在 1995 年，7 月获得了中共湖北省委高校工委授予的"优秀共产党员"称号，9 月获得了国家教委和国家人事部授予的"全国优秀教师"称号，10 月获得了国务院政府特殊津贴。我着实从内心感谢党和国家，感谢华中工学院、华中理工大学、华中科技大学对我的培养和教育，感谢老师、同事们对我的关心和支持。谨以此文祝贺中国共产党成立一百周年。

（本文由秦忆教授于 2021 年亲笔撰写）

严国萍

国家级教学名师

严国萍

严国萍，生于1947年，湖北武汉人，中共党员，华中科技大学电子信息与通信学院二级教授、博士生导师、国家级教学名师，中国电子学会高级会员、中国电子学会电子线路教学与产业专家委员会委员，学科研究方向为“视音频信号的传输与处理”“智能信号检测”，曾自主开发研制了“通信电子线路实验系统”，获湖北省科学技术奖2项、教育部科学技术进步奖1项，获国务院政府特殊津贴、宝钢优秀教师特等奖、国家级教学名师，为国家级精品课程和国家资源共享精品课程“通信电子线路”负责人。严国萍曾任国家级电工电子实验教学示范中心主任、国家级电工电子教学团队负责人，主持并完成国防、政府和企业的科研项目20多项，发表学术论文50余篇，主编出版教材3部，获国家级教学成果二等奖2项，省级教学成果一等奖2项。

·瞄准国家需求，领航实践育人·

对于当初选择自动控制这个前沿专业的原因，严教授说，是曾在抗美援朝参军的大姐告诉她，自动控制专业非常先进，有发展前途，是我们国家急需的专业。由此，严教授开始了她的求学报国之路。严教授于1965年进入华中工学院无线电系自动控制专业学习，1970年从华中工学院毕业后，她被分配到重庆市无线电三厂担任技术员。1974年，严教授又返回华中工学院，在仪表室负责仪器维修，而后在无线电教研室担任助教，指导学生实验、实习实践，之后长期在教学第一线主讲本科生主干课程“通信电子线路”和研究生学位课程“现代电路与系统”。也是从那个时候开始，“通信电子线路”课程伴随了严教授几十载的教学时光。

求学经历和四年的无线电厂工作经历让严教授懂得了作为一个工科学生、作为一个科学研究者必须具备强烈的求知欲、自发的学习精神，但更为重要的是必须具有很强的实践动手能力。严教授回忆，学生时代的她曾攒钱购买零件，组装了属于自己的第一台收音机。她说，当和同学一起听到收音机传出的广播声音时，她内心充满喜悦和自豪，自己的自信心和动手实操的能力提升了，自己也意识到了实践对于学生成长的重要性。她在担任电子与信息工程系（现电子信息与通信学院）主管教学的副系主任期间，十分重视学生的实践能力培养，组织并亲自指导学生参加全国电子设计大赛获得全国一等奖并获全国电子设计大赛湖北赛区“优秀组织者”称号。2001年，她作为项目负责人的“电信学科大学生工程实践能力和创新设计能力培养研究和实践”获得国家教学成果二等奖，在全国影响深远。值得一提的是，这项成果与教育部大力提倡的大学生创新实践能力培养高度契合，也为电信学科培养高质量人才打下了坚实基础。时代在不断发展，课程理念也在不断更新。即使现在已经退休，严教授仍与课程组保持交流，与大家一起更新教材内容、为青年教师提供讲课参考，不断为学科教育事业发挥自己的能量。

严教授曾作为负责人承担某项目，她亲自带着研究生团队实地进行工作，为了得到满意的测试结果，反反复复地进行调试，经常工作到深夜。

正是这种对待科研工作精益求精、一丝不苟的态度获得了对方认可、赢得了口碑，而后对方主动联系严教授承担合作项目。

·春风化雨广育桃李，润物无声再启新篇·

严教授于2005年编写出版的《通信电子线路》教材，入选了国家“十一五”规划教材，目前已经更新第三版，完成了25次印刷。严教授在任教期间承担完成了国家电工电子教学基地建设，国家电工电子实验教学示范中心建设，国家级电工电子教学团队建设，提高班大电类国际化人才培养模式及培养方案的研究与实践，大学生电子设计课外活动中心建设等多项省部级教改项目。其主讲的通信电子线路课程是公认的老师最难教、学生最难学的课程之一，因此，严教授在教学过程中深入浅出，注重激发学生的学习兴趣和科研兴趣，将科研融入教学中、将学科前沿知识融入教学中。

在严教授的心中有这样一个信条：做事就一定要将事情做好。几十年来，严老师从一名年轻的助教到成为一名教授、博士生导师，培育出一批又一批的学生。许多她亲自培养的学生也都已经走上三尺讲台，并在其学

严国萍教授讲授通信电子线路课程

科领域发光发热。武汉理工大学现任校长杨宗凯、国家教学名师刘泉、华中科技大学光学与电子信息学院副院长杨晓非、电子信息与通信学院副院长程文青等，都曾是严教授的学生，毕业三十多年来师生仍保持密切联系。前不久，是严教授的生日，她所带学生一起为她送上祝福，家中也收到多束鲜花。谈及学生，严教授的语气是温和中充满了自豪，更洋溢着幸福。

·一辈子当教师，一辈子学做教师·

严教授说：要求学生做什么，就必须自己带头做什么，需要的不仅仅是口头上的鼓励，更要融入他们，让自己成为带动学生发展的动力。“要撒播阳光到别人心中，总得自己心中有阳光。”教师的职责首先是传道，其次才是授业、解惑。一辈子当教师，一辈子学做教师。在严教授担任文华学院副院长时，每年她都要对新入职的教师进行师德师风培训，她说：要成为一名师德高尚的合格教师，一是要有强烈的事业心和责任感，有为教育事业终生奋斗的信念；二是要具有教师和科学工作者的人格力量；三是要有淡泊名利的追求和胸怀，做“燃烧着的蜡烛”，将教学工作当作一项创造性工作，把自己喜欢并且乐在其中的事业当作使命，就能发掘出自己的独特能力。

为师，严教授春风化雨育桃李，为国家和社会培养了一批又一批的人才；为学，严教授几十载勤勤恳恳引领教学改革、促进学生发展。严教授的课程被评为国家级精品课程、国家级精品资源共享课程，编写的教材为国家“十一五”规划教材，其团队为国家级教学团队，拥有国家级教学基地。

严以律己济国事，萍水相逢用真心。一个个不同的身份，一份份不同的荣誉，对于严教授而言已经是过去时，杏坛执教几十载，她常说当好老师必须做到以下三点：一要为人师表，各方面都要走在前面，不仅教书而且教人，如果在人品上出了毛病，老师的光环就会一落千丈；二要对学生负责，珍惜神圣的课堂，不仅要向学生们灌输知识，还要培养他们成人，千万不能误人子弟；三要特别重视大学生的培养，他们即将奔赴工作岗位，对他们负责就是对祖国和未来负责，要像对待自己的儿女那样悉心培养他们。具体怎么工作，都有章可循，只要在思想和信念上做到这三点，就一定会成为一名祖国和人民放心的教师。严教授就是这样一位用自己的言行情操诠释着教师这一伟大职业的好老师！

（本文由许宇航根据《一生桃李芬芳——采访严国萍教授》及其他材料编写）

吴昌林

国家级教学名师

吴昌林

吴昌林，生于1951年，安徽省黄山市休宁县人，华中科技大学机械学院二级教授、博士生导师、国家级教学名师，享受国务院政府特殊津贴，华中科技大学国家级机械实验教学示范中心主任、机械基础系列课程国家级教学团队负责人，兼任机械类专业认证委员会副秘书长、教育部机械基础教学指导委员会副主任、国家级实验教学示范中心联席会机械学科组组长。吴昌林长期从事机械传动、计算机辅助检测与控制等方面的理论和应用研究，发表研究论文100余篇，获专利10余项。

·务实创新　兴趣点亮理想之火·

吴昌林曾在武汉市机械局下属企业做了三年机械工，酷爱机械制造，喜欢动手摆弄机械。1977年，吴昌林考到武汉市机械职工

时任国务院总理朱镕基视察铺设机具下水铺设过程
（前排右一为吴昌林）

大学学习，后又考取了华中工学院机械系研究生。研究生毕业后，他到日本广岛大学读了四年博士，回国后师从杨叔子院士做博士后，谈及恩师，吴昌林说：“杨叔子老师对我的影响很大，他的为人和治学态度，是我的榜样。”

吴昌林善于在实践当中探寻灵感，实践为民，创新利民。1998 年长江地区洪灾泛滥，水利部为了应对江堤管涌、渗透等险情，研究了一种方法，就是把土工布迅速铺到出现险情的江堤坡面上，然后压上沙袋。这种防汛方式既耗费大量人力物力，又相当危险。吴昌林听闻，决心设计一种能辅助铺设的机具。经过两年的实验摸索，他发明出一种水下履带式小车，车前装置能够把成卷的布直接铺设到坡面上，并能顺利回收。这种装置相当高效，十来分钟就可以在水下跑一个来回，将约 4 米宽、20 余米长土工布平整地铺在坡面上。2002 年 6 月，时任国务院总理的朱镕基在湖南洞庭湖举行的全国防洪新技术展览会上观看了该机具的水下演示，并给予了赞扬。

·搭建基地　实践催开创新之花·

吴昌林作为一位经验丰富的科研人，如果你要问他怎么样才能出成果，他的答案一定是“静心琢磨”。而这种沉静来自于广博的积累，来自于如火如荼的实践锻造。吴昌林说：“静心就是不要浮躁、急躁，一个人想要做点对国家对社会有益的创造发明，就不能急于求成；琢磨就是将创新与国家重大需求相结合，要从工程实际应用出发，不断实践，不断创新。”

吴昌林既抬头看天，也低头赶路。从1997年开始，吴昌林就在杨叔子、周济等著名院士的带领下着手创办机械基础课程的教学实践基地。时代的发展对人才的素养提出了新的要求，吴昌林和同事们一道提出要改革机械专业的教学体系，拓宽学生的知识面，以适应机械行业的需求。这一项目后来获得国家级教学成果一等奖。2008年，吴昌林获宝钢优秀教师特等奖，这也是社会对他在教学改革方面研究的肯定和支持。

曾任基地主任的吴昌林和教师们共同创新了多项实验装置，培养了大批人才。华中科技大学机械学院团队在国际国内各项赛事中捧回了多个大奖。他说，要鼓励学生创新，为他们提供环境，并要求老师在教学中将创新的思想贯彻到每一堂课中。

基于此，学院成立了创新展示室，将“创新”列为选修课之一，更新观念和实践手法，学生们也对此展现了很高的热情，制造出了新式拐杖、雨伞、熟鸡蛋剥壳机等。学生可以向指导老师申报自己的创新项目，经过多轮筛选、淘汰，再进入教学基地实践。在吴昌林的眼里，创新能力的培养不能仅局限于一部分比较优秀的学生身上，而应该使这种创新实践之风能够波及并惠顾到每一个学生。

·投身科研　匠心铸造多项成果·

除了在教学上开拓创新，在科研的道路上，吴昌林也是精益求精。多年来吴昌林一直从事复杂曲面数控加工、机械传动装置热态与动态设计和计算机控制与检测技术等方面的研究。他承担并完成了长江科学院“土工膜破损现场检测”“水工模型自动化技术研究”等近10项技术研究项目；参与主持并完成了三江航天集团某项目的研究，参加并完成了郑州黄河分选设备厂“煤矸石自动分选机”研制，并研制出齿条式闸门启闭机、汽车轮毂自动抛光机、电水壶抛光机、图书借还ATM机等，除此之外，他还拥有多项国家发明专利。

多年来，吴昌林从事着机械制造工艺学、机床设计、机械设计等课程的教学工作及毕业设计指导工作，并编著了包括《机械CAD基础》《机械设计》在内的多本教材，在国内外期刊上发表论文100余篇。他主编出版的机械设计教材获得中国大学出版社图书奖（一等奖），同时还作为负责人主持完成多项国家级教学改革和研究项目。

仰之弥高，钻之弥坚。与这个时代狭路相逢，吴昌林用对工作的创新，对教学的热诚，对科研的信念，告诉我们如何泰然处之。有荆棘的地方也会有星光，理想催开的花朵将会开在无数像吴昌林这样创新实干的科研人心田上！

·践行“引导学生主动实践”·

长期的人才培养实践，令吴昌林认识到：学生从知识的获取到能力的形成，这个全过程是一个以学生为主体的自主实践的过程，学生的求学成长主要得益于其学习和实践的主动性。为此，吴昌林结合理论教学，在开展实践性教学（如大作业和课程设计）中，放弃了过去由教师主导的命题—指导—考核的传统做法，自2004年提出并实践了一套新做法：教师提方向，学生选题；学生自愿组成团队开展调研、论证，进而合作完成设计；在教学班多次开展以组为单位的交流、答辩，最后形成设计方案；采用以能力导向的学习成果评价，其中包含学生的相互评价。这种做法，明显增加了教师备课工作量、指导时间和精力，但收获到的是：提升了学生的学习兴趣，也大大提高了学生的学习主动性，产生了好的教学效果。“引导学生主动实践”的教育教学方法得到了校内外的积极评价。吴昌林在其2012年主持的国家级视频公开课“创新——思维·方法·实践”中专门开辟了二讲，让学生走上讲台讲述他们的实践过程和设计思路，并与教师展开讨论。受清华大学等单位邀请，吴昌林于2013年参加“全国百位名师谈教学”系列讲座影像录制，他以“点燃学生心头的火炬——谈教师的责任”为题，介绍了“引导学生主动实践”的教育教学方法。此外，吴昌林还多次受邀参加全国性会议或到高校交流他引导学生主动实践的做法和心得体会。

春蚕吐丝，蜡炬成灰。师恩似雨，润物无声。遥想吾师行道处，梧桐载絮落纷纷。吴昌林是创新实干的科研人，也是学生科研航程的领航人。

（本文由李悦根据《楚天都市报》2006年9月5日报道《吴昌林：“全国名师”曾是机械工》及其他资料改写）

陈孝平

国家级教学名师

陈孝平

陈孝平，生于 1953 年，安徽阜南人，中国科学院院士，外科学教授、主任医师、博士生导师，华中科技大学同济医学院名誉院长，华中科技大学同济医学院附属同济医院（第二临床学院）外科学系主任、肝脏外科中心主任、肝胆胰外科研究所所长，擅长肝胆胰外科疑难疾病的诊治和器官移植，是世界著名的肝胆胰外科专家和我国肝胆胰外科领军人物。陈孝平于 2011 年获全国五一劳动奖章、2006 年和 2014 年两次获评国家级教学名师称号、2021 年获全国教材建设奖先进个人，获国家级教学成果奖二等奖 1 项，先后主办了 8 届大型国际性肝胆胰学术研讨会，为推动相关领域的国际交流作出了重要贡献。

·以创新之德　铸卓越之魂·

“医生的使命就是救死扶伤，治病救

人。”陈孝平有两位亲人都是因为外科疾病去世，这也使他萌生了从医的想法，希望能够治愈更多的病人。肝脏外科手术的难点就是出血问题，在20世纪70年代末80年代初，肝脏术后极易产生并发症，死亡率很高，该领域令大多数医生望而生畏。陈孝平创新一系列肝脏血流阻断技术，这些技术运用以后，可以使肝脏手术的出血量减少一半以上。为了解决肝移植时供肝短缺的状况，他率先提出了辅助性部分肝移植的课题，这在20世纪80年代是非常具有挑战性的。此实验的成功为亲属供体辅助性部分肝移植提供了可靠的实验依据。2009年央视感动中国人物“暴走妈妈”就采用了这种手术方法。手术至今十余年，母子两人状况良好。迄今为止，陈孝平所创新的一系列肝胆胰外科新技术已在全国31个省、直辖市和自治区超过100家医院应用近40000例，效果显著。

功不唐捐，玉汝于成。陈孝平亲自施行和指导学生一起完成的肝胆胰手术达20000余例，其中包括肝癌手术7000多例，他多次打破该领域手术禁区，其原创的“陈氏肝血流阻断法”“陈氏肝脏双悬吊技术”和“陈氏不解剖肝门的入肝血流阻断法”享誉世界，陈孝平也被称为“刀尖上的舞者”。对于手术，他总结了三个字，即“严、精、勤”。术前严格把关，技术上精益求精，勤观察、勤处理、勤沟通。陈孝平主编了全国高等医药院校八年制及五年制规划教材《外科学》共3套，出版配套教材、专著及参考书20余部。在由中国医师协会、医师报社主办的第四届医学家峰会上，陈孝平荣获推动行业前行的力量“十大杰出医学贡献专家”称号。

·以滚烫之心　行仁爱之术·

陈孝平师从裘法祖院士，是其培养的第一个博士生，从事外科临床教学和研究工作40余年。岁月流转志气不改，救死扶伤初心不变。对待病人他始终充满了人文关怀。

熟悉陈孝平的医生都知道，他不仅是一名外科医生，还是个“B超医生”。陈孝平主刀的病人，术前他都要亲自看B超的实时影像，而不是只看纸质报告。每个星期二他还要对每个病人的影像资料进行仔细查看分析，在他看来，一个不会看片子的医生不是好医生。因为外科医生不仅要对疾病有明确诊断，更要了解肿瘤的确切位置，其与周围器官的关系。有目的地做手术，才能避免不必要的损伤。陈孝平对每一个病人都精心救治，手术前不仅亲自检查阅片，还要求把各种检查资料带进手术室，随时调阅，避免失误。在陈孝平看来，“我们接触的不是单纯的一个病，而是生病的人”。

山东的一名乡村老教师高玉林在 2002 年被发现肝硬化，2006 年春天被查出肝癌，慕名来同济医院找到陈孝平，陈孝平给他做了肝移植手术。手术很成功，结束时已经是下午 6 点。一出手术室匆匆喝了口水，陈孝平立马又去看刚回病房的老高，观察监测手术后的各项指标情况，还特别嘱咐护士们操作要轻，尽量不发出声音，“老人家经历了这么大的手术，让他好好睡睡吧”。得知高家经济困难，陈孝平千方百计地节省医疗费用，必须用的药一定用，可用可不用的一定不用，该做哪项检查就单独做哪项，同样效果的药就用便宜一点的。在陈孝平及医务人员的精心治疗下，老高康复出院。这样的例子不胜枚举。

在工作中，陈孝平有自己的“三不计较”：不计较时间，医学是人命关天的事，抢救病人随叫随到，他曾在手术室连续工作近 72 个小时；不计较金钱，这也是恩师裘法祖先生的教诲；不计较一时一事的得失。陈孝平说：“医学不仅是科学，更是人学，年轻医生不仅要学习新理论、新技术，还要主动去关怀病人，这就是我们做医生的初心。”

陈孝平参加学术交流报告

·以慈悲之心　掬公益于心·

幸福是什么？对不同的人而言也许会有不同的答案。“当桃李满天下的时候，你会觉得自己是世界上最幸福、最富有的人。”这是陈孝平的答案。

“新竹高于旧竹枝，全凭老干为扶持。”教学中，陈孝平在手术技法上从不藏私，而是毫无保留地把多年积累的行医经验和特有的思维方式和盘传授于学生。陈孝平的学生谈起他时“又爱又怕”，陈孝平在查房时，提问题相当细致，甚至有些“刁钻”，有时会问到内科方面的问题。实际上，外科医生不能只对手术的基本技能感兴趣，还要掌握相关的基本知识和基础理论。陈孝平的这种临床思维模式对年轻的外科医生在临床工作中有很大的帮助。

除了在教学、临床和科研上持之以恒地投入，陈孝平还关心公益。他常说自己肩负着维护人民群众健康的责任。2017 年 8 月 1 日，由陈孝平任理事长的湖北陈孝平科技发展基金会在武汉成立，基金会致力于科技扶贫、贫困地区义诊、青年医师科研资助与培训、贫困大学生助学等公益项目。他说：“因为我现在有这个条件，可以为社会做一点事情，虽然只是微不足道的，但是只要人人都这么做，整个社会就变得更美好了。”

医院是陈孝平的“战场”，知识是他的武器；慈悲来自于他的仁心，勇敢源于他坚强的意志。他身着白色的医袍，穿行于手术台和病房之间，在坚守与奔走之间探寻自己的坐标。他是医学路上不畏艰险的探索者，黑夜里踽踽前行的执灯者。正是因为有陈孝平这样严谨求真、救死扶伤的医者，才换得人间少了几分病痛疾苦。

（本文由李悦依据华中科技大学新闻网 2015 年 12 月 7 日报道《陈孝平：病人疾苦是创新的最大动力》及其他资料改写）

欧阳康

国家级教学名师

欧阳康

欧阳康，生于1953年，四川资阳人，哲学博士，华中科技大学哲学学院二级教授、博士生导师，哲学研究所所长，国家治理研究院院长，华中卓越学者领军岗教授，曾任华中科技大学党委副书记、国家大学生文化素质教育基地主任；国务院政府特殊津贴专家、湖北省“有突出贡献的中青年专家”、入选教育部“跨世纪优秀人才”、人事部“百千万人才工程（第一二层次）”、国家级教学名师、湖北省首届“最美社科人”、教育部“长江特岗学者”等；国务院学位委员会第六、第七届马克思主义理论学科评议组成员，教育部社会科学委员会委员，教育部学风建设委员会副主任，中国辩证唯物主义研究会副会长，中国辩证唯物主义研究会社会认识论专业委员会会长等。在《中国社会科学》《哲学研究》等刊物发表中英文学术论文400余篇，出版主要著作10余部，主持20余项国家、省部级和国际合作科研项目，20余次获国家、教育部和湖北省哲学社会科学优秀成果奖，数十次出国出境从事学术交流与合作研究。

·爱智求真　建设性地做学问·

欧阳康是我国恢复高考后的首届本科生，也是改革开放后我国较早的认识论方向的硕士研究生，20世纪80年代在中国人民大学读博期间就敏锐地发现了社会认识论这一空白的领域，撰写的博士学位论文《社会认识论导论》于1988年1月通过答辩，并于1990年由中国社会科学出版社收入胡绳主编的《中国社会科学博士论文文库》出版。该书计30余万字，获得全国高校首届人文社会科学优秀成果奖，被认为是社会认识论领域具有拓荒意义的成果。30多年来，欧阳康始终孜孜不倦地展开社会认识论研究，不断扩大和加强国际学术交流，并将其发展成硕士和博士培养方向，先后指导了120多名硕士和博士研究生开展此项研究，其指导的社会认识论系列博士学位论文50多篇。为此，中国辩证唯物主义研究会社会认识论专业委员会成立后，聘任欧阳康担任会长。欧阳康牵头的“社会认识论人才培养模式改革虚拟教研室”获批国家教育部首批虚拟教研室试点单位。

除此之外，他在哲学研究法、哲学形态学、马克思主义哲学及其当代形态研究、英美哲学研究、高等教育和大学文化研究、跨学科研究等领域也取得了不凡成就。例如，他在英国伦敦大学从事博士后研究期间，成功邀请到36名世界顶尖级哲学家为中国哲学界撰写《当代英美哲学地图》《当代英美著名哲学家学术自述》，架起了中国哲学走向世界的桥梁。

欧阳康著作颇丰，代表作有《社会认识论导论》《哲学研究方法论》《欧阳康自选集》《对话与反思：当代英美哲学、文化及其他》《大学·文化·人生》《马克思主义认识论研究》《国家治理现代化理论与实践研究》等十余部；主编作品有《社会认识方法论》《人文社会科学哲学》《当代英美哲学地图》《省级治理现代化》《国家治理的“道”与“术”》《全球治理与国家责任》等十余部。

·传道授业　孜孜不倦育人才·

欧阳康曾经当过知青、工人，1977 年恢复高考时考入大学，经过十年寒窗苦读，他于 1988 年 1 月在中国人民大学获得哲学博士学位，此后一直在高校任教。

欧阳康多年来立足讲台讲授各类课程，同时积极创设网络课程，扩展教学受益面。他主讲的人文社会科学哲学、哲学导论等多门课程获评国家级精品课程和国家级精品资源共享课。他主讲的中国大学慕课“哲学、文化与人生智慧”，先后开放 6 期，几万人选课，于 2020 年入选教育部“首批国家级一流本科课程（线上课程类）”。除了各种类型的专业课，他还连续 10 多年为全校博士生上思想政治公共课。他提出“教师要让马克思主义贴近学生的生活，用他们听得懂、喜欢听的语言讲马克思主义，才能让理论深入人心”。

在“哲学、文化与人生智慧”课程中，他给同学普及并与同学讨论哲学理论，诠释人生意义，更阐述了中国梦与中华文化建设，传递了当代中国价值观。欧阳康这样向学生解释哲学：“它像雅典王子忒修斯手中的那

2020 年 3 月，华中科技大学和清华大学“同上一堂党课”系列课程第二讲，欧阳康教授作专题报告

条线，帮助人们走出思想的迷宫。它又有点像星空中的北斗七星，帮助我们找出人类发展的方向。它还有点像洞悉一切的魔镜，帮助我们更好地认识自我。”

欧阳康兼任华中科技大学国家大学生文化素质教育基地主任，也曾经作为学校党委副书记分管学生工作。他将爱心与智慧投向全校学生和学生工作队伍，每年给新生做“大学与人生”学术讲座，鼓励学工战线教师干部做“有思想的实践者”和“会实践的思想者”，极大激发了学工战线创新创造热情，先后开创了“党旗领航”“烈士寻亲”“红色寻访”“衣援西部”“公德长征”“心灵之约”等学生工作品牌。他倡导大学生文化素质教育以实践为导向，主张在“全员育人”的同时推动“全员自育”，先后获得了湖北省优秀教学成果一等奖和全国教育科学研究优秀成果奖，2019 年他所著的《立德树人、文化育人与生命自觉——理论探索与实践创新》入选教育部首批《高校思想政治工作研究文库》。

·关切社会　心怀大爱担使命·

“哲学研究的难度不在于体力之苦，而在于思想之苦。怎样更好地理解这个世界，看穿其中的价值、矛盾与冲突，从纷乱中理出头绪，在事情发生之初发现和洞悉问题、想出对策，这是我们的苦。”身处社会瞭望塔中的欧阳康将哲学与社会现实紧密联系，真切地关怀现实、思考社会问题，以自己的所长为国家治理建言献策。

2014 年 2 月，华中科技大学成立中国大学首家国家治理研究院，欧阳康被聘担任院长，也使他开启了将理论研究落地实践对策的智库之旅。他带领国家治理研究院“聚焦重大问题、服务国家治理”，制订五个层次的研究版图，先后举办了九届“国家治理体系和治理能力现代化高峰论坛”，七届“全球治理东湖论坛”，发布《中国绿色 GDP 绩效评估报告》多期，主持国家社科基金重大项目“大数据驱动地方治理现代化综合研究”，开展国际组织后备人才培养，推出系列高端成果。欧阳康先后被聘为中共湖北省委决策支持顾问、湖北省人民政府咨询委员、湖北省全面深化改革领导小组首席专家等，很好地发挥了资政建言作用。国家治理研究院则成为国家治理湖北省协同创新中心、湖北省人文社会科学重点研究基地、湖北省新型智库、湖北省改革智库、中国首批 CTTI 入选智库、AMI 高校核心智库，入选中国大学智库百强榜 A 类等。

2020 年初新冠肺炎疫情突袭武汉，1 月 28 日，欧阳康带领国家治理研究院成员启动“新冠肺炎疫情与公共卫生治理现代化综合研究”项目，并提出 10 个研究方向，汇集国内外 50 余位专家协同开展研究。他们夜以继日地开展抗疫对策研究，聚焦抗疫中相继出现的各种难点焦点问题。到 4 月 8 日武汉“解封”，由欧阳康主编的《国家治理参考》（抗击新冠肺炎疫情专辑）发布 100 多期对策建议。到目前该辑已经发布了 130 多期，并向决策部门呈报，其中数十篇建议文章被上级有关部门采纳。

2020 年 2 月 25 日，欧阳康被聘为湖北省新冠肺炎疫情防控综合专家组成员，担任应急管理和城市安全运行专家组组长，他再次提出 10 个研究课题，并带领课题组直接向指挥部提交多篇《应急管理和城市安全运行专家组报告》。

“哲学研究者要注重写好两篇文章，一篇是发表在期刊上的文章，一篇是写在祖国大地上的文章。”欧阳康如是说，如是做，是“把论文写在祖国的大地上”的践行者。

（本文由冷娇根据华中科技大学新闻网 2019 年 5 月 20 日报道《教学名师欧阳康：传承与跨界的哲学智慧》及其他资料改写）

张永学

全国优秀教师

张永学

张永学，生于 1953 年，湖北宜昌人，华中科技大学二级教授、主任医师、博士生导师。张永学先后担任协和医院核医学分子影像研究所所长、协和医院学术委员会主任委员、协和医院工会副主席、湖北省分子影像重点实验室主任、湖北省卫健委核医学质量控制中心主任等职，兼任中国核学会核医学分会第八届理事长、中华医学会核医学分会第六届副主委等，获湖北省科学技术奖一等奖 2 项、三等奖 2 项，教育部科学技术进步奖二等奖和中华医学科技奖二等奖各 1 项，发表学术论文 320 余篇，1992 年起享受国务院政府特殊津贴，1998 年获“全国优秀教师”称号，2001 年获宝钢优秀教师奖，2014 年获“中国医师奖”。

张永学教授执教 40 多年，在教学、医疗、科研和人才培养方面取得了显著成就，得到国内同人们的广泛认同，其主要贡献如下。

·注重教材建设，培养高质量医学人才·

核医学是一门发展迅速的新兴学科，在临床诊断和治疗中发挥着越来越重要的作用，编写好核医学教材对于培养新一代临床医师非常重要。自2001年以来，国家先后组织国内核医学的教学精英致力于核医学教材建设，以不断适应现代医学教育发展的需要，张永学先后担任教育部面向21世纪课程国家级“十一五”“十二五”规划本科生教材《核医学》第1—3版主编（科学出版社），2002年起担任国家卫健委全国首部研究生规划教材《核医学》第1—2版主编，2005年起任首部临床医学八（七）年制规划教材《核医学》第1—2版主编。三部不同层次的国家级规划教材的编写与出版对我国临床医学教育，特别是核医学知识的教育与普及起到了重要作用，培养了一代又一代懂核医学的临床医师。张永学还担任了人民卫生出版社“中国医学教育题库核医学”主编。此外，他还主编了大量的学术专著和教学参考书，其中主编专著及教材18部，副主编18部，参编28部，近年的代表作主要有《中华医学百科全书·核医学》（中国协和医科大学出版社，2020，北京）、《分子核医学与多模态影像》（人民卫生出版社，2021，北京）等。

张永学老师在办公室

·注重启发式课堂教学，理论密切联系实践·

张永学教授在教学中注重启发式教学，充分调动学生进行主动思考和讨论。他讲课总是讲授和提问相结合，理论知识与临床实践相结合，还将核医学知识与基础医学理论和临床疾病的诊疗决策紧密联系在一起，强调以病人为中心，利用现代化手段和大量的病例资料进行教学，面向临床，内容丰富直观、易于理解，极大提高了学生的学习兴趣和分析解决问题的能力。他还经常组织学生开展课后讨论，学生们普遍反映，上他的课不枯燥，要不停地动脑，对知识点印象深刻，自然也很有收获，许多学生听了他的课后最终报考核医学研究生。核医学教学涉及核医学影像诊断内容，他平时在临床工作中注重收集典型的教学图片素材，早年就制作了非常完整的数百张精美的教学幻灯片，增强学生的临床认识和分析问题与解决临床问题的能力，提高教学效果，在多次院系课堂授课质量评估中名列前茅。

此外，他还特别注重培养和指导部分对核医学感兴趣的优秀学生的课外研究活动。从 2008 年至今，他已先后指导了 10 多名临床医学专业和影像系本科生撰写综述论文，让学生提前学习文献检索、论文撰写以及了解核医学学科发展前沿等，学生们撰写的论文全部都在国内权威的专业学术刊物上公开发表，这些学生毕业后都推免或考上了研究生，部分已成为学科骨干。

·关爱学生，教书育人·

作为一名教师，张永学教授始终关心学生的思想和生活状态，特别是帮助生活困难的学生，先后将获得“全国优秀教师”和宝钢优秀教师的万余元奖金全数转交给院系，用于资助贫困大学生顺利完成学业，他还很乐意为许多应届的本科毕业生考外校研究生、出国深造等写推荐信。他对研究生也非常关心，总是努力为他们的学习与研究创造良好的条件，关心他们的思想动态与生活状况，多年来每年均亲自给学生作入学前思政报告和入学教育，定期给学生筹集生活费，经常给贫困学生提供经济资助，春节放假提供路费补贴，使学生们安心学习。他在科室总是强调，为研究生提供足够的研究经费是导师的责任，而完成好学位课题、撰写高质量学位论文是研究生的职责。他指导的学生也不负众望，多次获得湖北省优秀博士学位论文、硕士学位论文、学士学位论文和中国科协优秀学术论文，多名博士和博士后的文章在国际、国内大会上获奖。他在数十年的教学生涯中，指导博士、硕士研究生 80 余人，博士后 2 人，这些学生很多都已成为国内相关单位的学科带头人。

在担任科主任期间，他十分注重青年教师、医师的培养，尽其所能为他们提供良好的发展环境，鼓励他们出国深造，参加国内外学术会议交流，提高教学水平，早日成才。多年来他为全国各地培养了数百名进修医师，他们大多成为各单位核医学的骨干或带头人。

·医术精湛，医德高尚，医风清廉·

除了在教学方面做出的成绩外，张永学教授在核医学专业领域也是国内同行公认的权威专家，退休后还仍然继续兼任山西、上海、四川等多个省市重点实验室学术委员会主委、副主委或委员职务，每年在国内的学术大会上做20多场学术讲座，下基层医院帮扶等。在PET/CT和SPECT影像诊断和核素治疗方面，他也有独到的建树，数十年如一日，坚持每周出诊，每天审阅 PET/CT 报告，对病人总是和蔼可亲、一丝不苟，耐心地接待每一位病人，自觉抵制行业不正之风，拒绝红包和回扣，绝不乱开检查和乱开药。他总是叮嘱下级医生，对待病人务必一视同仁，给予他们最大的关怀，尽最大的努力解除病人的疾苦。他总是告诫自己和学生们“仁爱济世乃医者之本，尽职尽责是患者之福”，医师不能保证把每一个病人的病治好，但是一定要尽力去治，尽量给病人更多的安慰和关爱。

“一定要做人民满意的好医生。”行医多年，这是张永学对学生和自己说得最多的一句话，也是他对自己一生行医的朴实追求。

（本文由刘长海、杜贝雯依据 2008 年 3 月 31 日出版的《华中科技大学周报》及其他资料改写）

王国斌

全国五一劳动奖章获得者

王国斌

王国斌，生于 1954 年，湖北京山人，国家二级教授、主任医师、博士生导师，华中科技大学党委原常委，协和医院院长、党委书记，同济医学院第一临床学院院长，湖北省微创外科临床研究中心主任，协和医院消化道疾病研究所所长。

王教授是全国人大代表、全国五一劳动奖章获得者及中国医师奖获得者、卫生部有突出贡献中青年专家、国务院政府特殊津贴获得者、国务院医改专家咨询委员会委员，现任湖北省医院协会会长、湖北省科学技术协会副主席、中华医学会外科学分会常委、中华医学会外科学分会实验外科学组组长，曾任中国医师协会外科医师分会常委、中华医学会外科学分会胃肠学组副组长、中国医师协会微创外科专业委员会副会长、中国医院协会常委。

王教授是美国匹兹堡大学外科客座教授、德国萨尔大学洪堡医学院客座教授、英国斯旺西大学名誉教授、美国外科医师协会外籍委员（Fellow of ACS，FACS）。

王教授从事普通外科医疗工作40余年，在国内较早致力于微创外科事业发展，特别是在胃肠道疾病的临床诊治方面具有较深造诣，组建了湖北省微创外科医学临床研究中心，围绕胃肠道相关疾病进行研究。他作为课题负责人先后承担国家及省部级课题10余项，包括“863计划”项目1项、“973计划”子项目1项、国家自然科学基金面上项目5项、国家卫健委公益性行业基金专项1项、湖北省科技攻关项目“湖北省常见恶性肿瘤防治技术研究”等。其率先在国内开展的“先天性巨结肠症的分子基础与微创诊治研究”获2009年度湖北省科技成果推广一等奖、2005年度湖北省科学技术进步奖一等奖。王教授从业几十年，发表学术论文414篇，其中SCI收录论文205篇，包括*Cell Metabolism*（IF 31.37），*Nature Immunology*（IF 31.25），*Gut*（IF 31.79），*Hepatology*（IF 17.29）等国际知名期刊。

他主编及副主编《外科诊疗常规》《外科手术学》《临床医学诊疗常规丛书》等学术专著，以及参编多本全国高等医药院校规划教材如《外科学》《实用临床普通外科学》等；担任多本学术期刊副主编或常务编委，如《中国医学文摘与检验杂志》副主编、《外科学年鉴》常务编委、《中国内镜杂志》常务编委、《中国现代医学杂志》常务编委、《中华实验外科杂志》常务编委、《中国微创外科杂志》编委、《临床消化病杂志》编委等。

王教授先后主办9届中国武汉国际微创外科学术研讨会，对推动我国微创外科治疗及转化医学诊疗技术的国际学术交流作出了突出贡献。

·杏林春暖　国内腹腔镜技术的“拓荒者”·

20世纪90年代初，王国斌在德国观摩微创手术，医生在患者腹部打几个钥匙孔般大小的孔，将器械探入体内切除肌瘤，患者损伤很小。他敏锐地意识到，这是未来外科发展的革命性变化，于是，王国斌从国外同行处谋来一些腹腔镜手术器械，回到协和普外科，开始潜心钻研现代微创外科技术并组建团队，决心将腔镜技术发扬光大。终于，他和团队于1995年在协和医院创建了华中地区第一个独立完善的腹腔镜外科中心，这是国内成立最早的腔镜外科中心之一，从此拉开华中地区微创时代的大幕。王国斌不断开拓创新、攻坚克难，将腹腔镜技术从胆囊切除术拓展到复杂的胃肠良恶性疾病，患者术后一周就能出院，腹部只留下钥匙孔大小的切口。

术业有专攻。1999年，王国斌与小儿外科合作率先在国内开展了腹腔镜小儿先天性巨结肠根治术。患病的婴儿身体娇小，改做微创手术后，婴儿恢复快，肚皮上仅有3—4个小孔，免受开膛破肚之苦。“运用腔镜技术辅助下的小儿先天性巨结肠根治术”这项手术在国内甚至国际上都获得了良好评价。

为了更好地造福患者，让更多医者学会腔镜技术，王国斌推动成立了湖北省医学会腹腔镜外科分会，每年学会交流吸引参会者数千人，大力促进推动了中部地区微创外科的学科发展。

云厚者，雨必猛；弓劲者，箭必远。王国斌对先天性巨结肠症进行分子水平的深入研究，提出其治疗应从有创更新到微创，并向无创发展的系统性思路。他率先在国内开展的“先天性巨结肠症的分子基础与微创诊治研究”，改善了先天性巨结肠症的手术疗效及患者的长期生存质量，降低了并发症的发生率，经鉴定达到国内领先、国际先进水平，获2005年度湖北省科学技术进步奖一等奖。对自己奋斗终生的事业，王国斌充满激情。在他眼里，微创并不局限于内镜、介入、手术机器人等技术手段，而是一片更广阔的天地，道路发展飞快，不创新争先，就可能落后，“不过，科学技术发展的动力，也是医务人员不变的目标，就是让患者受益，治疗时能创伤更小、恢复更快。”

行医一时，鞠躬一生；不求闻达，但求利人。王国斌多年来致力于微创外科事业，经过持之以恒的努力，协和医院腔镜外科中心已发展为全国的微创外科中心之一。作为国内最早开展腹腔镜下胃肠道疾病微创治疗的专家之一，王国斌教授在胃肠道肿瘤根治手术、自动化微创治疗及腹腔镜胃肠外科手术上一直保持国内微创化治疗技术领域的领先地位。

·慧心卓识　为患者谋福祉·

王国斌自1998年起担任协和医院院长，历经三任，凭着一腔热血和不懈努力，他团结历届院领导班子，励精图治，改革创新，推动了医院跨越式发展。在王国斌的带领下，2009年，协和医院整体收购神龙医院，完成湖北省首次国有医院并购，结束了汉阳及沌口地区无三甲医院的历史。2011年，医院投入数百万元建成省远程医学中心，全国各地的患者可通过视频向协和医院专家问诊。医院还开通手机、医生工作站，网络和社区预约诊疗服务，手机和网络预约分别覆盖全省和全国。协和医院在国内率先实现患者自助机预交住院费服务，缴费时间从5分钟至10分钟缩短到20秒。医院还成功开展了4例连体婴儿分离手术，创下一天同时开展3台心脏移植手术及260台住院手术的国内纪录。近年来，王国斌主导实施多项医改，着力解决患者"看病难、看病贵"的问题，使协和医院成为国内大型公立医院践行公益性的标杆。2012年，王国斌荣膺中国医院管理最高奖——突出贡献奖，这一项殊荣于他实至名归。

武林有佳士，医术能专攻。依然在为医疗事业做贡献的王国斌，始终将患者的利益摆在第一位，这也是他为医的初心，无论他的医术还是他的管理才能都证明了"医者仁心"。深情回顾20多年来的发展史，王国斌说利用技术革新让患者创伤更小、恢复更快，这既体现了对个体生命价值的尊重，也是协和医院"仁爱济世、协诚人和"的办院思想的体现。

（本文依据长江日报官方账号2021-11-07文章《王国斌：创新争先，用微创技术让更多患者受益》、光明网2020-09-21文章《播火传薪 开启中部地区微创时代之门》及其他资料改写）

熊永红

国家级教学名师

熊永红

熊永红，生于1954年，江西南昌人，华中科技大学教授，国家级教学名师，基础物理课程国家教学团队负责人，国家物理实验教学示范中心主任、“大学物理实验”国家精品资源共享课程负责人，教育部高等学校大学物理课程指导委员会和大学物理实验专项委员会顾问，中国高校实验物理教学研究会常务理事，湖北省物理实验教学示范中心联席会和物理实验教学研究会理事长，全国中学生物理竞赛湖北省竞赛委员会副主任，武汉大学国家级物理实验教学示范中心教学指导委员会主任委员，华中师范大学湖北省物理实验教学示范中心教学指导委员会主任委员。

·科研教学，精耕细作·

自1983年起，熊永红就一直工作在科研和教学的第一线。熊永红不止一次在采访中谈及她对科研的专注与着迷，“每天在实验室待上10多个小时，总有做不完的事情”，并且强调不论是科研还是教学，都需要“精耕细作创高产”。她每天早上8点上班，晚上11点才离开办公室，把自己的全部精力都奉献给了教学和科研。华中科技大学物理实验中心的于本方老师曾由衷地对她表示敬佩：“她把自己整个人‘丢’在了办公室里，就差在这儿睡觉了!”

正是辛勤耕耘的精神，才使得熊永红收获了累累科研硕果。熊永红的研究领域涉及：氧化物半导体和纳米复合材料的制备、微观结构和物性的研究，同步辐射UV实验区、X射线小角衍射实验区的设计，同步辐射光声效应及其应用。她从事科教仪器、虚拟仪器的设计和研制，共承担国家自然科学基金3项，主持省级和横向科研项目10余项，多次应邀到香港

熊永红教授给学生讲解实验内容

（前排右三为熊永红）

城市大学做访问学者，应邀到台湾屏东教育大学和东吴大学等进行学术交流。在 *Phys. Rev. B*、*Nanostructured Materials*、*J. Phys. D*：*Appl. Phys.*、*J. Phys.*：*Condens. Matter*、*JMMM* 等国内外期刊上发表学术研究论文 70 余篇，SCI 收录 40 余篇。

熊永红自中国科学技术大学调入华中科技大学后，一直秉承我校“科学研究引领教学，培养学生创新能力”的传统。自 2008 年以来，熊永红作为华中科技大学国家物理实验教学示范中心的负责人，带领中心不断迈上新台阶，并承担多项国家级、省级和校级教学改革与实验室建设项目。该中心一直坚持以创新教育为导向，培养有创新意识和能力的拔尖人才，积极探索创新人才培养与物理实验研究性教学的内在关联性，培养出了很多物理方面的创新人才。

·以生为本，寓教于乐·

熊永红既是同事们眼里的“无比敬业的工作狂”，也是同学们眼中“教学严谨的好老师”、亲密的“知心姐姐”、关心学生的“好长辈”。

在教学方面，熊永红主持过多个国家级、省部级教学研究项目，主编和参编多本教材，培养了一大批实验领域的顶尖人才。她主持国家级教研项目 6 项，主编和参编教材 8 本，获国家教学成果一等奖 1 项、省级教学成果特等奖 1 项、省级教学成果一等奖 2 项、省级教学成果二等奖 1 项；指导学生研制了虚实融合的教学仪器 20 余种，在全国教学仪器评比中获一等奖 3 项、二等奖 3 项、优秀成果奖 1 项、成果奖 6 项；指导学生发表论文 10 余篇、获专利多项，在“互联网 +”、挑战杯、CUPT 和全国物理实验竞赛等国家和省部级学科与学术竞赛中获奖 20 余项。熊永红倡导快乐学习与教学，研发了一些趣味科学实验和科学实验游戏，创建了虚实融合的诺贝尔奖经典实验展演和体验中心。

熊永红在一次采访中说道：“……我记得我的老师，在下雪天也会拄着拐杖来给我们辅导，这件事我一辈子都不会忘。”熊永红认为教学“最根本的一条就是要爱学生”，倡导老师是为学生服务的，其引导学生思考和提问的教学方式受到许多学生的喜爱。熊永红注重对学生的科学思维的训练和动手能力的培养。对于熊永红来说，寓教于乐、寓学于乐才是教学的关键。“授人玫瑰手有余香。”她认为，在帮助学生的过程中，自己也会享受到快乐。

·课程育人，永在路上·

熊永红先后在中国科学院固体物理研究所、中国科学技术大学和华中科技大学工作和任教。退休后，熊永红也没有离开她挚爱的教学岗位，而是选择在文华学院继续发光发热。作为华中科技大学和文华学院的双聘教授，她长期开展科学普及支教活动，推动文华学院校园科学文化建设。近年来，熊永红带领着诺贝尔实验室团队参加各类学科竞赛，获国家级奖项7项，省级奖项56项，国家专利多项。“诺贝尔是我们创新创业实验室最好的导师，我们希望将诺贝尔的精神传承下去，发扬光大。”熊永红如是说。熊永红热心公益，从带领团队参加竞赛到前往通山县、利川市等地的学校，为山区孩子们传授知识，培养他们对科学的兴趣，让他们感受科学的魅力与希望，熊永红从未停止她向前的脚步。

2020年，面对突如其来、来势汹汹的新冠肺炎疫情，熊永红响应教育部“停课不停教、停课不停学”的号召，和物理学院的老师们鼓励学生开展“宅家实验”，借助于智能手机中的磁传感器进行“宅+自主设计性实验”的探究。

近两年，熊永红在武汉多个高校作了题为“课程育人一直在路上——课程思政的探索与实践”的课程思政专题报告会，重点介绍了其在理论教学、实验教学和课外活动等工作中融入课程思政，践行全程、全方位育人的教学模式。她从价值引领、知识传授、能力培养、总结反思四个方面介绍了课程思政理念下教学目标的设计方法，并强调了加强教学设计、注重情景教学和加强现代教育技术的应用。熊永红表示，国际形势复杂多变，外来多元价值取向，容易导致部分学生的价值观扭曲，呈复杂、多变和无规性；重术轻道，容易导致部分学生迷失方向和动力；青年学生必须重塑三观、明确方向，才能承担民族复兴的重任。

她希望可以把这份温暖延续下去，让学生们接受最好的教育。从教四十年许，熊永红做到了学为人师、行为世范，既严谨治学，勇攀科研的高峰，又愿为学生的“拐杖”，终获桃李满天下。

（本文由刘彦池依据华中科技大学新闻网报道《教学名师熊永红：甘做学生的“拐杖”》及其他资料改写）

罗俊

全国优秀教师

罗俊

罗俊，生于1956年，湖北仙桃人，华中科技大学物理学院教授，中国科学院院士，引力物理专家，中国自主空间引力波探测“天琴计划”、精密重力测量国家重大科技基础设施首席科学家，曾任华中科技大学常务副校长、中山大学校长。

在长年不见天日的喻家山人防山洞内，罗俊带领团队三十年如一日，开展引力精密测量研究，探索引力规律，测得国际上迄今为止最高精度的万有引力常数G值，测量结果多次被国际物理学基本常数委员会（CODATA）收录；其引力实验室也被外国专家称为“世界引力中心”。

·三十年磨一剑　科研世界领先·

万有引力常数G是人类最早认识和测量的物理学基本常数，也是迄今为止测量精度最差的常数，因此备受各国科学家关注。

1983 年 10 月，华中工学院开始筹建引力实验中心。由于引力实验对恒温、隔振、电磁屏蔽等要求极高，时任院长朱九思听取陈应天教授的建议，决定把实验室建在喻家山下的人防山洞中。当时，还是陈应天教授的硕士研究生的罗俊就全程参与了中心的筹建和研究工作，由此与引力结下了不解之缘。

测 G 值是罗俊及其团队花费精力最多、持续至今的研究工作。“地表的重力大小，是由地球内部的物质构造决定的。如果我们能精确测量地面重力，就能了解地下物质密度分布。”罗俊说，“打个比方，精密测量就相当于给地球做 CT，可以知道地下矿藏的大致分布。”为攻克这一难题，从 1986 年开始的近 10 年，除去吃饭和睡觉，罗俊几乎都在山洞中度过。长年不见太阳，加之山洞里阴暗潮湿，罗俊头发掉了一大半，索性剃了光头；1992 年，罗俊左脸出现一片片白色的斑块，直到 1996 年才治好。

1998 年，罗俊取得了 105ppm 相对精度的测 G 结果。2009 年，罗俊团队将 G 值的测量精度提高到 26ppm。这是国际上精度优于 50ppm 的七个结果之一，也是当时采用扭秤周期法测得的最高精度 G 值。罗俊团队测 G 实验结果多次被国际科技数据委员会推荐的 CODATA 所收录，并以华中科技大学英文缩写 HUST 命名。2018 年，团队测得目前全球最精准的万有引力常数 G 值，入选该年度中国科学十大进展，被写入高中物理必修教材。

“我没觉得科研有多苦。外界看来是牺牲，可我更多感受到的是乐趣和幸福。”回想过去，罗俊很坦然。

·服务国家发展　提升国际地位·

为了让团队能承担重大基础研究项目，服务国家发展，罗俊积极谋篇布局、拓展新的研究方向。

2000 年，注意到国家对精密重力测量技术的迫切需求后，罗俊带领团队启动高精度空间加速度计研究。作为关键载荷，该设备已成功应用于 2006 年“实践八号”卫星、2013 年“实验五号”卫星、2017 年“天舟一号”货运飞船、2019 年“天琴一号”卫星、2021 年“天绘-4”卫星等航天任务，为我国卫星重力测量和空间引力波探测等重大计划的实施奠定了基础。该成果荣获 2018 年教育部技术发明一等奖。

2005 年，罗俊带领团队开始冷原子干涉重力测量研究。自主研制的高精度基准型原子干涉重力仪分辨率达到国际领先水平，在 2017 年第十届全球绝对重力仪国际比对中，为同类仪器最好水平，为我国微伽级重力测量基准的建立奠定了坚实基础。2020 年 12 月，罗俊团队成功交付了我国首台具有自主知识产权的微伽级小型化量子绝对重力仪，打破了高精度绝对重力仪受国外技术垄断的局面，更好地保障了国家核心数据的安全。

2010 年初，罗俊正式启动筹建我国自己的精密重力测量研究设施，布局相关技术路线与科研攻坚预研工作。2015 年，精密重力测量国家重大科技基础设施项目正式立项，预期 2023 年完成国家验收。

2014 年，罗俊前瞻性地提出了天琴引力波空间探测计划，其地心轨道方案在国际上被称为空间引力波探测的“中国方案”。天琴计划“0123”技术路线图中，除了作为“1”的天琴一号超出预期地完成科学任务，并首次自主测得全球重力场数据，作为“0”的地月激光测距项目也已于 2019 年 10 月精确测出月球表面五组反射镜的回波信号，由此使得中国成为全球第三个全面测得月球表面反射镜的国家。

罗俊院士在工作

把中国的引力实验研究带到国际学术前沿，是罗俊的奋斗目标之一。罗俊在国际学术交流中一直非常活跃。

1990 年，罗俊赴俄罗斯参加由 11 国代表组成的日全食考察团。他利用精密扭秤进行了日全食反常效应观测，随后又进行了带电扭摆特性研究。这两项实验结果，揭开了长达 30 年之久的“引力异常之谜”。

1994 年，罗俊在美国第七届广义相对论格罗斯曼会议上报告了太阳中微子反常相干散射的实验和理论研究结果，否定了美国著名科学家马里兰大学韦伯教授的理论假说和实验结果。澳大利亚《西澳州报》称这是“对韦伯晶体理论致命的一击”。

伴随着一个个有影响力的研究成果的发布，引力实验中心的研究逐步走到前沿，国际地位稳步提升。

·严格学术规范　培养学术骨干·

在学生眼里，罗俊是一个严厉到几乎苛刻的老师。严谨的治学态度，源自他对真理的追求。

“实验状态记录要翔实，不准含糊遗漏；实验输入条件要验证，不准存在假设；实验流程安排要论证，不准随心所欲……”在引力实验中心的墙上，随处可见罗俊定下的实验室“十要十不准”。

“做科研最重要的是规范。有规范按规范办，没有规范先讨论出规范。”在罗俊的团队，20 余项规章制度为高质量地进行科学研究和学生培养、为团队高效有序的运行提供了强有力的保障。罗俊十分重视“规范”，这不仅仅是他培养学生、做科研的基本态度，也是引力中心文化传承的基础。

“规范只是约束行为，但不禁锢思想。”罗俊说，“大学必须坚持学术自由的精神。”在中心，学术思想的讨论从来都是非常开放的。老师与学生经常可以激烈争吵，面红耳赤却不影响和谐。1995 年开始跟着罗俊读博士的周泽兵在学术讨论会上与罗俊争论颇多，却是他最喜欢的学生之一。

“汇报时被他问住是常有的事，罗老师对缺点的批评从来毫不留情。”现在已经是教授的周泽兵，对罗俊的严厉深有体会。

团队的每一篇学术论文投稿前，罗俊都仔细审查。“我有一篇论文，罗老师让我修改了 17 次。”罗俊当年的学生、时任引力实验中心副主任涂良成印象深刻。“玉不琢不成器”，经罗俊指导的博士生胡忠坤、涂良成的论文分别被评为 2003、2008 年全国优秀博士学位论文。

“所留学生不能只做原方向，我要帮助他们去开辟新的方向。”罗俊说，想做成大事，必须要有战略考虑，有一支素质过硬的团队。

在他的指引下，从传统引力实验到周泽兵的卫星重力测量、胡忠坤的冷原子精密测量，再到涂良成的重力梯度测量等，一个个新的研究领域被开辟……这几名学生也快速成长为新一代的学术带头人。

（本文由刘长海、李海龙依据《人民日报》2013 年 11 月 7 日人物报道文章《华中科技大学常务副校长罗俊院士 30 年在山洞搞科研》及其他资料改写）

刘玉

全国师德先进个人

刘玉

刘玉，生于 1957 年，山西运城市平陆县人。华中科技大学教授、硕士生导师，2008—2017 年华中科技大学启明学院副院长，Dian 团队创始人，创业红娘。刘教授在计算机网络、数字通信与移动互联网技术上有深入研究，主持并完成国家自然科学基金、航天创新基金和湖北省自然科学基金项目，发表论文 50 余篇，编撰学术著作 9 部，获 3 项国家专利，主持并完成科研课题超过 100 项。刘教授 2015 年成立“创业红娘工作室”（后更名为“武汉市洪山区创业红娘公益服务中心”），2014 年被授予“全国师德先进个人”荣誉称号，2017 年被授予“中国好人”荣誉称号。

人说教师这个职业工作在今朝，却建设着祖国的明天，教学在课堂，成就却在祖国的四面八方。刘玉用自己的赤诚哺育着青年学子，带领他们从迷茫走向成熟。

·做一名“好人”，“能人”和“有理念的人”·

一直以来刘玉的执教目标就是“从做一个‘好人’到做‘能人’，再到‘有理念的人’”。任教以来她先后教授的课程中，有很多内容她都没有学过，但是她甘于当群众的学生，到其他老师的课堂上学习。她认为学校是个高速充电器，在这里可以快速学习到很多知识，但充电是需要勇气的。她通过不断充电，获得了 2001 年教学质量优秀一等奖和 2003 年的湖北省教育系统“三育人奖”。在教学中她一直保持着良好的课堂气氛，一直在向学生走去，向学生靠拢。

在开展教学的同时，她还十分注重学生的品格培养。团队中还流传着一个“树枝教育”的故事。刘玉和队员们在晚上一起走在回宿舍的路上，有一枝断了的树枝横在路面中央，前面同学都直接跨过去了，看到这种情景刘玉严厉训斥了学生只为自己不为他人着想的心态。此后道德教育被纳入了团队人才培养体系的核心位置，道德自觉不仅从老师传向学生，也从老团员传向新团员，团队中形成了一种道德自觉的良好氛围。德育为先，历平凡事，成放心人，道德教育和高度的责任感必然为团队的发展提供坚强的后盾，也成为培养德才兼备人才的另一大引擎。

她关注本科生教育，时刻总结，不断反思。她总结了自己的教学观念，教学目标从“正确无误”到“让学生满意”，教学方式从“课内启发”到“课外实践”，育人重点从“嘘寒问暖”扩展为“综合培养能力”。这种转变也为她之后成为“创业红娘”奠定基础。刘玉老师经常告诫学生：“说不清楚的话不要说，不靠谱的事情不要做。把握好细节，才能把事情做好。”注重细节是成大事之关键。在严谨的科学探索态度与宽容的教学方式的带领下，她注意到本科生在学生群体中的科研创新能力不容小视，要敢于为青年学生创造机会，挖掘时代创新人才，摸索出一条“以项目为牵引，基于导师制为典型特点的本科人才孵化机制”的全新人才培养模式。2009 年国务委员刘延东对《人民日报》内参《教学、科研、团队合作有机结合——华中科技大学教授探索“三元育人体系”》做出重要批示，充分肯定刘玉教授“将科研、教学、团队合作与创新人才培养结合是一种有益的探索”。这也昭示着刘玉带领着本科生们投身创新与创业实践的强劲东风的到来。

·“她一个人就是一个孵化器”·

2002年刘玉创建了Dian团队，与众不同的是，Dian团队从一开始就在吸纳全校低年级本科生，以科研项目为牵引，提倡“实践—理论—实践”的“干中学”模式。“Dian”的寓意就是知识和能力来源于点点滴滴的积累。刘玉创立团队的初衷是因一次偶然，当时她看到一名大一电信系学生家庭非常贫困，就想给这位同学找勤工助学岗位，没想到这位同学拒绝了，他说：“要想荷包满，先要脑袋满，脑袋满了荷包自然会满。我现在不是追求荷包满的时候，而是追求脑袋满的时候。”正是这番话让她开始重新看待学生的个人发展以及老师的育人责任。于是她致力于创建一个全新的团队，为有需求的学生们提供一个好的科研实践环境。

“每每想到Dian团队及Dian团队为科技创新执着追求的孩子们，我心里总是满满的幸福。”团队创新无定式、无成规，鼓励学员们另辟蹊径，注意开垦新领域。Dian团队创建后，先后有电信、计算机、软件、控制、光电等院系近800名学子加入其中。在这些年中，本科生参与的科研项目已超过350项，共申请各类专利50项，其中44项已授权；发表重要学术论文100篇，有4名本科生在校期间便出国参加国际会议。Dian团队是2006年创建的教育部大创基金的源头，2010年《人民日报》更是长篇报道Dian团队。在刘玉的悉心教导和团队的有机组合下，一个个优秀人才诞生了，有2005年被评为“全国十大挑战学子”的王晓鑫，2007年获得全国挑战杯特等奖的陈少明、朱传聪等，也有发表多篇高质量论文的李玥、张彬彬、姚权铭、赵恒爽等，近年还有多名本科生获得国际竞赛大奖。

从创立时的无一砖一瓦，甚至连开例会都只能窝在楼梯拐角破旧的沙发上，到在全省甚至全国取得丰硕的科研成果，Dian团队的巨大成功离不开刘玉和学生没有条件就创造条件的勇气。团队最初的环境虽然很差，但它的生命力却是最顽强的。她说那时的Dian团队就像是全校课外科技活

刘玉教授作《点今日之石，成明日之金》讲座

动的一朵“野花”。她时常教导学生，优秀等于终生吃苦，吃苦后会有更多的甜，因为在学习和成长的过程中能为家人和他人带来幸福，自己的满足感和幸福感也会极大增强。她还鼓励队员们在实践中发现自己的优势，也曾两次被华中科技大学研究生院评为“优秀就业导师”。她“Dian”石成金，在她眼中每一位学生都是艺术品。

鹤发银丝映日月，丹心热血沃新花。刘玉和 Dian 团队在华中科技大学教育史上熠熠发光。

（本文由危庆跃依据华中科技大学新闻网 2008 年 11 月 7 日《刘玉：用“Dian”滴积累成就“Dian”石成金》及其他资料改写）

何岭松

国家级教学名师

何岭松

何岭松，生于 1962 年，涪陵人，华中科技大学机械科学与工程学院教授，博士生导师，国家级教学名师。教学方面，何岭松主要从事测试技术和数字信号处理课程教学工作；主持国家精品课程（2 门），开发的 DRVI 测试技术实验教学平台已在国内 400 多所大学应用；获国家教学成果一等奖 1 项（排名第 2）、二等奖 2 项（排名第 1、第 4），2011 年获国家高等学校教学名师奖，2017 年获湖北省“师德先进个人”，2019 年获全国模范教师称号。科研方面，何岭松主要从事计算机虚拟仪器和手机化仪器研究工作，他提出了浏览器架构的可重构虚拟仪器理论和应用技术；主持了国家自然科学基金项目、863 计划项目和国家科技攻关项目等多项国家级项目。

·站定讲台，传承为师之道·

1983年，何岭松毕业于西南交通大学机械制造专业，随后在成都科技大学获得硕士学位。1986年，何岭松在云南工业学院机械系任教。1991年，怀有更高科研理想的他前往华中理工大学攻读博士学位，并在1993年顺利毕业，留在华中理工大学电子学与通信站从事博士后研究。1996年，何岭松博士后出站后留校工作，被聘为副教授，5年后被聘为教授。何岭松曾在香港城市大学、新加坡EC-ASIA公司、美国奥本大学和意大利博洛尼亚大学做访问学者。

1996年，毕业留校的何岭松的第一个任务便是担任工程测试技术基础主讲教师。何岭松知道，作为一名初出茅庐的“菜鸟”，这样的工作既是挑战，同时也是机会。作为机械专业基础课的工程测试技术基础，其信号分析理论部分抽象、深奥难懂，学生往往无从下手。前辈卢文祥教授首先向他伸出了援手，将自己从教多年以来手写的教案、例题等纸质资料一股脑全传给了何岭松。而杨叔子院士、李柱教授等当时一批仍活跃在科研、教学一线的老教师们言传身教，更是让何岭松领会到大家风范。观察着前

何岭松教授在测控实验室调试机械手
远程操作实验装置

辈们的一言一行，翻看着他们一笔一画写就的心得体会，何岭松被深深地打动了。以前只道是“书山有路勤为径”，他这下才体会到，做一名好老师，更少不了铁杵磨成针的耐性与付出。在思想上已经做好准备的何岭松很快就打了一个“漂亮仗”。针对工程测试技术基础，他提出了以工程案例和虚拟仪器实验为主线的教学法，开发出虚拟仪器仿真软件，实现了“教师在做中教，学生在做中学”，该教学法在1996年为他赢得了第一个国家级的教学成果奖。有了这样的开头，何岭松瞬时觉得接下来很多问题都能迎刃而解，他说道：“站在国家级成果的平台上，我有机会向更多优秀的教师学习经验，也更有信心把这门课弄通、讲透。”

·科研引领，创新课程形式·

“千磨万击还坚劲，任尔东西南北风。”这句话说起来容易，能真正做到的却是少数。何岭松在教学中不断开拓进取，于2011年获得全国第六届高等学校教学名师奖，2017年被评为“师德先进个人”，2019年被评为全国模范教师。这些荣誉对他而言，既是肯定又是动力。

面对“科研”还是“教学”的选择，何岭松表示，两者不可分割，“课要上得好，研究一定要好；反过来，研究做得好，课也能上得好”。为了让自己的授课与时俱进，跟上业界前沿的发展速度，他将自己的科研方向与课程紧密结合，实现了科研与教学齐头并进。把自己手头上最前沿的实际项目作为案例引入课堂，正是何岭松的教学理念之一。

迄今为止，在30余年的教学生涯里，何岭松将自己主讲的每门课程都提升到了新的高度。他针对大四学生团队合作能力、写作能力等综合能力训练不足而开设的Project Ⅲ——机电测控综合训练课程，于2012年成为机械实验班培养方案中3门Project型课程之一。为解决硕士研究生动手能力、科研能力不足的问题，何岭松在2005年开设的数字信号分析理论与实践课程用信号发生器、频谱分析仪、数字均衡器等以学生为主的小研究项目来组织教学，于2008年获学校教学质量一等奖，2015年入选第一批全国工程硕士慕课。针对博士生对如何进行学科交叉、融合、创新等感到迷茫的现象，何岭松在其任课教授的讲座型课程“先进仪器学”上提出以众博士生导师科研成长经历和科研方向形成过程为科研案例的案例教学法，让博士生受益匪浅。

同时，何岭松也深刻地意识到创新培养教育形式的重要性，他为此开设了两门创新课程，其中一门就是机电测控综合训练。在课堂上，同学们要开动脑筋做出符合要求的装置才能完成课程考核。“理论性课程难上，学生学得没有兴趣，改变一下形式，让学生自己动手去做，只要运用了原理，无论是绘图机还是自行车测速表都可以。学生们在实践的过程中不仅掌握了本课程的知识，还开动脑力去观察和创新，并且能够融会贯通其他课程的知识，一举三得。”创新的课程设计使得同学们感到兴奋不已，何岭松也非常肯定同学们的热情和勤奋，他说：“他们只要有时间，就在那倒腾，很多学生做出来的装置都非常精彩。”

·快乐教学，打造趣味课堂·

教学之外，何岭松作为武汉观鸟协会副会长，于 2017 年发现了两种在汉首现的新鸟种（红交嘴雀和灰翅鸫），获评 2018 年“湖北省十佳爱鸟护鸟人”。除了观鸟，他还对蝴蝶颇有研究，发现整理了武汉现有的数十种蝴蝶。闲暇时，何岭松喜欢背着相机到喻家山背后的鱼塘观鸟、找虫，自得其乐，他也喜欢开车到武汉周边的农村，用相机记录下农民的劳作过程。一次在美国开会时，为了拍下浣熊的身影，他早上 5 点钟就爬起来。在工程测试技术基础课上讲解概率密度曲线的作用时，这些照片便成了何岭松教学的素材，“我教的是机械专业，但我不想把学生教成机器人。”何岭松说。

此外，他也将他对大自然的兴趣延伸到了课堂教学，让工科课堂也充满“鸟语花香”。何岭松录制了数期观鸟慕课，给入圈新手们普及观鸟知识；同时，他引导学生学以致用，和学生一起开发了“鸟类词典”，收集了 1500 余种鸟类的图案、文字材料和鸟鸣声，用户可以方便地通过手机查阅各种鸟类资料。“一些鸟鸣声是我在野外采集的，学生通过课堂所学，将鸟鸣进行滤波处理，去掉杂音。”

习近平总书记寄语广大科技工作者要把论文写在祖国的大地上，把科技成果应用在实现现代化的伟大事业中。而何岭松将自己根植在讲台上，把科研成果应用到授课中，寓教于学、寓教于乐。

（本文由刘彦池根据华中科技大学新闻网《教学名师何岭松：用心上好每堂课》《何岭松：小讲台教出大天地》《机械学院何岭松教授：让工科课堂充满“鸟语花香”》《全国模范教师何岭松：初心不变　上好每堂课》及其他资料改写）

毛靖

全国三八红旗手

毛靖

毛靖，生于1962年，湖北武汉人，教授、主任医师、博士生导师、博士后导师，华中科技大学同济医学院口腔医学院副院长、口腔正畸学系主任、口腔颌面发育与再生湖北省重点实验室副主任，担任国际牙科学院院士、中华口腔医学会理事、中华口腔医学会正畸专业委员会理事、湖北省口腔医学会常务理事、湖北省口腔医学会正畸专业委员会主任委员、武汉市口腔医学会正畸专业委员会副主任委员，国家博士后科学基金评审专家、国家自然科学基金评审专家、“863计划”评审专家、湖北省医疗事故鉴定专家。毛靖从事口腔正畸学临床、教学和科研工作30余年，获国家发明专利1项、实用新型专利2项，获湖北省科学技术奖一、二等奖各1项，获省、市科学技术奖三等奖各1项；发表论文100余篇，其中在国际权威期刊 *Stem Cells Transl. Med.*、*Acta Biomater.*、*Polym. Chem.* 以及

口腔学科领先期刊 *J. Dent. Res.*、*J. Dent.* 等累计发表 SCI 论文 30 余篇，其中一篇被评为“2011 年中国百篇最具影响国际学术论文”，主编论著 11 部，主持国家“863 计划”、国家自然科学基金项目等 33 项。2009 年，毛靖被授予全国三八红旗手荣誉称号。

毛靖教授的理论功底丰厚，在科研与教学的过程中不断地将理论与科研相结合，将国外的理念与中国的医疗实际相结合，在推陈出新的道路上走得扎扎实实。

·求真求新，突破性研制功能性颌骨矫形器·

毛靖有着扎实的理论基础和丰富的临床经验，科研能力极强。自 1983 年 6 月从武汉大学口腔医学院毕业起，她就在科研岗位上刻苦钻研，敢于创新，在对儿童预防性及阻断性矫治方面摸索出一套独到的方法，并研制了一种功能性颌骨矫形器来代替传统的机械矫治器，使矫治效果更佳，在我国儿童的早期矫治各类错合畸形预防方面有了创新性突破，2002 年此项技术获得了 2 项国家专利。

毛靖 1999 年至 2001 年在德国留学，归来之后，采用国外先进的矫治理念，开展了许多新项目、新业务。她运用国外最先进的多功能及直丝弓矫正技术，对牙齿的排列不齐、前牙间隙、反合、开合、下颌后缩等畸形以及夜磨牙症进行矫治，帮助人们追求美并获得美；对儿童的牙合畸形进行了预防和阻断性治疗，使儿童颅颌面的生长发育趋向正常，保证了儿童的身心健康，具有深远的社会效益。从医良久，毛靖并未放下科研，她在国家口腔医学界极具影响力的《临床口腔医学杂志》《口腔医学研究》《国际口腔医学杂志》《生物医学工程学杂志》等权威期刊发表 90 余篇科研论文，每一篇文章的呈现都印证着她在科研道路上的成就。

在疫情期间，毛靖指导所在科研团队发表的新冠肺炎相关论文被核心期刊《中华护理杂志》收录，并指导 10 所附属医院护士、护理专业学生在新冠肺炎疫情期间开展相关调研及撰写论文。疫情初期，毛靖落实华中科技大学“停课不停教，停课不停学”各项举措，通过精心组织谋划，促使护理学院本科生春季开课率达 100%。同时承担了口腔医学网络授课，精心设计相关教学方案，尽职尽责地开展教育教学。她作为护理学和口腔医学的双研究生导师，与研究生进行一对一视频沟通，关心研究生身体健康与生活状况，指导科研进展，并对留学生毕业论文进行耐心修改和指导。

面对医学与科学的悬崖峭壁，毛靖将自己化为斧凿，能进一寸则进一寸，得进一尺则进一尺，扎扎实实，厚积薄发。

·仁爱之士，可以托也·

毛靖是一位教师，也是一名医生。自新冠肺炎疫情发生以来，毛靖坚决执行上级对抗疫工作的决策部署，抗击疫情倾尽全力，主动参与同济医学院防控点值守任务，带头值好防控点的第一班岗；并在疫情期间坚持线上问诊，及时与病人进行视频、电话沟通，耐心指导病人突发病情情况，为病人排忧解难。作为一名九三学社社员，毛靖围绕疫情防控分别向武汉市政协与九三学社湖北省委员会提交三份提案，即《关于加强疫情期间老年人群健康照护的建议》《关于完善公共卫生与预防保健体系的建议》和

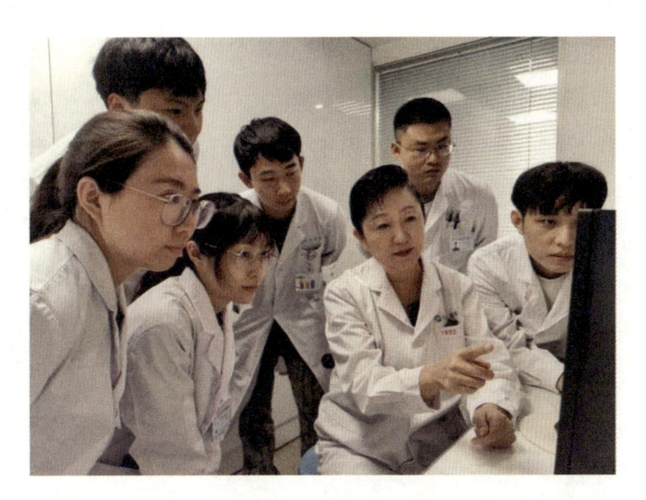

毛靖教授指导研究生开展科研工作

（前排右二为毛靖）

《关于疫情中迅速调配护理人力资源的建议》，并积极组织华中科技大学九三学社社员为抗疫捐款，她用自己的实际行动践行着“医者仁心”。

在面对省内AED（自动体外除颤器）的普及数量远未覆盖人口流量大的场所、应急救护技能普及率极低以及公共场所解决突发心脏骤停的隐患面临极大挑战的现状，她呼吁普及全民应急救护知识，完善公共场所急救设施设备配备标准，并建议加大财政经费投入，将应急救护培训、AED急救设备设置纳入保障民生经费范围。除此之外，她曾多次赴社区医院开展调研，也组织并亲赴贫困山区和城市街道义诊，进行口腔保健宣传教育等，为提高广大群众的口腔卫生保健和社区医疗中的儿童妇幼保健工作做着积极且有效的努力。

在2009年被授予全国三八红旗手之后，她说，一个人的成功离不开单位的培养、集体的信任、同事的帮助，成绩和荣誉是属于学校、医院和集体的。她表示在今后的工作中，将以此为起点，不断鞭策自己，服务社会，回报社会，为教学、医疗、科研和社会工作作出自己应有的贡献。毛靖作为新时代众多优秀知识分子的代表，充分地展示出在除医疗、科研与教学之外的管理和社会工作中的成绩，堪为行业楷模。在毛靖的模范带领下，学校和医院继续关注关心女职工的成长、发展和进步，让女性朋友们在本职岗位上发挥更大的作用，以此推动社会和谐进步。

毛靖由于出色的科研、教学和社会工作，曾获华中科技大学优秀研究生指导教师奖、师德风范奖、“伯乐奖”等奖项，和全国及武汉市三八红旗手、湖北省及武汉市劳动模范称号。咀嚼百年岁月，精湛同济口腔，医学和科学的领域里没有平坦的大道，毛靖是不畏攀登的采药者，是不怕巨浪的弄潮儿。

（本文由危庆跃根据华中科技大学新闻网2009年12月27日《毛靖荣获“全国三八红旗手”称号》及其他资料改写）

胡豫

全国教书育人楷模

胡豫

胡豫，生于1964年，湖北武汉人。华中科技大学二级教授、博士生导师，华中科技大学同济医学院附属协和医院院长，2018年获2018年度国家科学技术进步奖二等奖、2020年获“全国创新争先奖”“宝钢优秀教师奖”，2020年获教育部“全国教书育人楷模”称号。

“今天，我要自豪地说，武汉保卫战、湖北保卫战，我们打赢了！”2020年8月30日晚，华中科技大学同济医学院第一临床学院院长、附属协和医院院长胡豫教授，为200余名医学生上开学第一课时，深情回顾那段惊心动魄、刻骨铭心的岁月。

在抗击新冠肺炎疫情的战场上，胡豫凝聚医者力量，践行医者仁心，用白衣逆行的感人事实来淬炼学生的医学之魂；三十载医学改革创新，胡豫善下“先手棋”，培养新时代医学人才，在祖国大地上，师生共书医学创新的时代答卷。2020 年，他当选“全国教书育人楷模”。

·最好的教育方式，莫过于以身垂范·

2020 年 2 月 10 日，习近平总书记与武汉一线医护工作者视频连线，胡豫代表协和医院做出凝心聚力、攻坚克难、坚决打赢疫情阻击战的坚强保证。他是这么说的，更是这么做的。

作为协和医院院长，胡豫带领全院迅速投入到对抗新冠病毒的战斗中。他说：“只要国家有需要，协和就倾其所有。”在和死神赛跑的过程中，协和医院先后开辟了 3 个院区、2 所方舱医院，共 5 个战场，收治 5200 多名新冠肺炎患者，接诊 2 万多名发热患者，是湖北省此次抗击疫情收治病患最多的医院之一，成为战疫前线的“航母级医院”，为武汉保卫战的胜利贡献了协和力量。

疫情最危急的时候，胡豫不分昼夜落实开展核酸检测、改造重症患者定点医院、开建方舱医院，为救治患者、加强防控殚精竭虑。在协和医院肿瘤中心全面完成隔离病房改造之际，寒潮来袭，2 月 15 日那天，56 岁的胡豫在风雨中督导新冠肺炎患者转运，战疫不停，当天完成 499 名患者的转运收治。前 3 天，隔离病房共计收治患者近 800 人，履行了“应收尽收”的诺言。

“记忆最深的是方舱医院的建设，我当时在武汉国际会展中心看了场地，觉得非常困难，因为这里是会展场馆，没有制暖设备，厕所很少，医护人员的隔离，三区两通道的病房设置都做不到。但是我们想尽一切办法，最终在 48 小时内按照标准完成了全部改造，完工的当晚就收治了 600 多人。”胡豫回忆说，这种中国速度、中国力量，就是时代教育最好的“养分”。

“不待扬鞭自奋蹄”，抗疫战场上，胡豫在一线奋战的一幕幕流传在学生的班级群、朋友圈中。他用医者与师者的担当使命，为第一临床学院的所有学生上了最生动的一堂思政课。他冲锋在前、勇于担当、无所畏惧的精神，为广大青年学子作出了表率，不少学生以多种形式参与到疫情防控斗争中，临床协调、后勤保障、科技攻关、科普宣传、志愿服务……学生们以默默的行动与前线的老师并肩作战，共同汇聚起战疫的磅礴之力。

·与时俱进，培养卓越医学人才·

中华民族伟大复兴需要勇担时代命运的“卓越医学人才”，如何下好医学教育改革的“先手棋”？这是胸怀家国情怀的医学教育工作者必须回答的时代之问！

疫情之下，日常的教学活动无法正常开展，这一困境让教育界开始思考如何打破时空壁垒，创新教学形式。“眼下，疫情防控的力度仍然不能松懈，规培学员还不能到医院实地学习，但是医学储备人才培养的脚步不能停，这需要我们与时俱进，培养卓越医学人才。这也使我们更加清醒地认识到教学方法改革的重要性。”胡豫说。

敲击键盘，浏览病例，人机对话，虚拟问诊……疫情之下，“被困家中”的第一临床学院本科生只需登录一套特殊的网络系统，就可以开展在线临床思维训练。系统中有数字化的典型临床病例，集问诊、检查、治疗

胡豫老师在办公室

等全过程为一体；有智慧化的人机交互，模拟生动的临床学习情景，有效提升诊疗思维这项合格医者必备的核心能力。这套名为“基于虚拟标准化病人的临床诊疗思维综合训练系统”就是胡豫牵头研发的，2019 年获批湖北省首批省级虚拟仿真实验教学项目。

胡豫总是瞄准国际前沿，敏锐挖掘新趋势，不断拓展医学教育改革的新思路。2012 年，他率先牵头担任临床医学八年制本科生“血液系统疾病”课程责任教授，带领课程团队，基于最新的器官系统整合教学改革思路，有机整合学科知识，由浅入深、由易到难地精选教学内容，真正实现机能与形态、生理与病理、宏观与微观、临床与基础的结合；编写与课程匹配的高水平器官-系统整合教材《血液与肿瘤疾病》，为其他器官系统的改革推进提供了样板。

2017 年，胡豫又突破性地将“互联网 +”信息技术应用于医学教育领域。他率领团队完成人卫社内科学（血液系统）慕课建设，获批湖北省首批本科精品在线开放课程。他积极探索 SPOC 结合慕课的 O2O 教学模式，结合临床教学特点，将其应用于理论课、实习小讲课、教学查房及临床技能课等诸多临床教学环节中，大大提升了临床医学的教学成效。

胡豫善于总结，笔耕不辍，将多年的教育实践和育人情怀书写在医学教育领域。近年来，他以主编及参编身份编写包括多套国家规划教材在内的教材 19 部。他还将数十年不断积累的临床病例素材充实教学内容，精心制作成图文并茂、动静结合的多媒体课件，深受学生好评。

· 立足国家需求、立足实际做研究 ·

胡豫常说：“科学研究不是为了发文章，推进临床工作和人才培养才更重要。”他的研究有一个突出的特点——鲜明的创新导向和问题导向，立足疾病和病患，深入研究，将潜心问道与关注现实和服务社会相统一。他要求学生立足国家需求，以医学科学家的成长目标激励自己，立足实际做研究。

小唐是第一临床学院八年制的学生。2020 年疫情期间，未能返校的她通过新闻、微信关注到导师胡豫在指挥全院紧急作战的同时，在本院牵头建立了重症、危重症新冠肺炎患者恢复期血浆治疗研究团队，进行利用恢复期血浆治疗危重症患者的临床研究。深感于导师胡豫的医者父母心和科研追求，小唐随后也申请加入到胡豫的科研团队中，配合输血所、武汉血液中心等机构积极搜集相关材料。

作为血液学专家，胡豫发现虽然多数患者预后良好，但部分重症、危重症患者出现不同程度的凝血功能障碍，甚至危及生命。于是他启发学生对这些未知领域大胆探索，指导学生查阅分析相关研究报道、结合临床观察结果深入统计分析，最终发现肺栓塞可能是新冠肺炎高危因素，由此呼吁在临床推广 DVT 预防策略，显著降低了协和医院新冠肺炎患者病死率。相关成果发表在《中华血液学杂志》等杂志上，解决了特殊时期国家的迫切需要，对于小唐来说，这是一段弥足珍贵的学习经历。

作为 2018 年度国家科学技术进步奖二等奖、2020 年“全国创新争先奖”获得者，胡豫的科技创新成果斐然，而他也非常注重将科研成果融入医学人才教育中。再忙，他也会和学生们一起学习最新文献，讨论科研新思路、新技术，对学生们的疑惑给出实用性强的建议和方向。

作为第一临床学院学生心目中“我最喜爱的老师”之一，20 多年里，胡豫培养了大量卓越的医学接班人。在他的指导下，学生纷纷在世界顶级刊物发表文章。他本人也荣获“全国教书育人楷模”、“宝钢优秀教师奖”、“湖北名师工作室”主持人、华中科技大学“优秀研究生指导教师”、“师德先进个人”等荣誉和称号。

（本文由刘长海、马天乐依据《中国教育报》2020 年 9 月 15 日报道《以身垂范　育医学人才——记 2020 年全国教书育人楷模、华中科技大学教授胡豫》及其他资料改写）

冯清

全国师德先进个人

冯清

冯清，生于 1965 年，祖籍四川，生于武汉市，华中科技大学化学与化工学院教授、硕士生导师，湖北省优秀教师，2001 年获“全国师德先进个人”，2012 年“宝钢优秀教师奖”和我校“教学名师奖”获得者之一、2013 年我校“教学质量一等奖”获得者之一。

冯清“妈妈”式的教育，不是雨露，却带来了新生的希望；不是泉水，却带来了生命的甘甜；不是太阳，却带来了人间的温暖。她如同星星，没有太阳耀眼的光芒，也没有月亮迷人的浪漫，但夜空中的那点光亮，是她生命价值的闪现。她如同沙砾，没有大山的伟岸，也没有溪流的悠闲，但山水间的那点铺垫，是她默默的奉献。

“丰盈地去爱，真诚地去给；不一定尽善尽美，但求无愧于心。”这是冯清的人生信条。正因为她在教学岗位中十年如一日的责任与坚守，始终不渝的激情与细心，让她成为众多同学心中亲近的“好妈妈”。

·和风细雨，爱生如子·

阳光普照，园丁心坎春意暖；雨露滋润，桃李枝头蓓蕾红。曾有学生说：“大学里你总会遇到那么一些让你自愿去提前占座的老师，而冯清老师，就是其中一位。”在公选课上，她传授着她的养生之道和健康秘籍；专业课上，除了教授专业知识，她还教同学们如何生活；作为一名班主任，她对学生的关心已经远远超出了这个职位所该承担的责任。她就像妈妈一样，一言一行里都透露着她对学生在生活方面的重视。同学们都称呼她是“妈妈”式的老师。

在养生与大众健康课程中，冯清请来了东来顺公司的员工为学生们现场讲解少数民族传统文化和美食及其营养成分，组织同学在社会实践活动中将营养与中国传统文化结合，向同学演示如何做新疆的“手抓饭”，并讲解和测验美食中的营养成分，最后让同学们一饱口福。“喂饱了”脑袋，填饱了肚子，冯清还不忘让学生们保养自己的身子。她独具创意地以果蔬、鸡蛋清、芦荟、蛋黄等食材为原料，讲解如何做护发素、防晒霜、美肤霜等化妆品。

然而1小时20分钟生动的课堂背后，是她4年来辛勤的准备。早在2001年，冯清就为此课程做了初步的设想，并查阅了大量的资料，与各老师一起研讨。正因如此，养生课的规模从最初的30来人，发展到如今的600多人。在她的课堂上，很少有睡觉的学生。由于自己身体状况不佳，冯清非常希望学生们能尽早接触养生的知识。“关爱生命，关注健康，提高能力，完善自我。”这也是冯清对她的每个“孩子”由衷的希求。

·授之以渔，孜孜不倦·

“知识是无限的，然而一个人的时间和精力是有限的。因此，让‘孩子们’学会掌握知识的技能，我认为比纯粹的知识积累更加重要。”

课堂上，冯清更倾向于用PBL教学法——用问题引导学生思考，让学生活学活用。对一个问题，冯清往往不直接给出答案，而是让同学们上讲台讲述自己的思路。“重要的是过程，而不是结果。”冯清的语气中蕴含着坚定，“在思考中，他们往往能探寻出适合自己的一套好方法。”

冯清口中的“渔”，除了知识技能，还有一个含义，那便是对生活的态度。冯清常常给医学专业的学生们举一个例子：第一天行医，医生们总是耐心地解答每个患者的疑惑。然而，能这样做10年的人，少之又少。“你们要不厌其烦地对待你们的病人，也要不厌其烦地对待你们的梦想。将你的热情与行动坚守，成功才会悄然而至。”冯清说，“执着，才是一个人最重要的品质。这也是‘妈妈’最想教给所有‘孩子们’的。”假如冯清把自己比作蚌，那么学生便是蚌里的砂粒，她用爱去舐它，磨它，洗它……经年累月，砂粒便成了一颗颗珍珠，光彩熠熠。

·润物耕心，桃熟流丹·

一方黑板朝朝暮暮绘宏图诚滋桃李芳天下；三尺讲台岁岁年年洒青春勤育英才泽九州。由于家住汉口，冯清常常在早上5：30就要起床前往华科为同学们上课。为了发觉同学们的问题所在，即使在200多人的课堂里，冯清也始终坚持亲自批改同学们的作业，除非身体状况不允许，她基本不请助教。有时傍晚为了解答同学们的问题，她会因不好意思打断同学，而错过回家的校车。

“我不能不负责任。我对学生们负责，就会让学生为患者负责，为真相负责。”简单的一句话，承载着冯清对“孩子们”满满的嘱托与期许。“坐在教室里的每一个孩子，是每一个家庭的全部，也是我生命中的全部，都将成为刻进我生命中的脉络。”“把自己活成一道光，因为你不知道谁会借着你的光走出黑暗。”而最令学生感动的，是她在任班主任期间，将自己1800元的工资设为奖励基金，全数奖给了成绩优异的学生。

“我当班主任并不是为了钱。”冯清解释道，“我是个实在人，总觉得除了精神上的鼓励，还该拿出点行动，在物质上激发学生学习的兴趣。”冯清开玩笑地说：“我曾问过我也在上大学的儿子他最缺什么，他告诉我他最缺钱。”

冯清教授参加 2019 级临床医学 8 班班会

作为班主任，她时常会到课堂中点名，并定期和学生进行沟通。有次班里一位学生生病需要住院，也是冯清为他联系的，除此之外，冯清还常常组织同学们去医院看望他，并给他送饭和慰问金。

“她让班主任变成了世界上最辛苦的工作。”同学感慨地说，“然而这‘傻妈妈’，却用她的一言一行教会了我们，这世上最难能可贵的，就是责任与执着。”春蚕一生没说过自诩的话，那吐出的银丝就是丈量生命价值的尺子。敬爱的冯清老师，从未在别人面前炫耀过，但那盛开的桃李，就是对她最高的评价。她的一举一动，时时闪现在学生的眼前；她的品行人格，永远珍藏在“孩子们”记忆的深处。

（本文由韦力尔根据张心怡、易舒冉于 2013 年 12 月 31 日发表在华中科技大学新闻网的《冯清：亲近的“好妈妈”》一文及其他资料改写）

缪向水
中国好人

缪向水

缪向水，生于 1965 年，江西九江人，华中科技大学集成电路学院院长、武汉国际微电子学院院长、武汉光电国家研究中心智能电子学部首席科学家，华中科技大学学术委员会委员、武汉市政府第八届决策咨询委员会委员、湖北省集成电路产业发展专家咨询委员会副主任，教育部“长江学者”特聘教授、国务院政府特殊津贴专家，中国存储器产业联盟副理事长、中国半导体三维集成制造产业联盟副理事长、国家先进存储产业创新中心首席科学家、湖北江城实验室副主任兼首席科学家、先进存储器湖北省重点实验室主任、湖北省微电子工程研究中心主任，曾被授予“中国好人”荣誉称号。

·立学为先，求知不倦·

“立身以立学为先，立学以读书为本。”1982年，17岁的缪向水来到华中工学院求学，从青春意气的本科学子成长为沉稳睿智的博士学者，缪向水用十几年青春探索电子学科的真知，分别于1986年、1989年、1996年获学士、硕士、博士学位。在漫漫求学路上，缪向水亦担任过固体电子学系助教、讲师、副教授，并兼任学生辅导员、党支部书记、系研究生工作秘书等职位，且于1992年和1998年两度荣获国家科学技术进步奖。长期与微电子打交道的他深知研究创新与教学建设之不易，这也为他之后的抉择打下深厚基础。

1996年至1997年，缪向水任香港城市大学电子工程系副研究员、材料研究中心研究员。1997年至2007年，缪向水任新加坡国立大学/国家数据存储研究院首席研究工程师、四级科学家。在此期间，缪向水攻克巨大难关，取得优秀成果，于2004年荣获该年度唯一的新加坡国家技术奖 National Technology Award (Singapore)，并多次荣获年度杰出研究员奖。

·潜心科研，精诚报国·

“静以修身，俭以养德。非淡泊无以明志，非宁静无以致远。”2007年，缪向水放弃已经在国外获得的优越条件和得之不易的永久职位，毅然携家人回母校重执教鞭，投身祖国和人民的高等教育事业。或许有很多人不理解他放弃传统意义上的“金饭碗”的选择，但他坚定认为：“信息存储器是当今信息技术的基石，我国与国外的差距还很大，经常被‘卡脖子’。这不仅仅是经济问题，更是涉及国家产业安全和国家信息安全的大问题。趁着现在还能为国家做点事，多培养一些专业人才，也算是为祖国建设尽一份绵薄之力。”

缪向水回母校后，为国家集成电路科学事业发展贡献力量；他长期工作在高校科研和教学一线，领头布局集成电路产业下一代技术探索，从事三维相变存储器、存算一体化忆阻器等先进存储器芯片的研发，以引领我国存储芯片产业发展。

请辞千金，精诚爱国定重策；无惧万难，辛勤耕耘见殊荣。经过多年的潜心研究，他的辛苦努力初见成效，特色鲜明的研究团队已基本建成。2018 年，他出版了国内第一本忆阻器专著《忆阻器导论》。2019 年，由他领衔的团队把 93 项三维相变存储器芯片专利许可给企业，并合作开发“卡脖子”芯片产品。2021 年，团队研究成果在国际顶级学术期刊《科学》刊发。团队还和国内多家龙头企业建立了联合实验室，推动存储器芯片技术的成果转化以及未来引领技术的探索。他近年来主持承担了国家重点研发计划项目、国家 02 重大专项课题、国家 863 计划重大项目课题、863 计划面上项目、国家国际科技合作项目、国家自然科学基金项目等国家级科研项目 17 项，发表论文 300 余篇，获得美国发明专利授权 12 项，中国发明专利授权 165 项。

尽管取得了如此卓绝优越的成就，缪向水依旧孜孜不倦、砥砺问学，带领其团队在科学技术自主研发和高校人才培养的道路上矢志不渝地奋进。

·上善若水，桃李芳菲·

回国后，缪向水对内抓人才队伍建设和研究平台建设，对外通过各种会议和交流，提高学校研究成果的美誉度，并加强国际合作与交流。“上善若水，水善利万物而不争。”缪向水就如无言的清泉一样包容指导着学院里的青年教师，他特别关注青年教师的成长，帮助他们尽快适应教师角色，指导他们申报科研项目、承担国家科研任务，心甘情愿“扶上马、送一程”，毫不吝啬地及时给予指导和帮助。他常说：“只有年轻人都上去了，学科才会有前途。”

“令公桃李满天下，何用堂前更种花。”除了深耕科研，缪向水始终站在教学第一线，不论科研工作有多繁忙，他都要在每次上课前精心准备，将积累的科研经验毫无保留地传授给学生。他在讲课中善于将自己所研究领域的最新成果融入其中，真正让学生做到“知其然，知其所以然”。他

缪向水为学生上课

培养的学生获得了湖北省优秀学士、硕士及博士论文，中国电子学会集成电路奖学金一等奖，全国大学生集成电路创新创业大赛全国总决赛一等奖等荣誉。

缪向水因其爱国精神与科研成就荣登 2021 年“中国好人”榜，获“荆楚楷模”、“湖北省道德模范”、武汉市“最美科技工作者”等荣誉称号。他的人生就像一部多重奏的乐章，每个部分都闪现着独特的华彩片段，令人念念不忘，并依旧不断砥砺前行，音韵悠长。

（本文由赵润哲根据华中科技大学新闻网 2021-12-27 记者苏明华、通讯员田莉、吴小雪《我校缪向水教授荣登“中国好人榜”》新闻及其他资料改写）

骆清铭

全国优秀教育工作者

骆清铭

骆清铭，生于 1966 年，湖北蕲春人，生物影像学家、中国科学院院士、海南大学校长、海南省科协主席，全国优秀教育工作者。

骆清铭在生物结构、功能及多分子事件信息获取方面做出了较系统的创新性成果，曾以第一完成人获 2010 年度国家自然科学奖二等奖和 2014 年度国家技术发明奖二等奖。

·锲而不舍，报效中华·

立身以立学为先，立学以读书为本。1966 年 1 月，骆清铭出生于湖北省蕲春县。1982 年至 1986 年，骆清铭在西北电讯工程学院（现西安电子科技大学）技术物理系学习，获得工学学士学位。1986 年至 1993 年，骆清铭在华中理工大学（现华中科技大学）

光电子工程系学习，先后获得光学专业理学硕士和物理电子学与光电子学专业工学博士学位。1993 年至 1999 年，骆清铭在华中理工大学光电子工程系工作，先后担任讲师、副教授、教授。1995 年至 1997 年，骆清铭在美国宾夕法尼亚大学医学院生物化学与生物物理学系做博士后副研究员。从初入学时的懵懂执着，到出国后的不懈追求，几十年的求学生涯让骆清铭拥有了深厚的专业知识和优秀的实践本领，并且出国做博士后研究的经历也让他有了更为深远的学科视野。

骆清铭教授接触了国外广阔的生物医学光子学研究土壤之后，一颗赤诚的爱国之心让他不禁发出疑问："我在国外的顶尖实验室工作，每次参加国际学术会议，都会发现很多中国人的面孔，却很少有来自中国的科研人员。我就想，什么时候中国的研究团队能够在生物医学光子学的国际舞台上有一席之地呢?"诚如是，骆清铭选择回到祖国报效中华，"于是，我给当时的周济副校长发了传真，希望回国尝试创业，没想到周校长第二天就回复了我，诚挚地邀请我回学校发展。可以说，正是周校长的诚意坚定了我的回国创业梦。"因此，一颗赤忱的报国之心乘上了实践的风帆。

·十年一剑，笑对艰辛·

但是，归国之后的创新之路并不是一帆风顺的。"刚回国的时候就遇到了困难，学校拿不出太多的资金支持我的研究，提供的实验室也只有 25 平方米。而先进的实验器材就更是奢望了，怎么办?我们就自己动手，用手头的资源自己搭光学实验台，搞研究。就是在如此艰苦的环境下，我们实验室三位老师，在两年之内申请到四项国家自然科学基金，其中一项还是重点项目，"骆清铭教授感叹道，"还有一段困难期就是 1999 年的时候，我已经被聘为学校第一位'长江学者'，可实验室还是得用走廊，办公室一到雨天是'外面下大雨，里面下小雨'，我们还是埋头干，最后'生物医学光子学'成功申请到教育部重点实验室，再后来各种支持就来了，发展就好多了。"

1997 年 2 月，骆清铭教授团队克服困难，创建生物医学光子学研究中心。2000 年，他获得国家杰出青年科学基金资助；8 月，他牵头组建并担任生物医学光子学教育部重点实验室主任。“天将降大任于斯人也，必先苦其心志，劳其筋骨，饿其体肤，空乏其身，行拂乱其所为，所以动心忍性，曾益其所不能。”创业之艰辛，苦乐唯有自知，但骆清铭依旧踌躇满志、笑对艰辛，“在我自己看来，创业真的很辛苦，但现在回头看看，那一段经历是无比宝贵的。”骆清铭笑着说，“要说经验，也没什么特别的，不要在乎条件的艰苦，只要肯踏踏实实，埋头做事，总会闯出自己的一片天地。”

在研究中遇到困难并不鲜见，但骆清铭及其团队用十年才磨砺出一把锋芒毕露的利剑，其中艰辛令人敬佩。2010 年 12 月，骆清铭团队发表了华中科技大学有史以来第一篇独立作者单位的 *Science* 论文《显微光学切片断层成像获取小鼠全脑高分辨率图谱》，该成果还入选“中国科学十大进展”新闻并应邀参加“新中国成立 70 周年科技成就展”。

“大胆设想、小心求证”，从设计研究方案，到申请项目、组织多学科交叉的研究队伍，“十年啊，在这个方向我们十年没发表过一篇论文”，面临的困难和压力可想而知。幸运的是，“我们得到了国家自然科学基金的项目支持，也在学校的各种考评中生存了下来。”

2019 年，骆清铭当选为中国科学院院士。

·谆谆教诲，寄语人才·

删繁就简三秋树，领异标新二月花。骆清铭从未停止科研的脚步，并且对创新有着自己独到的见解：“记得科技部原副部长刘燕华提过，科技创新不是只有一种的，诺贝尔得奖分为三类：1/3 是通过科学发现、理论推导而得的，1/3 是通过方法创新和思路创新所得，而最后的 1/3 是通过科学仪器、科学手段以及科学工具的创新所得的。”

骆清铭从来不吝将自己研究的经验和青年教师与莘莘学子分享。回顾自己一直以来所做的研究，一方面，他将有限的精力择优分配。他总是强调，术业有专攻，要集中精力发展特长，要做好特长生。在此基础上，才有机会与最优秀的团队合作，才能不断产出高水平成果。另一方面，在研究的过程中，要勇于涉足新的领域，骆清铭竭尽全力扩充无限的知识内

骆清铭进行实验

涵，强调必须建立完整的知识体系，多层次地获取更多的交叉学科知识。他认为，只懂得部分知识而不获取其他知识的人，只会像是“盲人摸象”一样，“不识庐山真面目”，也就无法真正地做好做完整一项研究。

科研无言，师音有声。骆清铭教授不断攀登科研创新的巅峰，凝结了一个又一个辉煌灿烂的科技成果，并以其谆谆教诲润物无声，为国家培养了一批批热忱坚定、理想不移的科研新人。清泉润物，信念铭心。

（本文由赵润哲根据华中科技大学新闻网 2010 年 12 月 24 日刊文《骆清铭：八年磨一剑　文章锋自磨砺出》一文及其他资料改写）

余龙江

国家级教学名师

余龙江

余龙江，生于 1966 年，湖北省黄冈市黄梅县人，华中科技大学教授、博士生导师、资源生物学与生物技术研究所所长，湖北省食药两用资源工程技术研究中心负责人，教育部高等学校生物技术、生物工程类专业教指委委员，药学教指委生物制药分委会委员，国家生命科学与技术虚拟仿真实验教学中心主任，国家高层次人才特殊支持计划领军人才，国家突出贡献专家，湖北省突出贡献专家，享受国务院政府特殊津贴，教育部新世纪优秀人才，湖北省新世纪高层次人才，湖北省教学名师、国家级教学名师。余龙江是生物技术国家级一流专业和国家特色专业、国家级教学团队负责人，国家级一流课程、国家精品课程及资源共享课程负责人，国家级规划教材和国家精品教材主编；获宝钢优秀教师奖和湖北省科协创新创业优秀人才奖，以及华中科技大学“我最喜爱的导师”“三育人奖”和“立德树人奖”等；主持的项目曾获国家教学成果二等奖1项、湖北省教学成果一等奖3项，以及第42届日内瓦国际发明展览会金奖和湖北省科学技术奖一等奖；指导的学生获中国“互联网+”创新创业大赛全国金奖3项和银奖1项，指导的研究生所在支部获全国高校“百个研究生样板党支部”荣誉称号。

·把学生放在心中的关要·

深耕教学一线三十余年，余龙江主持的细胞生物学和发酵工程分别被评为省精品课程和国家精品课程及资源共享课程，负责建设的教学团队被评为国家级教学团队。2021年，他获得教育部首次评选的2021年度基础学科拔尖学生培养计划2.0优秀教师奖。如果说这些是国家对其教学质量的肯定，那么“育人无数，桃李满天下。师德高洁，美名传环宇。节节攀登，探科学前沿。好事成双，教研皆丰收”就是广大学子对余龙江最真挚的赞扬。2009年教师节时，研究生们送给余龙江教授的这首诗，既反映了他工作的辛勤，又生动地诠释了学生们对他的尊敬和爱戴。

由余龙江教授负责，团队的李为、鲁明波、朱圆敏参与建设的专业核心课程“发酵工程”是国家精品课程和国家首批资源共享课程，并由高教出版社出版了课程教材。由余龙江负责主编的《发酵工程原理与技术应用》是国家“十一五”和“十二五”规划教材、国家精品教材。

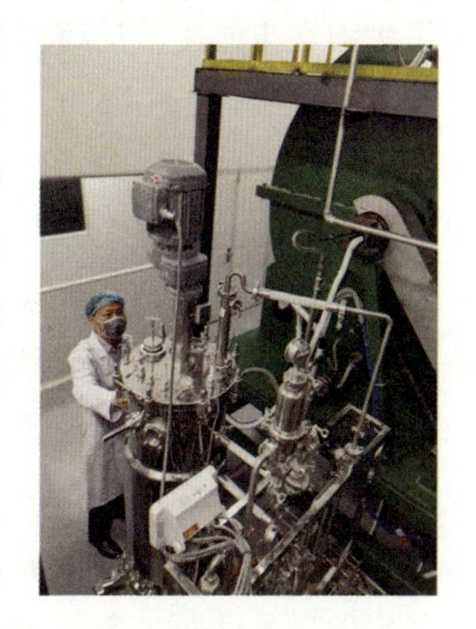

余龙江教授在自主创建的纯造普洱生产线开展现代发酵实践

余龙江时刻把学生放在心中的重要位置，注重对学生的全面培养，于2013年率先开展了“翻转课堂”教学方式实践。“课前精心设置问题，基于问题引导学生课前通过教材和视频等教学资源开展自学；课堂师生深度互动，弄清重点和难点，深度学习；课后作业和提问交流，进一步巩固所学知识。”余龙江通过把翻转课堂教学模式与加强课程形成性评价相结合，促进了学生自主学习和主动思考，大大提高了课程教学质量。学生们这样评价他的课——“深入浅出的讲解以及课上的互动问答，让我更好地学习这门课程”“真的太棒了”!

“没有不好的学生，只有不同的学生，教师就是要善于发掘学生身上的优点，因材施教，一步步引导学生思想上追求上进，进而带领他们不断走向优秀。”余龙江一直践行着这样的理念。在余龙江的悉心培养下，一大批优秀学生成长成才，得到了用人单位的青睐。曾经有用人单位在得知应聘的毕业生来自余龙江的团队后，当即做出了免试录用的决定。

·科技扶贫　把论文写在祖国的大地上·

余龙江是学校资源生物学与生物技术研究方向的学术带头人，他长期深入开展教育教学改革研究。他带领的团队科研教学所取得的成果在支持生物医学工程 A+和生物学 A-学科建设中发挥了重要作用，而且对华中科技大学的生物学与生物化学、农业科学、植物学与动物学、微生物学、分子生物学与遗传学、药理学与毒理学等多个 ESI 1%学科有直接的贡献，对部分学科甚至是主要贡献。他重视科技成果的转化和产业化，获发明专利授权 70 余项，多项科技成果已成功实现转化应用，惠及了包括大型上市公司在内的几十家生物与医药企业。

有家国情怀，无私奉献，余龙江多年致力于以科技手段帮助云南省临沧市临翔区脱贫致富和乡村振兴。

云南省临沧市临翔区曾是全国扶贫开发重点县（区），当地茶资源得天独厚，但特色茶资源没有发挥品质优势。2013 年，华中科技大学与临翔区结成帮扶对子。为了突破普洱茶加工生产标准化程度低、品质差异大、不稳定的瓶颈问题，余龙江教授带领普洱茶研发团队赶赴临翔区，实地调研后发现当地茶产业加工技术落后，于是，他决心利用生物技术手段提高茶叶加工的品质，并实现规模化生产，把当地的好茶通过先进的加工手段变成人们爱喝、放心喝的熟茶。

余龙江教授带领研发团队针对普洱熟茶生产存在的瓶颈问题，开展创新研究和技术革新。他们广泛深入调研文献资料和生产实际，明确了科技攻关的重点和难点，制订了详细的研究方案，夜以继日，重点攻关，突破难点，迅速取得了实验成果。在继续优化小试成果的同时，齐头并进，深入临翔区对口企业，驻扎厂区，同步开展生产性试验，以期获得优化的生产工艺参数。其间，为了研制独特的普洱熟茶纯净发酵装置，他们反复讨论修改方案数十次，进入试制阶段后仍在不断修订完善，克服了很多配件在当地甚至昆明都无法买到等诸多困难。经过废寝忘食的努力，余龙江团队研发了高品质纯造普洱熟茶纯净可控发酵新技术，建立了独特的高品质纯造普洱生产新工艺，研制了具有自主知识产权的规模化纯净制造普洱熟茶的发酵装置，并率先在临翔区政府选定的茶企建立了高洁净度的普洱熟茶纯净发酵生产厂房和车间，实现了高品质普洱熟茶的稳定可控发酵生产。余龙江带领团队在临沧构建了一个完整的高品质熟茶产业链，有效帮助了当地群众脱贫致富。

此外，从 2017 年开始，余龙江团队对金线莲种苗繁育、标准化种植和精深加工技术进行了创新研究，并取得了重大进展。团队深入当地原始森林，指导当地村民发展金线莲、雪胆等珍贵中药材的林下种植，并通过精深加工技术创新支持产业发展，大力推动了当地经济发展。

2018 年，余龙江教授主持的“科技创新培育特色产业，绿水青山就是金山银山”项目获教育部第三届直属高校精准扶贫精准脱贫十大典型项目。2019 年，他们的科技扶贫点成为教育部直属系统扶贫工作推进会唯一的科技成果转化扶贫现场示范点。2020 年，华中科技大学对口扶贫的临翔区所在的临沧市为该团队代表的生命科学与技术学院颁发“脱贫攻坚奖先进集体”奖。2021 年，华中科技大学获评全国脱贫攻坚先进集体，余龙江团队的科技扶贫成果作为亮点之一助力学校获此殊荣。

（本文由冷娇依据中华人民共和国教育部官方网站 2018 年 10 月 15 日报道《华中科技大学精准扶贫精准脱贫典型项目——科技创新培育特色产业绿水青山就是金山银山》及其他资料改写）

张建初

全国先进工作者

张建初

张建初，生于 1966 年，湖北武汉人，华中科技大学同济医学院附属协和医院呼吸与危重症医学科副主任，主任医师、副教授、博士生导师，湖北省及武汉市首批新冠肺炎医疗救治专家组成员，湖北省呼吸介入联盟副主席等。在 2020 年初武汉抗疫期间，他带领团队先后辗转 5 个病区，成功治愈 300 余名重症、危重症新冠肺炎患者。2020 年，张建初荣获全国先进工作者荣誉称号。

· 连续奋战抗疫一线 90 多天
每天工作超 10 小时 ·

在突如其来的新冠肺炎疫情来临之初，张建初积极排查感染患者，助推协和医院启动防疫工作。作为新冠肺炎医疗救治专家组成员，他提出加强防护、进行流行病学调查、开展新冠核酸采样等建议，积极应对新冠肺炎疫情的蔓延。

他带领全科18名医护人员快速成立武汉协和医院西院首个新冠肺炎的隔离病房。作为主院区支援教授，此时他挂职期已满，本可以离开，但他对呼吸科的同事们说："病人需要我，疫情不灭，我张建初就钉在西院不走！"作为专家组成员，他每天都要在协和医院主院区和西院、金银潭医院等院区来回奔波。他连续90多天没有休息，每日工作10小时以上，白天他亲自查房，夜间在微信会诊群里指导治疗。

他协助开设党员示范病房，并作为副主编参与编撰了《诊疗应急工作手册》，为提高救治率提供了一手经验。他先后管理5个重症病区、亲自管理收治重症、危重症新冠肺炎患者300余人，重症病区无一医护人员感染。

·每天靠安眠药休息5小时　治愈97岁重症患者·

"病人总数51人，病危15人，病重31人，气管插管4人，有创呼吸机辅助通气6人，经鼻高流量6人。"这些日工作量数据代表着繁忙一天的开始。武汉协和医院西院是收治危重患者的定点医院，疫情最严重的时候，张建初每天只能靠安眠药休息5个小时，他带领团队收治了209名重症、危重症新冠肺炎患者，患者最大年龄97岁。在外援医疗队先后撤离阶段，他又带领大家辗转4个隔离病区，接管了近百名危重症患者的治疗，一直坚守到病例清零。

·担任清肺小组组长　用生命守护生命·

新冠肺炎危重症患者肺部有大量炎性痰液，阻挡氧气吸入，需要通过纤支镜进行清肺操作。但这一救治过程需在高浓度的病毒气溶胶下完成，被传染的风险性大。

为了响应国家对降低危重型新冠肺炎患者病死率的要求，配合协和医院西院各病区危重患者的救治工作，加强"人工气道"的呼吸道管理，2020年2月协和医院成立"清肺小组"，张建初担任清肺小组组长，为危重患者提供床边电子支气管镜清理呼吸道分泌物，并进行相关病原检查标本采集等操作。他们先后为全院各病区成功完成20余人次床边支气管镜。大家都说，这就是在用生命守护生命。

·载誉归来　他一刻也没有耽搁·

2020年11月24日上午，他作为全国先进工作者，参加了全国劳动模范和先进工作者表彰大会。

会议结束，他连夜赶回了武汉。“第一次走进人民大会堂、亲耳聆听习近平总书记的讲话，心潮澎湃，难掩激动之情。作为一名医务工作者，我们倍受鼓舞，深感责任重大。特别是处在后疫情时代的防控一刻也不能放松，（我们）更加众志成城，坚决打赢疫情防控战。”张建初说。

刚回到武汉，张建初没有停下脚步，忙碌的一天又将开始。

11月25日早上7：30，张建初就准时出现在武汉协和医院门诊楼诊室，经过一上午的忙碌，张建初共耐心细致地诊疗了42名患者。

12：30，刚刚吃了一口饭的张建初又参加了科室的核心小组会。

14：30，张建初准时出现在病房，细心查看他的住院患者。

16：00，张建初又准时参加了疑难患者会诊。

张建初教授在人民大会堂前留影

会诊结束，他又急忙赶到协和医院西院参加“后疫情期间病区患者的管理”讨论。

19：00—21：00，张建初又准时参加了关于“肺部感染”的线上学术会议，负责组织讨论，提出见解，引入探讨。

钢铁是怎样炼成的？这就是全国先进工作者张建初一天的工作日程。

（本文由刘长海、马天乐依据中国文明网对张建初教授的介绍文章、武汉经济技术开发区官网文章《载誉归来的张建初教授：坐诊、查房、会诊……一刻也没耽搁》及其他资料改写）

冯丹
全国三八红旗手

冯丹

冯丹，生于 1970 年，湖北京山人。华中科技大学计算机科学与技术学院院长，武汉光电国家研究中心信息存储与光显示功能实验室主任、信息存储系统教育部重点实验室主任、数据存储系统与技术教育部工程研究中心主任，教授、博士生导师，于 2009 年荣获全国三八红旗手；已承担完成包括“973 计划”项目、国家自然科学基金、全国百篇优秀博士论文专项基金、国防预研项目等多个项目的研究工作，取得多项成果，获省部一等奖 3 项，国家技术发明奖二等奖 2 项，国家自然科学奖四等奖 1 项，国际存储竞赛决赛奖 1 项。

“科技创新立国兴邦，实干融合托举强国之梦”，人的一生是在成就自我还是立足社会？冯丹在中国存储领域中不断推进，以成就社会、完成自我成就。

·顶天立地，做好瞄准前沿的科学研究·

1987年，冯丹以高分考入华中理工大学计算机系，硕士毕业后，被保送攻读博士，师从中国存储界的一代泰斗张江陵教授。冯丹之后一直扎根在计算机存储领域，直到今天，她一直关注着领域的前沿动态。2004年，冯丹就认识到“下一代互联网信息存储的组织模式和核心技术研究”的重要走向，其课题组提出建立一种新的存储模式，即“多层次、可扩展的存储对象”模式，取代传统的服务器连接磁盘驱动器的模式，从根本上满足高带宽网络下数据存储的高性能要求，并研究相关的核心技术，以达到统一和更新网络存储，并基于存储对象组建PB级存储系统的目的。

在当今数字经济时代、数据呈现爆炸式发展的态势之下，冯丹带领下的计算机科学与技术学院也正在密切跟踪新的技术发展趋势，并进行了有针对性的前瞻性研究。

冯丹表示，目前市场上针对大数据处理的存储解决方案主要有三：一是以数据为中心，围绕数据进行相应处理；二是近数据处理，也就是把处理推送到数据中间；三是直接在存储器内进行计算，实现存算一体或者存算融合。

基于上述思路，在冯丹的指导之下，华中科技大学围绕对象存储、近数据处理、存储计算融合领域分别展开重点攻关，在主动对象海量存储系统关键技术方面、在支持可重构近数据处理的固态盘技术等多方面都具有较大突破。冯丹认为，面向大数据、人工智能发展，华中科技大学在支持神经网络、图像处理等专用体系结构的设计加速之外，应探索一些能够满足不同的应用需求的通用存内计算架构，以顺应未来存储市场的需求。

·钟灵毓秀，人才培养与民族振兴相结合·

冯丹认为，华中科技大学计算机科学与技术学院的文化可以用“TIME”一词来概括：其中“T”代表Teamwork（协作），“I”代表

Innovation（创新），“M”代表 Morality（修德），“E”代表 Exploration（开拓），正如计算机技术日新月异的发展，TIME 代表了追赶时代的一代人。

正是在这种观念下，在信息存储及半导体等高科技领域遭遇“卡脖子”的今天，华中科技大学的研究成果突破了某些关键技术瓶颈，在国民经济建设领域发挥了巨大的价值。1974 年起，在器件、存储芯片、设备、系统等方面，从事硬盘到盘阵、分布式网络存储的研发，冯丹 30 多年如一日，终于守得今天云开日出时。同时，作为一名女性管理者，同时也是学术带头人，很难想象冯丹曾经遭遇过的坎坷与挑战。但令人欣喜的是，冯丹不仅自身成长为一名优秀的女性管理者，还吸引、带动和培养了更多的女性参与到存储领域中。

华中科技大学计算机科学与技术学院格外重视和强调思想品德教育在整个教学过程的重要性。除了经常给学生讲授基本的技术理念和人生信念，冯丹教授还告诫学生在掌握先进技术、学好本领之后，未来要能够在国家建设中去加以应用，并报效社会、创造人生价值。修德作为学院文化的一项重要内容，其价值一再凸显。

在教学和科研方面，学院开设了一门面向一年级学生的名叫“IT 中国”的课程，经常邀请来自互联网、计算机等领域的业界知名专家教授和技术领军人物向学生介绍信息技术的价值、发展趋势；组织学生走进企业，增强实践创新能力；选拔并资助优秀学生赴国外访问，感受国际企业的技术氛围，激发学生们的求知欲望。为了创造优秀的科研环境，学院还经常投资建设或升级实验室相关设备。

“存储作为高科技产业，与国际领先水平还存在一定的差距。”冯丹坦言道，尽管在存储软件方面国内外差距并不大，但在大规模系统的稳定可靠性、先进存储器件等方面还需要加大投入，要打好基础。

作为“英才计划”计算机学科导师，冯丹表示，兴趣是最好的老师。“英才计划”自 2013 年启动实施，引导了学有余力的中学生持续保持对计算机及相关学科的兴趣，在他们参与科学实践活动的过程中助其全面提升科学素养。

冯丹与学生在实验室
（左二为冯丹）

相信未来在国家政策的支持和引导下，在华中科技大学以及华为等本土优秀企业的共同努力之下，学院还将培养更多存储领域的高素质人才，一起振兴中国的民族存储产业。

·铺路搭桥，打通学术的“最后一公里”·

如今，随着数据存储市场再次面临着变革，一方面，以云计算、大数据和人工智能为基础的智慧应用在各个行业中遍地开花，带来了前所未有的数据存储需求与挑战；另一方面，颠覆性的新技术加速推动着存储体系架构、互联、软件栈与算法走向重塑，以尝试满足数据存储各种新需求。如何在科研方向上更贴近市场需求，让科技在市场中发挥作用？冯丹直言：“新存储的根本挑战是要跟得上新应用、新场景的需求。”

就这样，冯丹不断推动学校与企业开展在存储领域全方位、多层次的交流与合作。因为“科技从实验室走进千家万户，需要一个良好的转化机制，以实现产学研用无缝链接”，只有这样科技才能真实地扎根在祖国大地上，而从基础研究到最终“落地”，包括原材料供应、工业设计、制造生产等许多环节，只有全链条都有人关注和参与，才能实现有效转化。而这正是冯丹一直关注的问题。

也唯有如此，“面向世界科技前沿、面向经济主战场、面向国家重大需求、面向人民生命健康，我们工程领域科研人员，只有不断向科学技术广度和深度进军，才能让技术转化为生产力，推动社会进步，最终造福人类”。冯丹所关心的是科技转化，怀揣的是整个社会的前进与人类幸福事业。

（本文由刘虹伶根据新华网2022年3月10日文章《全国人大代表冯丹：培养信息技术创新人才　推动科学研究产学研深度融合》及其他资料改写）

胡忠坤

全国五一劳动奖章获得者

胡忠坤

胡忠坤，生于 1972 年，安徽岳西人，中共党员，华中科技大学教授、博士生导师，精密重力测量国家重大科技基础设施总工程师。1994 年获安徽师范大学物理学学士学位，1998 年获华中理工大学理论物理专业硕士学位，2001 年获华中科技大学检测技术与自动化装置专业博士学位，2003 年获全国优秀博士学位论文，2004 年入选教育部新世纪优秀人才支持计划，2016 年获国家杰出青年科学基金，2017 年获全国五一劳动奖章，2021 年入选教育部课程思政教学名师。他主要从事冷原子干涉精密引力测量研究，作为项目负责人承担国家杰出青年科学基金、国家自然科学基金重大仪器、“973 计划”项目课题、国防预研等多项科研任务，发表 SCI 收录论文 70 余篇；2000 年和 2006 年两次获湖北省自然科学一等奖，2013 年获湖北省教学成果二等奖，2018 年获中国学位与研究生教育学会研究生教育成果二等奖。

胡忠坤 1995 年师从罗俊院士开展万有引力常数测量研究，开启引力精密测量科研道路。为了解决精密扭秤特性和周期拟合等难题，他刻苦钻研、大胆探索，取得了相对精度达万分之一的测 G 实验结果。该测量结果被国际科学数据委员会基本常数任务组推荐的 CODATA 收录，并以华中科技大学英文缩写 HUST 命名。该成果获得 2000 年湖北省自然科学一等奖，胡忠坤的博士学位论文——《万有引力常数 G 的精确测量和扭秤特性研究》获得 2003 年全国优秀博士学位论文。

求真务实地拓展研究领域是引力中心不断发展的强劲动力，胡忠坤教授一直思考新思路、新方法和新技术。面对我国对高精度绝对重力测量的迫切需求，他敏锐意识到冷原子干涉新技术的前瞻性，毅然选择新的挑战——开辟冷原子干涉新研究方向。为此，胡忠坤教授从论证方案、组建队伍到搭建平台，从原理验证到关键技术突破，一步一个脚印实现着预期目标——2005 年进行方案可行性论证，2006 年开始实验平台建设，2007 年实现原子冷却，2008 年实现原子喷泉，2009 年实现原子干涉重力测量，

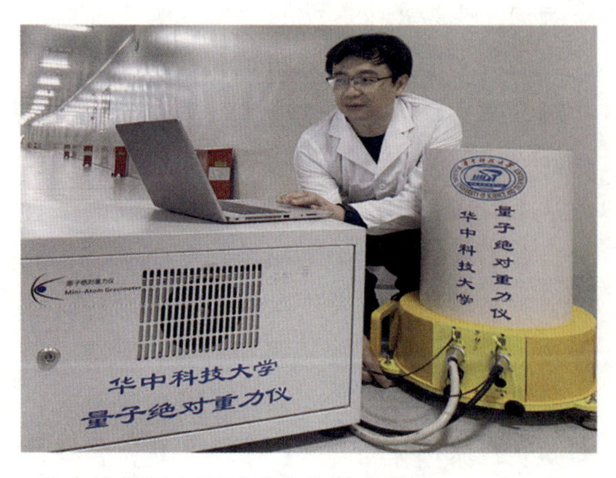

胡忠坤教授在调试重力仪的参数

2010 年观测到重力潮汐，2011 年解决主动隔振难题，2012 年解决基本噪声抑制难题……历经十多年潜心研究，胡忠坤教授团队 2013 年突破了绝对重力测量灵敏度，将原子重力仪的分辨率提升至国际最好水平，被评价为当前国际最好的记录。在 2017 年的第十届国际绝对重力仪比对中，测量精度达到 3 微伽，为同类型仪器精度最高。胡忠坤教授曾将在地表测量出重力数据，形象地比喻为“对地球做了 CT”。团队在聚焦前沿的同时，瞄准国家需求，研制出了具有自主知识产权的小型化量子重力仪装备，为地震研究等行业部门提供高精度量子重力仪。该仪器的成功研制和应用，为量子重力仪走出实验室、服务国家需求，迈出了坚实的一步。

·传道明心，做人民满意的好教师·

作为一名高校老师，胡忠坤教授秉承“科学家精神”，引导学生作为新时代的建设者要“不忘初心、牢记使命”。他关注基础前沿科学问题，培养学生勇于追求、善于创新、团结协作的科学精神；聚焦先进事例，培养学生爱国感恩、不畏艰辛、勇于奉献、淡泊名利的优秀品格；理论结合实践，培养学生求真务实、学以致用，提升时代使命感、责任感和履责能力。2021 年 5 月，胡忠坤教授负责的引力实验原理获教育部课程思政示范课程。

2021 年 9 月，胡忠坤教授受邀参加 CCTV-10 全国科普日大型直播《奋进吧！科学少年》，作了题为“小数点后第 8 位！世界精度最高的重力仪在中国”的科普讲座，为全国数百万青少年朋友讲授引力中心自主研发高精度重力仪的故事。在现场，胡忠坤教授说：“我们要提高精度，最重要的就是减小误差，为了实现这一目标，团队走上了攻坚克难的漫漫长路，突破一道道的技术关卡。”为了让青少年学子们更好地理解高精度重力仪，胡忠坤教授用日常生活中的体重秤作类比。在称体重的时候，如果你剪掉 1 cm 长的头发丝，体重秤都能精确地识别出来，那这就等效于重力加速度精确到小数点后第 8 位。生活化的实例让青年学子们清晰地了解了高精度重力仪的精确性。最后，他赤诚地向全体青年学子呼吁：“科学就在我们身边，未来属于大家！”目前，他也正与更多年轻学者并肩作战，为精密重力测量而不断探索！

多年来，胡忠坤教授肩负着“党建带头、学术带头”的双重责任，爱岗敬业，勇挑重担，以“黄沙百战穿金甲，不破楼兰终不还”的意志，以“路漫漫其修远兮，吾将上下而求索”至诚热忱，将国家重大需求作为重要科研方向，践行着“做祖国需要的科学家，做人民满意的好教师”！

（本文由尤雪珍根据央广网官方账号 2021 年 1 月 29 日文章《高精度测量揭开地球重力场“面纱”》及华中科技大学官网资料改写）

寄生虫学教研室
全国教书育人先进集体

石佑恩教授（左）与同事在江西血吸虫病防治所

提及寄生虫学科，华中科技大学同济医学院寄生虫学团队是我们无法忽略的一支队伍，他们在寄生虫学上书写最真实的人生，他们在学科发展中释放的勇气足以成为后辈可以汲取的养料。石佑恩教授是寄生虫学团队的中流砥柱，寄生虫学在他的人生中占据了非同寻常的分量。

·寄生虫学馆筹建、发展的见证者·

提到同济医学院的发展，石佑恩说："看着医学院一点点发展起来，自己对医学院有很深的感情。"1953年，石佑恩入学时，刚从上海迁到武汉的同济医学院还是一片荒地，连教室都没有。他们就在跑马场看台的下面上课，旁边有简易食堂，大家都在那里吃饭。现在从医学院大门口到行政楼的这条主干道就是当时的师生在1954年防汛期间共同修建的。石佑恩在医学院读了五年书，1958 年毕业后留校任教，在教研室工作，后来又当了主任、基础医学院院长，学院里的人几乎没有他不认识的，他一直在医学院工作到 2007 年退休。

石佑恩对同济医学院寄生虫学馆的建立历程如数家珍，抗日战争胜利后，同济大学由四川迁回上海，开始筹建寄生虫学馆，是全国最早筹建寄生虫学馆的几所大学之一。1948 年，姚永政从美国约翰斯·霍普金斯大学留学回国后，同济大学医学院便邀请他来同济工作。姚永政欣然同意，来到同济大学医学院筹建了寄生虫学馆，并任主任。当时寄生虫学馆只有 4 名成员，人员十分缺乏，但工作量并不少。1951 年同济大学医学院迁往武汉，与武汉大学医学院合并后称为“中南同济医学院”，在汉口华商跑马场建校，寄生虫学馆也于 1952 年 3 月迁至武汉，改称寄生虫学教研室。此时迁校后的寄生虫学教研室第一届成员增加至 8 人，其中的魏德祥、许先典两人均是在辞去外地工作后回校。而石佑恩是迁校后 1953 年招收的第二批学生，这时医学院刚刚迁到武汉，学生不多，均由院长办公室统一管理。后来医学院发展起来了，学科增加，学生多了，医学院也在 1955 年成立了卫生系、医疗系、基础医学部等单位。寄生虫学教研室当时划归基础医学部。

在当时的条件下，完成科研任务要克服十分艰苦的条件，但团队中每一位成员都没有忘记自己的初衷，就是控制寄生虫病的传播，直到消灭它。石佑恩说：“随着时代的发展，国家的富强，学科也在发展，教学科研水平在不断提高。我很高兴地看到，经过几十年的综合防治和努力，我国的寄生虫病得到了有效的预防和控制，血吸虫病、丝虫病、黑热病等大多数寄生虫病基本上得到控制或被消灭了。”

·教学、科研和社会服务“三结合”的教育者·

寄生虫学教研室遵循党和国家关于教育体制改革以及“教育要面向现代化，面向世界，面向未来”的方针，多年来进行了一系列改革，并从 1985 年起，积极开展“第二课堂”，加强基础课程和外语教学，重视实践性教学环节，注意培养学生的基本技能和科学的思维方法，为社会主义现代化建设培养合格人才，并广泛地参与了国家的寄生虫病防治工作，为寄生虫病得到预防和控制贡献着力量。

在石佑恩教授带领下，寄生虫学教研室全体同志经过十多年的探索和努力，创建了教学、科研和社会服务“三结合”的教学模式。这种模式就是老师先在课堂上讲解理论，然后学生分小组进行试验，部分课程由老师带着学生到流行地区进行现场教学，并进行科学研究。寄生虫学教研室有一项大课预讲的制度。每一位教师上大课前都要预讲，由听课老师评定并提出修改意见，讲课人再根据意见进行修改，然后才能正式走上讲台给学生讲课。这项制度被长期贯彻执行，所以寄生虫学教研室的课程内容总是能及时更新。石佑恩教授说，每一位教师上课前都要认真备课，上讲台第一句怎么讲和如何结尾都得衔接好，要把课讲得透，讲得丰富。几十年来，每一位教师都遵循着这样的原则，教师的理想、责任、态度也都会在每一堂课向学生展示出来。

那时候，老师们经常带着学生前往武汉东西湖的日本血吸虫病流行区及青山的马来丝虫病流行区现场观察、访问病人。老师们还带着学生在校内及附近的水沟、水塘、稻田、树洞等蚊虫滋生地捞取蚊子的幼虫及蚊蛹，让学生观察并带回孵化为成蚊，以便研究。除此之外，在寒暑假期中，团队老师们还带领学生到湖北省血吸虫病流行地区，如武汉东西湖、蔡甸，阳新、潜江、仙桃等地，查找钉螺，给当地老百姓检查和治疗血吸虫病。这套“三结合”的教学模式推行了10多年，效果很好。1989年，寄生虫学教研室获首届国家优秀教学成果奖及湖北省优秀教学成果一等奖，被中宣部、国家教委和全国教育总工会评为全国教书育人十大先进集体，时任寄生虫学教研室主任的石佑恩教授也被评为全国教育系统劳动模范。

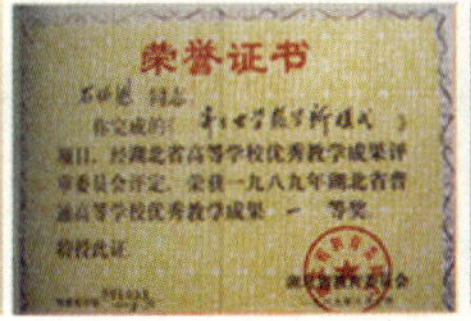

石佑恩教授与寄生虫学团队历年获得的国家级和省级教学奖项

石佑恩讲述了自己在实地调查中的一件事。1976年，外科病房有个恩施来的小患者，患者眼球凸出，说是眼球肿瘤，要进行手术摘除。团队检查后认为不像肿瘤，推测是不是寄生虫幼虫跑到眼球里面，把眼球推出来了。如果把这个寄生虫杀死，患者的眼球就能保住。当时石佑恩就和吴少庭带着显微镜和药品到了鄂西恩施鹤峰县铁李村，找到患者家乡。当地人告诉他们说很多小孩子得了这个病。经过调查研究后他们证实这种病是斯氏肺吸虫引起的。山里的小孩喜欢在河里抓小螃蟹生吃，就感染了这种肺吸虫。肺吸虫在人体内处于幼虫状态，四处游走，走到皮下就会形成胞块，走到眼内就会使眼球凸出来。他们走到农村卫所，看到小孩皮肤上有个胞块，就用外科手术器械消毒后把胞块切开，发现里面有个虫子，鉴定为斯氏肺吸虫。当时恩施全区七个县进行了普查，小孩肺吸虫感染率大于20％。这也是团队成员首次发现湖北省有斯氏肺吸虫。当时省卫生厅组织全省普查，发现在恩施、宜昌、十堰等地都有这种寄生虫病，全省立刻开办学习班，开展普查普治工作。这项工作搞了10年，最后肺吸虫病基本得到控制。这是团队通过实地走访、利用科研力量实现医学教育的最好证明。

到武汉后，寄生虫学教研室的老师们采集制作了大量寄生虫标本，建立寄生虫标本陈列室，供学生参观学习。前来参观的除国内寄生虫学教师外，还有外国寄生虫学专家，如日本的佐佐学，苏联的彼得里西娃、伊沙也夫等。参观者称赞标本种类齐全、制作精美，并建议寄生虫学教研室出标本影集。时至今日，寄生虫标本陈列室仍然是寄生虫学重要的教学基地。

石佑恩自参加工作以来几十年如一日，承担了大量教学工作和博士、硕士研究生指导工作，教学效果好，成绩显著。自1988年起，主持教研室工作期间，石佑恩始终注重理论联系实际、教书育人，带领团队完成的“寄生虫学三结合教学新模式”获首届国家优秀教学成果一等奖及湖北省优秀教学成果一等奖，寄生虫学教研室被中共中央宣传部、国家教委和全国教育总工会评为全国教书育人十大先进集体，并出席北京的座谈会，受到首长接见。石佑恩曾先后主编面向21世纪课程教材《病原生物学》，参编全国性教材和大型专业参考书5部。1990年，他被评为卫生部有特殊贡献中青年专家、湖北省教育系统劳动模范，获人民教师奖章，享受国务院政府特殊津贴；1994年，他获同济医科大学首届人才基金奖。

以石佑恩为代表的寄生虫学团队始终坚持着做好科研、培育新人和服务社会的准则，几十年来从未改变。在带领学生迈入科研的道路上，团队从未停止；在不断培养大批专业型人才上，他们扎扎实实。因为他们深知，要想中国的医学进步，祖国真正强大，教师有着义不容辞的责任，要用自己的知识才能为国家医学进步作出贡献，要脚踏实地做工作，要把服务人民、服务社会和服务国家的理念传递给下一代人，把这种精神一代一代地传承下去。

·矢志不渝、砥砺前行的科研人·

石佑恩讲道，1950年上海市郊流行血吸虫病，北方来的解放军为解放海南岛进行游泳训练，接触疫水，大批解放军感染了血吸虫病。卫生部门和部队就商榷怎么防治部队感染血吸虫病的问题。上海同济医学院成立了血防大队，下设四个分队。寄生虫学团队中的姚永政、魏德祥、许先典三人都参加了。因为姚永政是当时的寄生虫学专业主要负责人，因此由他来担任副大队长。1951年全校师生员工都到前线去帮助解放军防治血吸虫病，受到了解放军嘉奖。当时治疗血吸虫病用的是锑剂静脉注射，一个疗程是20针，20天的疗法，毒性大、时间长，患者往往受不住。后来邵炳杨教授等人经过临床观察探索出时间短、毒性弱的三天疗法，不仅保证了治疗效果，而且大大减少了患者的痛苦。这种疗法后来在全国广泛应用，在当时影响很大。

用锑治疗血吸虫病，毒性很大，患者死亡率很高，当时国内外都没有更好的药。1975年，同济医学院牵头，联合湖北医学院等几家单位一起成功研制出了一种新药——硝硫氰胺，代号7505，也就是1975年5月。虽然后来发现这种药对人有一定的副作用，但是用于家畜治疗血吸虫病非常好，所以直到现在人们仍在使用。

到了20世纪80年代，德国拜耳药厂生产出了一种新药，叫吡喹酮，是世界上公认治疗血吸虫病的便宜、毒性低、效果好的口服药。后来寄生虫学团队每年下乡都把这个药发给生产队，要求重疫区的每一个群众都吃。这样坚持做了两三年之后，血吸虫病就基本上消失了。后来，有人提意见说不应该让没病的人陪着有病的人吃药，也有人说让多数没病的人吃药白白浪费了钱、浪费了药，而且年年吃，万一形成抗药性怎么办呢？寄生虫学团队于是研究有什么更好的方法，让有病的人能够更快更好地得到治疗，没病的人也不必陪着吃药。

1975年湖北荆州凤凰山发现了汉文帝十三年（公元前167年）的男性古尸，年纪50多岁。棺材打开，那个古尸皮肤颜色几乎和活人的一样，皮肤、内脏都很好，但是暴露时间一长，皮肤就发黑发皱。同济医学院的几位教授牵头将尸体进行解剖。解剖后，他们发现尸体肠道中有4种虫子的虫卵：血吸虫、肝吸虫、鞭虫、绦虫。这就说明两千多年以前我们湖北就有这种寄生虫病存在。这次发现是世界上这4种寄生虫病的最早纪录，填补了相关领域的空白。

寄生虫学教研室在对待教学与科研的关系上一碗水端平。要实现“穷理尽性”的大学理想就要在做好教学工作的同时，确立教学与科研并重的大学理念。寄生虫学教研室注重教学与科研结合，共同促进学科的发展。由于领导对科研工作的重视和科研人员的不断努力，寄生虫学教研室各个科研团队每年都积极申请国家级、省部级科研项目，并先后承担一批重点科研项目，如国家“七五”“八五”和“863计划”以及国家自然科学基金共7项。在国家经济困难和紧张时期，还申请到了卫生部总理基金关于血吸虫DNA疫苗的研究项目，并获得发明专利证书。其中对日本血吸虫成虫31/32KD蛋白的研究，经专家鉴定具有国际同类研究先进水平，开创了国内血吸虫病应用虫源组份进行抗体谱型诊断的先例，具有重大理论意义和实用价值。该研究荣获湖北省科学技术进步奖一等奖、卫生部科学技术进步奖三等奖。此外，团队与德国合作研究的紫外线减毒血吸虫活疫苗，在血吸虫病流行区的家畜如水牛、猪等身上获得近90%的免疫力，为消灭传染源、减少人体感染、控制血吸虫病起到了很好作用。科研之志，穷山距海，不可阻挡。通过合作研究和现场调查防控，团队培养了一大批中青年科研骨干，同时调动学生积极性，培养了一大批硕士生、博士生和博士后，提高了科技人员的素质和水平，加速了学科发展。

石佑恩教授（后排右一）在日本东京作学术交流

没有一座科研的高峰不可以逾越，没有一片医学的汪洋不可以飞渡。以石佑恩为代表的科研人、医学家和教育者曾在一段艰苦的日子里做着看起来遥不可及的事。他们任重道远，用勤奋的特质与坚定的信念铺就成功的道路，多年来通过不断的努力和钻研，收获了许多荣誉和奖励。在迈入新时代的今天，他们衣钵相传。新一代寄生虫学团队成员们沿着老一辈科研工作者的足迹，铭记昨日的辉煌，担负着新时代教学改革、人才培养、学科发展等新的任务和目标，相信通过老师们不懈地努力拼搏，寄生虫学教研室和学科一定能开创辉煌的未来！

（本文由危庆跃依据华中科技大学校史网2014年9月2日报道《石佑恩：寄生虫学科发展史》及其他资料改写）

国家脉冲强磁场科学中心

全国杰出专业技术人才先进集体

国家脉冲强磁场科学中心现有教职工 81 名，其中教师 33 人、工程师 6 人、职员 1 人、外聘人员 41 人，包括国家级人才计划入选者 10 人、省部级人才计划入选者 6 人。在中心党政班子特别是中心主任李亮教授的带领下，团队建成了国际领先的脉冲强磁场设施，入选中国青年五四奖章集体（2021 年）、国家自然科学基金创新研究群体（2018 年）、教育部创新

2014 年 9 月，中心被中组部、中宣部、人社部和科技部授予“全国专业技术人才先进集体”称号

团队（2011 年、2017 年）、全国专业技术人才先进集体（2014 年）和“111 计划”引智基地（2012 年），已成为一支基础扎实、结构合理的高水平科学研究及工程建设队伍。

·从无到有，跬步千里·

国家脉冲强磁场科学中心团队始终牢记科技强国使命，以建设和运行好脉冲强磁场设施为己任，坚持自主创新、自研自制，先后攻克多项核心技术，建成国际领先的脉冲强磁场设施，并积极推动设施面向全球用户开放共享，实现了我国脉冲强磁场设施从无到有、从跟跑到超越的快速发展。

“工欲善其事，必先利其器”，在现代科学实验中，强磁场与极低温、超高压一起，被列为最重要的极端条件，要产生更高强度的强磁场，就必须依靠脉冲强磁场实验装置。强磁场是现代前沿科学研究必需的极端实验条件之一，近 40 年来已产生与之相关的诺贝尔奖 10 项，而脉冲强磁场设施是产生高强磁场的最有效手段，欧美发达国家自 20 世纪 60 年代以来已建有三十多个脉冲强磁场设施，我国由于长期缺乏脉冲强磁场条件，科研人员做实验要向国外实验室申请，众多急需开展的科学研究严重受制于人。

2001 年，中国工程院院士、华中科技大学教授潘垣敏锐意识到，我国要想在相关科学研究领域进入国际前列，就必须建设世界一流水平的脉冲强磁场装置。各方几经努力，将脉冲强磁场实验装置建设提上日程。

国家科学技术进步奖

证书

为表彰国家科学技术进步奖获得者，特颁发此证书。

项目名称：脉冲强磁场国家重大科技基础设施

奖励等级：一等

获 奖 者：华中科技大学

2019 年 12 月 18 日

证书号：2019-J-21702-1-01-D01

国家科学技术进步奖证书

从 2004 年 7 月开始，彭涛、丁洪发、夏正才、陈晋、韩小涛等一批华中科技大学的热血青年陆续加入到脉冲强磁场实验装置的筹备当中，动笔起草项目申请书。

然而，要起草厚厚一本申请书，对于这群缺少经验的年轻学者而言，实在是挑战巨大。“只能找来其他项目申请书，反复琢磨着写，一字一句反复修改。”他们回忆道。大家早已记不清熬了多少个夜晚，经历了多少次的讨论修改，唯一记得的是，即使困难重重，他们从不抱怨，也从没想过放弃。

经过大家的共同努力，2007 年 1 月，华中科技大学国家脉冲强磁场实验装置项目正式获批立项。由一所大学承建国家重大科技基础设施，这在教育部高校中还是第一次。与此同时，华中科技大学校友李亮回到阔别二十余年的母校，建设属于中国的脉冲强磁场实验装置。

回国后，李亮与各位青年教师一起，从“绕线圈”做磁体开始，从零开始全身心投入装置建设。当年刚刚读博士研究生的吕以亮，在跟随老师们学习的过程中，不仅参与绕制了很多线圈，还在老师们身上看到了一种不畏艰辛、攻坚克难的科研精神。博士毕业后，吕以亮有很多选择，但他放弃了企业的高薪工作，最终选择加入强磁场中心。回想当初的选择，吕以亮说：“我不后悔自己的选择，也非常荣幸能够成为团队一员，能够在强磁场中心为国家贡献自己的一份力量，是一件非常有意义的事。”

当时强磁场中心大楼尚未破土，办公条件非常艰苦，七八个老师、学生挤在两间简陋的实验室里，尤其是未安装空调之前，武汉漫长溽热的盛夏里，支撑他们的只有一纸项目规划和心中的梦想。

“2008 年 4 月 25 日，脉冲强磁场实验装置破土动工。”不论过去多少年，团队每个人说起这个日子都是脱口而出。对他们来说，脉冲强磁场实验装置就像他们亲手养大的孩子，每个人都为此付出了大量的心血和精力。

授　予

国家脉冲强磁场科学中心

中国青年五四奖章

集体

共青团中央　全国青联

二〇二一年四月

中国青年五四奖章证书

开工 11 个月后，中心的脉冲强磁场实验装置样机系统就已研制完成，当年磁场强度能达到 75 T。也是这一年，韩一波在武汉大学光学专业获理学博士学位后，来到强磁场中心。“虽然最初的规模很小，只有几个年轻老师，以及一个只能放电的电容器，但它吸引我的是，这是中国自主建设的第一个脉冲强磁场实验装置，给了我一个方向、一个希望，这就足够。”

2010 年，脉冲强磁场实验装置如期竣工，这是首个由教育部高校承建并按时通过验收对外开放的国家重大科技基础设施项目，填补了我国强磁场装置的空白，为今后我国凝聚态物理、材料、化学、生命等前沿基础学科发展提供了平台支撑。

·攻坚克难，砥志研思·

15 年间，从七八人的小团队到八九十人的大集体，从一无所有到世界领先，不断迭代的青年科研工作者突破一个又一个“卡脖子”难题，长期战斗在脉冲强磁场科学与技术领域最前沿。

在强磁场中心，实验装置每一块电路板的设计图、每一个零件都由科研工作者们自己绘制和安装调试。核心材料和技术，从来都是“卡脖子”的，强磁场中心团队从没指望等、靠、要、买，他们自己设计器材，自己制造设备，自己搭建实验室，85％以上的材料、部件都是国产。

磁体被视为强磁场装置的心脏。做磁体，是用小指头粗细的导线，绕成线圈，磁体质量一定程度上决定强磁场实验成败。而且磁体绕制没有“回头路”，只能一次成功。“做磁体是手工绕线，绕线的方向、角度都会影响磁体质量。国外实验室都是工人绕线圈，我们是科研人员自己动手。”吕以亮说。

绕制线圈需要用到环氧树脂，因其有强烈气味且有一定毒性，科研人员需要穿上密不透风的防护服和防毒面具。“为了节省穿脱时间，我们早上进入工作间后，一上午就不出来，连水都不喝一口。”夏季，江城武汉气温接近 40 ℃，穿上防护服后更是热得像蒸笼，最初车间里没有空调，后来即便在工作台旁边安装了立式空调，也效果甚微，“每次脱下防护服后仍旧浑身湿透，像刚从水里捞出来。”吕以亮说。

在青年科研团队的努力下，我国脉冲强磁场装置的理论分析和研制水平迅速跃居世界前列。“李亮主任和教授们提出脉冲磁体非连续性层间加固理论和工艺实现方法，解决了高参数脉冲磁体的力学稳定性问题，大大提高了磁体的性能和寿命，降低了成本。”吕以亮说。

强磁场中心走廊尽头的大车间里，立着两台绕线机，其中早已锈迹斑斑的那台，“是中心科研人员自己设计、制造，已经用了 15 年，现在还很好用。”吕以亮早已记不清多少个工作日站在这里绕线圈。

2007 年至今，彭涛一直负责手工缠绕磁体。从线圈的纹路和颜色，有经验的人更能从中看出瑕疵。瑕疵让线圈更早崩溃。“如果浸泡树脂不够充分，反光不同。”彭涛说，他常常“做梦都在绕磁体”，生怕出一点差错。目前强磁场中心常规使用的 65 T 脉冲磁体平均寿命超过 800 次，远超国际同行 350 次至 500 次的水平。

科研经费有限、导体材料不是世界最好，怎样把强磁场实验室搭建好，强磁场中心团队为此费尽了心思。不同科学研究需要不同的磁场波形，为了提高装置运行效率，控制系统负责人韩小涛教授把整个装置设计成模块化结构，由一套中央控制系统精准控制多类电源、多个实验站。“这可以实现在同一科学实验站的同一磁体上产生多种磁场波形，大幅提升我国脉冲强磁场实验装置的实验效率。”

在装置建设过程中，团结奋进非常重要。“我们拥有一个团结的集体。我和韩小涛、彭涛、丁洪发几位教授，从创始期就在一起，虽然各有分工，但始终团结一致。这个过程中遇到太多困难，有的甚至当时看上去难以逾越，但我们从来没有说过‘不’字。困难面前，我们敢于站出来，去克服、去突破，最后我们成功了。”李亮说。

强磁场中心中控大厅，大小不一的八块显示屏镶嵌在墙体里，每块负责记录不同类型的实验数据。韩一波说：“脉冲强磁场是瞬间消失的磁场，实验要在一瞬间把需要的信号采集好，特别困难，这个难度跟常规实验难度不一样。”

脉冲磁体的设计需要结合电、磁、热、力等多物理量的计算结果进行综合优化，李亮、彭涛等人开发了脉冲磁体专用设计平台 PMDS。法国图卢兹国家强磁场实验室奥列克西·德拉琴科博士曾在一次接受采访时表示，PMDS是一款功能强大、使用方便的优秀软件，它可实现脉冲磁体许多参数的计算，还可简便地进行线圈几何结构、导线和加固材料层数等变量的设计。计算包括电感、磁场、脉冲宽度、均匀度、应变应力分布、温度分布等电参数和机械参数，最后还能指导磁体研制所需材料的订购。“我认为PMDS可让一大批科学家和工程师参与脉冲磁体设计，这是将磁体设计水平推向新高度的重大成绩。”

目前，中国自主研发的脉冲磁体设计平台PMDS已被欧盟第六框架项目“下一代脉冲磁场用户设施的设计研究”采纳为磁体设计工具，为德国、法国、英国、荷兰等多个国家强磁场实验室共同开展下一代脉冲磁体研究提供支撑。

十余年来，强磁场中心团队持续攻关，最终建成国际领先的脉冲强磁场实验装置：建有12个三种类型的系列脉冲磁体，最高场强达到94.8 T，位居世界第三、亚洲第一；电容储能型、脉冲发电机型、蓄电池型三种电源，电源种类最为齐全，整个电源系统的经费投入仅为美国同类设备的十分之一；电输运、磁特性、磁光特性、电子自旋共振等8个科学实验测试系统，部分测量精度达到国际领先水平；中央控制系统实现了多种电源、多级磁体和多个科学实验站的协同工作及精确时序控制，达到国际同类装置的领先水平；低温系统的液氦回收装置，每年回收的氦气相当于节约五六百万元实验消耗。

现在，华中科技大学强磁场中心是国内唯一的大型脉冲强磁场科研基础条件平台，并已成为世界四大脉冲强磁场科学中心之一。

·业峻鸿绩，开放共享·

20世纪初，世界迎来它的“磁场时代”。自1913年以来，包括量子霍尔效应、分数量子霍尔效应、磁共振成像和第二类超导体等与磁场有关的诺贝尔奖有19项。极高强度的脉冲磁场为研究者提供了前所未有的工具，可以用来研究一系列科学难题，能给科学创新提供更多机遇。当中国有了自己的脉冲强磁场实验装置，也加入极限创新挑战的队伍。

2011年11月8日凌晨，华中科技大学东校区一角，强磁场中心灯火辉煌，团队正在进行一次重要的实验。5：28，中心自行研制的国内首个双线圈脉冲磁体成功实现 83 T 的磁场强度——这不仅刷新我国脉冲磁场强度纪录，也使我国非破坏性磁场强度水平一下子跃居亚洲第一、世界第三。

“83 T!”短暂的惊喜过后，团队有了更多向新强度进军的底气。

2013 年 10 月，20 余位世界强磁场顶级专家齐聚武汉东湖畔，亲自见证中国脉冲强磁场装置“首秀”。因为产生脉冲磁场的强大电流和电磁应力，随时会“爆表”，这些全球主要强磁场实验室负责人和国际强磁场权威专家不敢相信，中国人要公开进行脉冲强磁场实验演示，在此之前，国际上没有一个实验室敢公开进行高参数实验演示。

强磁场中心一个控制中心、八个实验站，整整一天实验，外国专家们闭门讨论 3 个小时。最终，国际同行评价：“这里的脉冲强磁场装置已经跻身于世界上最好的脉冲场之列。”

“中国的磁体和电源技术世界顶级，控制系统国际领先。虽然最高磁场纪录不及美国，但中国装置优势明显——一套中央控制系统实现三类电源和八个实验站的灵活组合。”这是国际权威报告对中国强磁场装置的认证。

也是同一年，以彭涛、丁洪发、韩小涛等几位教授为首的磁体、电源及控制团队再创佳绩，让我国脉冲强磁场一举迈入 90 T 级磁场的水平。为了实现 90 T 以上的磁场强度，美国洛斯阿拉莫斯国家实验室用了 20 年，德国德累斯顿强磁场实验室用了 10 年，而在中国仅用了不到 5 年时间。

2018 年 11 月 22 日，我国脉冲强磁场技术走在了世界最前列。这一天，强磁场中心团队成功实现 64 T 脉冲平顶磁场，超过此前美国国家强磁场实验室创造的 60 T 脉冲平顶磁场强度世界纪录，成为全球最高强度的脉冲平顶磁场。“此次实现 64 T 平顶磁场的磁体还产生了 45 T/50 Hz 的超高重频磁场，将国际同类磁场重复频率提高两个数量级，且波形和频率都能很方便地调节，这也是我们技术领先的重要体现。”吕以亮说。

“我们还提出双电容器耦合态调控新方案，首次实现电容器驱动的脉冲强磁场波形调控，”吕以亮解释，“就等于削峰填谷”。

2017 年 6 月，“脉冲强磁场科学与技术”团队获教育部创新团队发展计划滚动支持

在测试 64 T 平顶磁场的同时，强磁场中心同步开展重费米子材料 CeRhIn5 的比热测量，过去只能在稳态磁场下开展的核磁共振、比热、拉曼光谱等研究工作在更高场强下成为可能。

不仅如此，美国实验室做平顶脉冲磁场，一年只能使用 50 至 60 次。而在强磁场中心，由于改进了电源和控制系统，做这项实验像用微波炉一样简单，并且实验使用的磁体重量、电源能量均不到国际同类型磁场系统的 1/10。此前有国际专家说，这是花 1.2 亿元人民币，干出 1.2 亿美元的活儿。

有了国际领先的脉冲强磁场设施，我国强磁场相关科学研究不再受制于人，团队的任务也由建设施转为用设施，把设施面向国内外用户开放共享，实现设施科学效益的最大化。“开放平台，世界共享”是强磁场中心成立之初定下的理念，也是科研人员的共识。

从 2010 年 9 月起，团队开始为国内外用户提供开放共享服务，不仅在设施硬件方面为用户提供了先进的实验平台，还建立并完善设施的开放运行机制，用优质的服务为用户开展科学研究保驾护航。“很多科学家为了搭建实验装置，牺牲了自己的科研时间，前几年都没有出成果。但这个装置搭建完毕，自己试验完成后，会免费向全世界开放。”吕以亮说。

经过团队的不懈努力，设施的开放机时数、课题数、成果产出等主要运行指标已超过美国、德国同类设施，开放共享水平跻身国际一流。截至2022年6月，设施已累计开放机时71817小时，为清华大学、北京大学、中国科学院物理研究所、美国哈佛大学、英国剑桥大学、德国德累斯顿强磁场实验室等117个国内外科研单位开展研究课题1585项，在*Nature*、*Science*、*PRL*等期刊发表SCI论文1283篇，取得了包括发现第三种规律新型量子振荡、最高临界电流密度二维超导体等在内的一大批原创成果，成果产出居国际同类设施最高水平。

·广纳人才，同力协契·

依托脉冲强磁场实验装置，强磁场中心坚持面向国家重大需求，不断发展脉冲强磁场新技术及其应用，挑战电磁极限、拓展强磁场应用，并秉承“培养更高学术水平、更强创新能力的大科学装置科技人才”的目标，注重青年学术骨干的培养和梯队建设。同时，强磁场中心秉持广纳英才、兼容并包，吸引越来越多跨学科青年科学家落户于此，开展多元化、跨学科实验，学科交叉、学术互补，让这个坐落于中部地区的科研基地不断“破圈”地域限制和学科边界，产生令人惊讶的“强磁场效应”。

作为我国自主研发的世界级平台，脉冲强磁场设施对优秀人才具有极强吸引力，尤其是设施建成并投入运行后，越来越多的海内外优秀青年加入该团队，团队由最初的十几人，现在已经发展到包括教师、技术人员、行政服务人员等在内的80余人的队伍，其中党员60名，团员56名，35周岁以下青年人员60人，占总人数75%，先后引进和培养国家级人才计划入选者10人、省部级人才计划入选者6人，成为名副其实的人才“强磁场”。

团队当中，既有一直参与设施建设和运行的华中科技大学“土著”，他们从本科、硕士、博士直到参加工作，伴随设施一路成长，逐步成为团队的中坚力量；也有来自美国洛斯阿拉莫斯国家实验室、斯坦福大学、伦斯勒理工学院等国际知名科研机构和大学的海外学子，他们放弃了国外的高薪待遇和优越的生活条件，学成归来，只为一心报效祖国。

为了共同的目标，他们只争朝夕、不负韶华，屡创佳绩：2012 年，入选教育部“创新团队发展计划”，并于 2017 年再次获得该计划滚动支持；2014 年，获中共中央组织部、中共中央宣传部、人力资源社会保障部、科技部“全国专业技术人才先进集体”称号；2018 年 8 月，入选国家自然科学基金创新研究群体；2018 年 12 月，获湖北省科学技术进步奖特等奖；2019 年 12 月，获国家科学技术进步奖一等奖。

设施建设和运行的十余年间，团队始终不忘科学报国初心，时刻牢记科技强国使命，以建好国际一流的脉冲强磁场设施为己任，顾全大局、无私奉献，为推动我国科学技术进步贡献了“强磁场”力量。磁场范围无穷大，电磁力的作用范围和万有引力一样，没有界限。在无穷尽的探索中，强磁场中心的科研人员和工程师们正齐心协力朝着更高的山峰攀登，他们以追求科学的赤子之心，突破世俗藩篱、打破学科界限，站在一个更宽广、更高远、更通透、更清纯、更执着、更深沉的高地，观察、认知外部世界，审视、规范自身行为，探索未知、造福他人，为更崇高的目标，奉献自己的力量。

未来，他们将继续奋斗，一往无前，以更大的担当、更好的作为，为建设科技强国、实现科技自立自强作出更大贡献。

希望如炬，生生不息，脉冲强磁场实验装置吸引着一个又一个青年工程师、科研人员在此锐意进取、开拓创新。其中既有华中科技大学成长起来的“土著”，也有来自国际知名科研机构和大学的“海归”学子。砥志研思行致远，踔厉奋发启新篇，他们从四面八方汇聚于此，在之前荣誉的基础上守正笃实，久久为功，朝着明亮的未来共同奋进。

（本文由赵润哲根据《中华儿女》杂志 2021 年第 9—10 期专题报道中心团队、中心获 2021 年“中国青年五四奖章集体”事迹材料及其他资料改写整理）

基础医学教师团队

全国高校黄大年式教师团队

华中科技大学鲁友明教授牵头的基础医学神经科学教师团队，2018 年入选教育部首批全国高校黄大年式教师团队。团队成员包括“973 计划”首席科学家 1 名、国家杰出青年基金获得者 2 名、国家高层次人才 2 名、国家高层次青年人才 3 名。团队共同努力，于 2008 年建立的神经系统重大疾病教育部重点实验室，先后获“湖北省神经疾病创新群体”（2006 年）、“教育

鲁友明教授（前排正中）在教师节与学生合影

部神经系统重大疾病创新团队”（2007 年）、“教育部心境障碍性疾病发病机制及干预策略创新团队”（2013 年）三项资助和基金委创新群体资助（2017 年两项），并获教育部“985 工程”的连续资助建设“神经系统重大疾病创新平台”（2007 年，2011 年）。团队入选“黄大年式教师团队”以来始终以黄大年同志为榜样，心有大我、至诚报国、教书育人、敢为人先、淡泊名利、甘于奉献，把爱国之情、报国之志融入祖国改革发展的伟大事业之中、融入人民创造历史的伟大奋斗之中。团队立足本职岗位，牢记立德树人根本任务，坚持“四个面向”，主动对接国家“脑计划”，聚焦神经科学基础研究人才培养和前沿领域探索，取得了突出成绩。

·坚持“扎根中国”，培养基础学科拔尖人才·

基础学科是办好一所大学的根本，是发展应用性、技术性学科的学科储备。团队从学科特点和发展规律出发，准确把握当前形势、抓住发展机遇、明确发展理念、确定发展目标，切实加强基础学科建设，对于自然界的未知规律主动探索，引领基础学科人才认识世界。

团队所在的基础医学院于 2019 年获全国首批基础学科拔尖学生培养基地 2.0，开启了培养具有家国情怀、人文情怀、世界胸怀，能够勇攀世

鲁友明教授为学生作“医学科学人生”主题讲座

界科学高峰、引领人类文明进步的医学科学家的新征程。团队率先垂范，主动担当，牢记为党育人、为国育才使命，积极投身基础学科拔尖人才培养工作。团队8位教师均担任基础医学强基班“一对一”指导教师，浇花浇根、育人育心，坚持教书和育人相统一、言传和身教相统一，帮助学生扣好成长路上第一粒扣子，引导他们踏上基础研究报国强国之路。鲁友明教授带头为大学生讲授思政课，陈建国教授领衔基础医学导论课程思政，团队教师以身作则、身体力行，把思想政治工作贯穿教育教学全过程。团队开展集体备课，不断更新教育教学理念，重视教育教学研究，在教育思想、内容、方法等方面取得创造性成果，并广泛应用于教学过程中；坚持教学科研相长，及时把最新科研成果转化为教学资源，着力提高人才培养质量。团队开启“一对一”精英培养模式，坚持“领跑者”理念，深入实施“一制三化”，强化使命驱动，注重大师引领，创新学习方式，育人成效突出。

2018年以来，团队成员共承担本科生、研究生教学达2000余学时，指导大学科研创新团队30余个。团队成员每学期期末课堂教学评分均排在基础医学院前列。2017年以来，团队担任《药理学》《生理学》《人体功能学》《医学分子生物学》等7部国家规划教材主编和2部国家规划教材副主编；建成药理学、组织学与胚胎学国家一流课程2门，国际化课程2门；2018年获国家教学成果二等奖1项，湖北省教学成果一等奖2项；2021年陈建国教授第二主编的《药理学》（第9版）获全国首届优秀教材一等奖，李和教授主编的《组织化学与细胞化学技术》（第2版）获全国首届优秀教材二等奖。团队教师指导的大学生科研创新团队，获全国“基础医学创新论坛暨实验设计大赛”一等奖3项、二等奖5项。

团队成员主动搭建人才培养的“立体网”，注重人才培养的整体性和系统性，深化专业、课程、教材、教法等关键要素在教育过程中的综合改革，同时充分调动学生和教师等各方面的积极性，认真总结经验，遵循培养人才规律，将对基础学科的重视落到实处。

·坚持“四个面向”，争做“脑计划”研究先锋·

团队成员始终坚持“四个面向”，向科学技术广度和深度进军，致力于推动在脑科学领域研究高水平的科技自立自强。团队勇担历史责任，主动对接国家脑科学与类脑研究战略，在脑科学前沿领域开展原创性、引领性科技攻关，重点围绕脑认知原理、重大脑疾病发病机理与干预、脑疾病药物靶点研究、脑医学转化等方面开展探索，部分领域取得突破性进展。团队围绕“记忆神经环路结构和功能调控分子机理”研究，创建了“脑单细胞环路转录组测序和基因编辑技术”，突破了“单细胞环路结构和功能研究”的技术瓶颈，发现了“若干类记忆神经细胞和环路与调控该环路的关键蛋白分子”，填补了“单细胞环路结构和功能精确分类”的研究空白。团队建立了脑疾病的细胞、组织和动物模型，开展药物靶点和药效学评价研究，发现三个治疗抑郁症、焦虑症的新靶点。

2017 年以来，团队主持国家级项目 22 项，其中陈建国教授牵头科技创新 2030—“脑科学与类脑研究”重大项目 1 项，鲁友明教授牵头的“记忆神经环路与分子机制”和陈建国教授牵头的“神经精神药物药理”双双获国家自然科学基金委创新研究群体资助，史岸冰教授获国家自然科学基金杰出青年基金资助，另获国家重点研究计划 2 项、国家自然科学基金重

鲁友明教授（左一）在武汉市脑科学中心启动会上揭幕

点项目4项、国际合作重点项目2项，总经费超1亿元。团队成员在*Nature*、*Nature Neuroscience*、*Nature Genetics*、*Nature Communications*、*Cell Research*等一流期刊发表高水平论文59篇，先后获教育部自然科学奖一等奖和湖北省自然科学奖一等奖。鲁友明教授连续多年入选爱思维尔中国高被引神经科学家，2021年获中国神经科学学会杰出科学家奖。

人类如何思想、如何记忆、如何学习、如何移动、情绪如何作用，这些都是人类独有的能力，而人类对此了解还不够深入，团队成员在“脑计划”中做出努力的目的十分明确，长远的目标会帮助他们打开眼界，攀登科学的高峰。团队主动加快内涵发展，增强原始创新能力，以研教融合、协同育人，全面提升基础学科、培养拔尖创新人才，为华中大跻身世界一流大学行列贡献力量。

·主导“以才引才”，支撑世界一流学科建设·

团队负责人鲁友明教授曾任美国路易斯安那州立大学医学院终身Bollinger特聘教授，在祖国感召下，他2011年毅然回到国内，2013年主动放弃美国国籍恢复中国国籍。在他的影响带动下，团队成员史岸冰教授2012年从美国斯坦福大学回国工作，韩芸耘教授2015年从瑞士巴塞尔大学回国工作，熊博教授2016年从美国华盛顿大学回国工作。团队成员陈建国教授、李和教授也是20世纪初从美国留学回国的学者。鲁友明教授以团队为班底迅速组建了华中科技大学脑科学研究所，开启精准人才引进工作，着力打造人才高地。团队负责人通过搜索顶尖期刊论文作者，举办“海外东湖论坛”和“东湖论坛基础医学分论坛”等方式广泛物色人才，主动与优秀人才一对一联系，每年往来联系邮件达上千封，人才引进成效显著。近5年团队负责人为学院共引进教师54人，其中2/3以上是“海归”人才，入选国家高层次人才1人，国家高层次青年人才16人，湖北省高层次青年人才20人。

高水平人才支撑推动了华中科技大学基础医学一级学科快速发展，2017年、2021年华中科技大学基础医学连续两轮入选国家“双一流”建设学科；支撑临床医学、药理与毒理学两个学科方向进入世界一流前列；

神经科学与行为学、生物学与生物化学、分子生物与遗传学、免疫学、微生物学、精神病学和心理学等学科方向世界范围排名大幅度上升，进入世界一流行列。

团队非常重视言传身教，吸引理念新、能力强、肯投入的名师、大师参与到计划中来，引导学生的学术成长和人生成长，激发学生的学术兴趣和创新潜力。同时，团队注重创设环境，注重“浸润”“熏陶”“养成”“感染”“培育”，推动实现学生快成才、多成才、成大才，成才率高、成大才率高，让学生“不跑偏”。

·坚持“胸怀天下”，建功立业新时代·

团队坚持扎根中国大地，放眼世界，胸怀天下，积极为人类健康贡献华中大智慧。团队成员紧紧围绕国家和区域重大战略需求，坚持“鼓励自由探索，鼓励交叉融合，实现重点突破”的发展思路，不断凝练研究方向，积极推进协同创新和培养青年学术人才，打造一流研究基地平台，收获了一大批领跑世界的高水平科技创新成果。团队成员将加强学校基础学科建设正当其时深深烙印在心中。面对新的历史发展机遇，团队树立服务国家战略的责任担当、抢抓机遇加快发展的战略眼光，努力勇攀基础学科高峰，为国家创新驱动战略赋能，积极支撑华中地区经济圈建设，助力国家中部地区科技创新，助力学校百年发展。

鲁友明教授在国际神经疾病大会上作开场致辞

近年来，团队成员主持国家级科研项目22余项，其中鲁友明教授和陈建国教授在2017年获批国家自然科学基金委员会创新研究群体项目资助，王芳教授获得优秀青年基金资助，史岸冰教授、牟阳灵教授、熊博教授均获得国家项目支持，鲁友明教授、朱铃强教授、牟阳灵教授、田青教授分别获得基金委重大计划集成项目、重点和培育项目资助；鲁友明教授、陈建国教授、史岸冰教授获得重点项目资助，等等，总计经费超过1亿元。近年，团队成员发表高水平论文59篇，其中影响因子大于10分论文25篇，包括 *Cell* 1篇，*Nature Genetics* 1篇，*Cell* 和 *Nature* 子刊12篇。

2019年，依托脑科学研究所，团队聘请加拿大皇家科学院院士 Michael M. Salter、James Woodgett 等10位国际神经科学领域顶尖科学家，获准建设教育部、科技部神经环路结构与功能学科创新引智基地，开展神经科学基础研究人才培养和科技攻关，先后获国际合作研究项目20项。2018年、2021年，团队主办武汉国际神经科学大会，包括诺贝尔奖获得者在内的世界顶级科学家参会，共谋神经科学世界难题。团队负责人鲁友明教授担任全国政协委员，积极为国家发展建言献策。团队成员史岸冰教授担任第一届中俄医科大学联盟青年联盟副主席，扎实开展对俄医学教育交流。2020年武汉新冠肺炎疫情期间，团队成员积极开展科技战疫，王芳教授牵头新冠应激专项研究，陈建国教授多次接受主流媒体采访，开展科普宣传，发出正面声音，介绍中国经验。

“青松寒不落，碧海阔逾澄。”团队始终牢记习近平总书记嘱托，坚守育人初心，担当强国使命，向“大先生”看齐，向“大学问”进军，心怀“国之大者”，敢于担当，善于作为，服务“双一流”建设，积极为培养德、智、体、美、劳全面发展的社会主义建设者和接班人、推动高水平的科技自立自强贡献力量。团队坚持用汗水浇灌收获，以实干笃定前行，彰显了不同凡响的华中大风采、华中大力量和华中大精神。

（本文由危庆跃依据华中科技大学同济医学院2018年1月15日报道《鲁友明教授团队入选首批“全国高校黄大年式教师团队”》及其他资料修改）

数字化材料成形教师团队

全国高校黄大年式教师团队

数字化材料成形教师团队是华中科学大学材料科学与工程学院李德群院士领衔、老中青三代师德文化传承、逐步形成的高水平教学科研团队，作为主力支持的材料成形及控制工程专业连续多年在“中国大学本科教育专业排名”位居第一，研究成果服务国家重大需求与国民经济，近5年获国家技术发明奖二等奖1项、国家科学技术进步奖二等奖2项。

数字化材料成形教师团队成员合影

·行远自迩，三代赤诚报国·

1986年，为了筹建材料成形与模具技术国家重点实验室，李德群放弃海外优越条件和发展机会，毅然应召从美国归来，在国内率先开展数字化材料成形方向研究。1990年前后，樊自田、吴树森、吴丰顺等教师先后加入团队，形成数字化注塑、铸造、焊接和塑性成形等细分方向。2000年后，团队的后起之秀周华民、王新云和柳玉起等年轻教师，迅速成为第二代骨干，研发出材料成形系列工业软件。2010年后，闫春泽、李中伟、张云、黄亮、庞盛永、黄志高、周何乐子等青年才俊，博士毕业后加入团队，成长为第三代人才。经过三十余年发展，他们形成一支梯队优化、创新能力强的高水平队伍，包括中国工程院院士1人、“长江学者”3人、国家“杰青”2人、“青年长江学者”3人、国家“优青”1人，入选教育部创新团队。

团队以文化传承深扎师德之根，以模范作用浇注师德之花，负责人李德群院士是“全国优秀科技工作者”，树立了立德树人的先进模范，并将“以德为先”作为团队文化传承，打造了一支爱党爱国、品行兼优的教师队伍。李德群院士在《怀念导师肖景容教授》的文章结尾中写道：“常言道，人生中如能遇到一位好老师，成长道路上便会多出一份幸运。肖教授就是这样一位给我带来机会和运气的好恩师……敬爱的肖老师，如有来生，我还要再做一次您的学生!”行文至情至深，令人动容。在李院士的回忆中，肖景容教授在传授专业知识外，对他在立德树人、研究方向、教学工作等方面循循善诱，并给予他无微不至的关怀。“我的成长过程和点滴进步里渗透着他老人家的无数心血和汗水。”李院士写道。李院士在自己的教学生涯中，他又何尝不是像自己的恩师一样，尽心尽力地关爱、发现、培育每一位学生。

就像当初肖景容教授将塑料成形模拟的前沿课题布置给李德群院士一样，他也把困扰国内外的塑料注射成形模拟软件发展和推广的瓶颈问题，交给自己的博士生周华民去解决。对于这一博士选题，周华民最初觉得有些为难，“这是当时本领域全世界都在关注的课题，属于高精尖之列。”李德群院士及时给予了周华民指导和帮助，“李老师亲自和我一起分析问题，找出问题关键，在研究中可谓无微不至。”周华民回忆说。在李德群院士的指导下，周华民终于攻克难关，提出“表面模型”的标志性新成果。

李院士卸任材料科学与工程学院院长后的继任者是团队中当时尚不满40岁的陈立亮教授。一直为学院发展和教育工作奔波的陈教授不幸英年早逝，临终前将自己的博士生庞盛永托付给李院士，拜托李院士替自己了其心愿。如今，庞盛永也已成长为材料科学与工程学院教授、国家优秀青年基金获得者，亦是数字化材料成形教师团队中的一员。庞盛永教授至今保留着陈立亮教授在生命的最后几个月，坚持为他亲笔修改的博士论文初稿，他说：“我会终生保存，我要用它时刻鞭策自己、告诫自己如何教书，如何育人。”

数字化材料成形教师团队的老一辈教师的教导、嘱托、期望，融于新一代教师的教学和科研工作中，老师们始终把教书育人作为自己的本分与天职。在李德群院士言传身教下，周华民教授兼备学识素养与高尚师德，已成为数字化材料成形教师团队的中生代领军力量，他是国家杰出青年科学基金获得者，被聘为教育部“长江学者”特聘教授，现任华中大材料科学与工程学院院长，还被评为“民进全国组织建设先进个人”等。周华民

周华民教授主持教学研讨会

教授在很多场合与老师们反复强调，培养人是高校的第一要务，老师就是要全面地培养人，以人为核心，只要人培养好了，学校就好了。在文化氛围熏陶下，团队涌现出获“宝钢优秀教师奖”的樊自田等一批优秀教师，团队成员先后获校“伯乐奖”“三育人奖”“师德先进个人”等14人次，被评为国家级教学团队。

·奋楫笃行，培养领军人才·

团队骨干教师全部坚守教学一线，凝练“勤奋求是、团结创新、笃行有为”的家国情怀，引领创新人才成长。李院士一直对团队老师和学生强调两件事，一是选题要有高度，有深度，要体现出自己的水平，“用好的方向，难的问题，占领学术研究制高点”；二是要认真地把握每一个细节，“学生研究遇到瓶颈、遇到困难，特别是遇到挫折的时候，要鼓励他，要关心他”。他还曾在许多场合勉励同学们培养和提高五项关键能力，即做人的能力、求知的能力、做事的能力、表达的能力和健身的能力。面对有专业困惑的学生，他耐心讲解材料成形领域的科技内容和远大前程，开导大家“行行出状元，特别是跨学科、交叉学科的研究，更有可能取得优秀成果”。

李院士认为师生之间是“教学相长”的关系。他坦言自己离不开科研团队中的学生，所取得的成果建立在一届又一届研究生努力工作和长期积累的基础上。他相信“培养学生的兴趣和树立自信，永远是开启智力和提高能力的两把金钥匙”。他刚刚成为老师，初次教授专业课时，也曾面临过学生出勤率不到一半的尴尬境况，他毫不掩饰自己的青涩，而是恳请每一位到场学生给缺席的同学传达自己的要求，希望同学们都要来上专业课，“给李老师一个鼓励”。同时，他尝试改变自己的教学风格和教学内容，摸索从叙述性转变为启发性的讲授方法，用增加课堂交流和互动的方式调动学生的学习兴趣，使学生上课出勤率直线上升。或许是因为自己的经历，在周华民当教师的第一年，李老师并没有让他直接给学生授课，而是继续让他和学生坐在一起，完完整整听了一年的材料加工工程课程。此举不仅意在提醒他要继续学习，更在于指点他学习如何当一名合格的老师。“老师只是比学生早学了几年，所讲授的内容也不一定全对。尊师的同时，要敢于质疑。”这是李院士在座谈中对年轻学子的嘱咐，也是他豁达、坦诚的师道境界。李院士的教导很细致，他在教学第一线亲力亲为，他的言传身教会一直传递下去。在这样的氛围影响下，团队内的师生关系一直非常和睦友爱。

团队拥有思政示范课程 3 门，编著出版教材 59 部，其中国家级规划教材 11 部，在第四轮学科评估中全国排名第一。《材料成形原理》是国家“十一五”“十二五”规划教材，已出 3 版、印刷 12 次（32400 册），被 87 所高校使用，包括华中科技大学、吉林大学、重庆大学、湖南大学、北京科技大学、山东大学、中山大学等。团队的 3D 打印系列教材以英文出版，材料加工工程课程入选国家级精品课程。团队研发的系列仿真教学软件紧跟科技前沿，不但为学生提供了先进的实验教学手段，也针对材料制备与成形过程不透明的“黑箱”特点，支撑了探究式教学的开展，目前已在浙江大学、哈尔滨工业大学、上海交通大学、厦门大学、武汉理工大学、华中科技大学等 158 所大专院校应用。团队自主研发的 3D 打印教学装备，应用于清华大学、西安交通大学、山东大学、苏州大学等国内高校和英国南安普顿大学、新加坡南洋理工大学等国外高校，效果显著。团队作为主力建设的国家级实验教学示范中心，被国际评估专家组认为“本科生实验室达到世界一流水平，设备和人员配置极佳、令人印象深刻”。在团队的大力支持下，材料成形及控制工程专业连续多年“中国大学本科教育专业排名”第一，获批“双万计划”国家一流专业，通过国际工程专业认证。团队指导学生获国际/国家级创新创业奖 35 项，包括“挑战杯”创新大赛一等奖、创业竞赛金奖、日内瓦国际发明展金奖等；培养的学生毕业后迅速成为单位与社会骨干，如 2009 届博士毕业生赵朋现任浙江大学机械学院副院长、教育部“青年长江学者”。团队将科研成果融入教学的教改成果获湖北省教学研究成果一等奖。

·踔厉奋发，瞄准国家创新·

材料成形模拟技术是制造业核心竞争力，属于机械、力学、材料和计算机多学科交叉的前沿领域，是实现高精和高效成形的重要保证。我国注塑、冲压、焊接、铸造等行业高度依赖美国 Autodesk、ETA 和德国 MagmaSoft 等国外模拟软件。团队从源头创新，先后提出注塑、冲压、焊接等成形新模型和新方法，被国际同行广泛引用和高度评价。如注塑“表面模型”的论文率先在国际发表，成为该领域使用最广、效果最好的分析模型，被国际权威在综述中评价：“表面模型已成为注射成形模拟的主流技术并被商品化 CAE 系统广泛采用。表面模型的概念是创新和激动人心的，极大推动了注射成形模拟的应用，可认为表面模型是注射成形模拟史上一个重要里程碑。”该成果被评为中国机械工业科学技术年度五大进展发布项目之一。团队发展的冲压成形网格自适应加密动力显式算法，计算效率比国际同类软件高 4～6 倍；国际首创“气-液锐利界面”的焊接仿真模型，被评价为“焊接模拟全新的三维数学模型”。团队是目前全球唯一能够自主开发材料成形系列模拟软件的研究队伍，研发的注塑（HsCAE）、冲压（Fastamp）、焊接（InteWeld）、铸造（HzCAE）等自主可控成形模拟系列工业软件，打破国外垄断，成为国产成形模拟软件第一品牌（市场占有率第一），并出口美、英等国。团队研发的材料成形模拟工业软件应用国内上千家单位，包括中国航发、航天科技、航天科工、一汽、东风、上汽、长安、中船、中车、中铁、美的、海尔、格力等，推动我国航空航天、汽车交通、电子电器等支柱产业的自主创新。团队攻克了注塑成形光学畸变难题，首次成形大曲率、高抗鸟撞航空透明件；解决了复杂航空件整体铸造难题，废品率从 80%减至 30%；支撑一汽研制出红旗 H9 覆盖件模具，打破依赖进口的局面；实现海洋装备大型导流管焊接工艺的精确控制，φ 5m 导流管变形量低于 5‰；相关成果获国家科技进步奖二等奖 3 项。

航空、航天等领域的国家重大装备关键零部件日益复杂，传统工艺难以整体成形。增材制造技术是解决该问题的有效途径，但面临原材料种类少、性能差、成形过程形性难控等瓶颈问题。为此，团队从增材制造专用材料、工艺、装备及应用进行全链条创新，发明复合粉材溶剂沉淀制备技术，研制增材制造专用材料 20 余种，形成产线 37 条，粉材残余灰分较德国 EOS 公司同类产品降低 25%；攻克多激光系统协同工作难题，研发世界最大台面（1.7×1.7 平方米）陶瓷多激光选区烧结装备，提出激光选区烧结与铸造、反应熔渗等复合的材料制备成形一体化工艺，解决高性能复杂构件的整体制造难题；研发出世界上最大成形空间的快速制造装备等系列成形装备，入选“中国十大科技进展”。团队在本领域的研究成果应用于1100多家单位，出口美、英、德、俄等国，支撑大飞机、重型火箭等国家重大装备的研制，如：整体成形最大直径1.2米的运20发动机复杂中介机匣，缺陷降低75%，重量减轻30%；复合成形航天发动机高强不锈钢涡轮泵，孔松缺陷减少30%，精度提升至CT6-CT5，应用于我国480吨重型探火发动机、深度变推力落月发动机；直接打印火箭解锁装置保护板，周期缩短80%、减重25%，成功用于长征五号Y3、Y4、Y5火箭；相关成果获2016年国家技术发明奖二等奖、2018年国家科学技术进步奖二等奖，入选2020年“中国智能制造十大科技进展”。

绿色成形是打赢我国制造业“污染防治攻坚战”的关键技术之一。绿色成形团队针对传统锻造/铸造热加工行业高耗能、高排放的问题，致力于短流程、绿色化近净成形技术创新，大幅提高材料利用率，降低能耗和排放。团队研发多工位精锻-余热调质复合成形和锻模再制造集成技术，大幅减少后续机加工，提高精密锻件材料利用率达90%，降低锻造能耗30%；锻件经控温后直接调质处理，大大缩短工艺流程，节省调质能耗25%；锻模服役寿命提高近4倍，成本降低75%。团队研发的“化学法+热法/湿法”复合再生、“超声/高速搅拌预处理+浮选”等铸造固体废弃物再生新技术，实现难再生铸造废砂、铸造尘灰、精铸废型壳等铸造固体废弃物的100%回收利用，并使每吨再生砂的耗水量从1.5吨减至0.2吨，成果应用于太平洋精锻、三环锻造、广西玉柴、无锡锡南铸机、宜昌船舶柴油机公司等100余家企业，实现全国57%汽车行星与半轴齿轮、50%中/重型转向节的绿色高效制造，同时出口配套奔驰、宝马、奥迪等高端车型150万辆/年，节省钢材超过1.5万吨/年、节约用电9000万度/年、减少旧砂排放15万吨/年；支撑太平洋精锻、三环锻造和广西玉柴成为国家级“绿色工厂”；相关成果获2016年国家技术发明奖二等奖、2020年湖北省技术发明奖一等奖。

团队还围绕国家科技发展需求，积极主持和参与国家科技规划，为国建言献策，科普服务大众，引领和推动学科发展。李德群院士主持工程院“材料成形智能化技术、装备及产业发展的战略研究”，推动共性技术的研发和产业化。周华民、王新云教授担任国家基金委工材学部材料成形方向专家组副组长，制定基金委“十四五”规划。周华民教授提出“关于医用防护用品的循环使用及回收利用”等3项建议，被民进中央采纳，呈报国家相关部门。团队还科普服务大众，出版首套《3D打印技术》（小/中学版）系列科普教材，入选教育部“现代教育装备应用协同创新中心”实验区教材；近5年，李德群院士等到华师一附中、郑州中学等中学开展科普讲座145场。

日月其迈，岁律更新。朝乾夕惕，笃行不怠。数字化材料成形全国高校黄大年式教师团队从建设、发展到研究、壮大，无不凝聚着新时代科研工作者的心血和汗水，展现中国力量，服务国家高质量发展，展现了材料人不忘初心、牢记使命的责任担当。

（本文由赵润哲依据华中科技大学材料科学与工程学院提供材料及其他资料撰写）